인물로 보는 우리 역사 ❹

선비학자 이야기

박윤규

1963년 경남 산청에서 태어나 중앙대학교에서 문예창작을 공부했다. '오월문학상'에 소설이, '세계일보 신춘문예'에 시가 각각 당선되어 문단에 나온 뒤, '계간 아침햇살'에 동화를 발표하면서 동화작가로 본격적인 활동을 시작했다. 우리 역사에 깊은 애정을 가지고 잘못 알려졌거나 숨겨진 우리 역사를 바른 시각에서 바라볼 수 있도록 쉽고 재미있게 풀어 쓰는 일에 주력하고 있다. 『첫 임금 이야기』, 『명재상 이야기』, 『전쟁영웅 이야기』, 『선비학자 이야기』 등 총 다섯 권으로 이루어질 〈인물로 보는 우리 역사〉 시리즈를 비롯해 역사서 『재상』, 고전 『운영전』, 『우리 조상들은 어떻게 사랑을 했을까?』, 동화 『산왕 부루』, 『버들붕어 하킴』, 청소년소설 『내 이름엔 별이 있다』, 『황금나무』, 『천년별곡』, 동화창작 이론서 『태초에 동화가 있었다』 등 다양한 장르의 책을 펴냈다.

인물로 보는 우리 역사❹

선비학자 이야기

펴낸날 초판 1쇄 2010년 1월 20일
지은이 박윤규 | **펴낸이** 신형건 | **펴낸곳** (주)푸른책들 | **등록** 제321-2008-00155호
주소 서울 서초구 양재동 115-6 푸르니 빌딩 (우)137-891 | **전화** 02-581-0334~5
팩스 02-582-0648 | **이메일** prooni@prooni.com | **홈페이지** www.prooni.com
ISBN 978-89-6170-104-4 44910
ISBN 978-89-6170-020-7 44910 (전5권 세트)

ⓒ 박윤규, 2009

＊잘못된 책은 구입한 곳에서 바꾸어 드립니다.
＊이 책 내용의 일부 또는 전부를 재사용하려면 반드시 저작권자와 (주)푸른책들 양측의 서면 동의를 얻어야 합니다.

이 도서의 국립중앙도서관 출판시도서목록(CIP)은 e-CIP 홈페이지(http://www.nl.go.kr/cip.php)에서 이용하실 수 있습니다. (CIP제어번호: CIP2009003900)

보물창고는 (주)푸른책들의 유아, 어린이, 청소년 도서 전문 임프린트입니다.

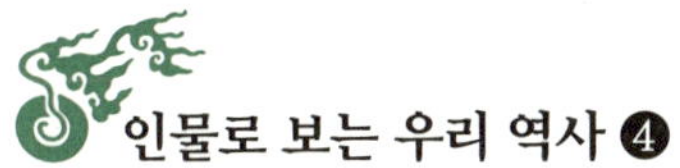

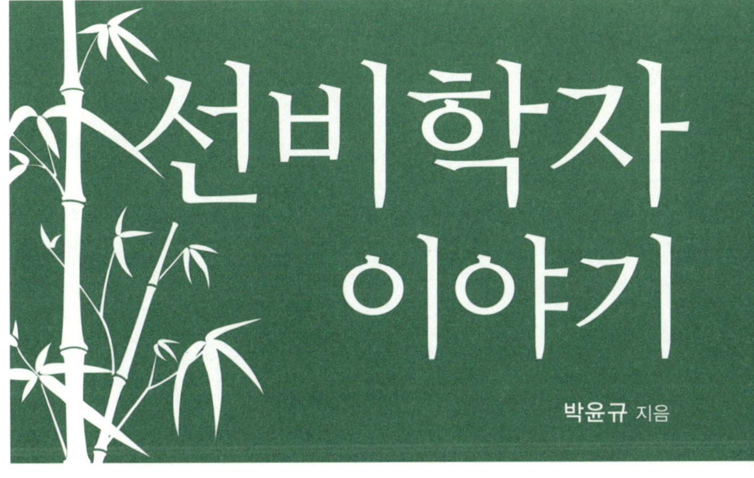

박윤규 지음

왕인 / 강수 / 최치원 / 최충 / 안향 / 이색 / 조광조 / 서경덕
이황 / 이이 / 이수광 / 이익 / 정약용

보물창고

참공부란 무엇인가?

"민후야, 공부해야지!"

텔레비전 앞에 좀 앉아 있으면 듣게 되는 소리지.

"아유, 또 그러네. 학교에서도 공부, 집에서도 공부, 대체 누가 공부를 만든 거야. 공부 없는 세상에 살고 싶다!"

이렇게 투덜대지만 그게 어디 뜻대로 되나. 사는 게 다 공부고, 공부를 해야만 참다운 사람이 된다는데. 사람은 공부하기 위해서 지구란 학교에 태어났다는 말도 있어.

참으로 듣기에도 지긋지긋한 말, 공부 공부 공부!

대체 그 공부의 정체가 뭘까?

그놈의 정체를 알아야 도망을 치든지, 잡아먹든지 해결을 볼 거 아냐. 이제 민후도 역사를 공부하니 공부의 참뜻도 헤아려 볼 때가 된 것 같다.

공부는 한자어인데, 별로 어렵지 않아. 지을 공(工) 자에 사내 혹은 지아비 부(夫) 자이다. 따라서 공부란 뭔가를 '짓는(이루는) 남자'라는 뜻이야. 좀 더 깊이 뜻을 파헤쳐 볼까.

공(工)은 '하늘과 땅을 잇는다'는 뜻이야. 일(一)은 하늘이요, 이(二)는 땅인데, 그걸 사다리처럼 이어 주고 있잖아. 부(夫) 자도 뜻은 같은데, 공부를 누가 하느냐 그 주체를 말해 주지. 하늘과 땅 사이에 사람이 살지. 부夫 : 一+二+人 자는 바로 하늘과 땅을 사람이 이어야 한다는 뜻이 된단다. 그러므로 참공부란 '하늘과 땅을 잇는 사람의 마땅한 도리'를 뜻한다고 할 수 있어.

'부夫' 자에 대해 다시 생각해 보자. 부가 대장부를 뜻하는 건 알지. 하지만 대장부라고 해서 반드시 남자라는 건 아냐. 하늘과 땅을 잇는 큰 공부를 하는 사람, 혹은 그만한 공부를 터득한 사람을 대장부라고 해. 아무리 건장한 남자라도 공부를 이룬 바가 없다면 보통 사람이고, 여자라도 큰 뜻을 품고 공부했다면 마땅히 대장부가 되는 거지. 요즘 남자들은 컴퓨터 오락이나 스포츠에 정신이 팔렸고, 오히려 여자들이 공부에 열심이니 장차 여자 대장부가 많아질 거야.

그럼 공부는 어떻게 해야 하는 것일까?

율곡 선생님은 공부 초보자를 위해 『격몽요결』이란 책을 지었는데, 거기서 이렇게 말씀하셨단다.

공부라는 것은 일상생활과 일 속에 있다. 평소에 행동을 공손히 하고 남을 진실로 대하는 것, 이것이 곧 공부이다. 다만 책을 읽는 것은 이 이치를 밝히려는 것이다.

　이처럼 공부는 책의 내용이나 지식을 아는 것보다 마음가짐과 행동을 올바르게 하는 데서 출발한다고 하였어. 그러면 하늘의 참뜻을 알게 되고, 장차 하늘과 땅을 이어 널리 사람을 이롭게 하는, 홍익인간을 실천할 수 있다는 말이야.
　하지만 지금 세상은 어때?
　공부의 참뜻을 멀리한 채 지식과 기술을 배우는 데만 급급하지. 그 결과 훌륭한 사람이 드물고 엉터리가 많은 어지러운 세상이 된 거야. 그래서 오늘날의 생각으로만 공부하지 말고 공부의 역사를 안다면 좀 더 나은 공부를 할 수 있을 거란 기대로 이 책을 짓게 된 거야.
　하지만 학문의 바다는 넓고도 깊단다.
　여기서 이 작은 책 하나로 담아낼 수 있는 게 아니지. 그저 학문의 흐름을 큰 그림으로 짚어 볼 뿐이야. 공부와 관련된 책이니까 어려워할까 봐 미리 얘기하는데, 이건 이야기책이야. 학문의 내용보다는 학자들의 일대기와 삶에 얽힌 이야기에 초점을 맞추었어. 그 학사의 삶을 통해 자자 그의 학분에도 관심을 갖게 될 걸로 믿고 말이야. 그러니 일단 재미난 이야기로 들어주면 좋겠어.

학문의 갈래도 여러 가지야. 바다에 다다르는 큰 강도 많지만, 큰 강 하나에 딸린 작은 개천도 많아. 그 모든 것을 낱낱이 짚어 볼 수는 없겠지. 그래서 가장 근본이 되는 큰 강 하나를 중심으로 우리 겨레의 학문적 흐름을 이야기하려고 해.

우리 역사가 기록된 이후로 그 흐름을 주도한 학문은 유학이란다. 삼국시대에 전래된 유학은 고려시대부터 정치와 학문의 중심이 되었어. 최승로를 시작으로 해동공자로 불린 최충, 안향, 이색이 발전시킨 유학이 조선에서는 통치 이념이 되었지. 그리고 조선의 유학은 성리학으로 한 단계 발전하여 퍼졌는데, 백성들의 생활에까지 적용되었어.

공자와 맹자의 가르침을 받드는 유학은 중국에서 시작되었어. 그렇다고 학문적으로 조선이 중국에 예속된 건 아니었어. 서경덕에 이르러서는 중국과 다른 독자성이 생겼단다. 그리고 이황과 이이를 거치면서는 오히려 중국보다 깊고 넓게 되었지. 그것은 다시 실학의 학풍으로 이어졌고, 정약용에 이르러서는 유학과 실학을 통합한 완성을 보게 된단다.

하지만 유학이 전부는 아니야. 그러니 이 책 속에서 유학 이전의 우리 학문에 대해서도 생각하는 기회가 되었으면 좋겠어. 그것을 발견한다면 너의 공부는 미래를 여는 소중한 열쇠가 될 거야.

　끝으로 강조하고 싶은 게 있어. 오늘날은 참으로 공부하기 좋은 시절이라는 거야. 공부하는 데 신분의 제약도 없지, 무수한 책과 자료가 공개되어 있지, 방송과 인터넷은 온갖 정보로 넘쳐나지, 그리고 조상들이 쌓은 많은 학문의 탑이 있지. 그러므로 우리는 그 탑 위에 더 높은 탑을 쌓을 수도 있어. 우리는 퇴계 선생님과 율곡 선생님의 목말을 타고 세상을 볼 수 있게 된 셈이지.
　어때, 신나고 설레지 않니?
　자, 우리 조상님들은 어떻게 공부했는지 공부의 강을 탐험해 볼까?

신시개천 5905, 서기 2009년 겨울에

월악산 미륵리에서

차 례

제1장
월출산의 학성
왕인 박사

닥나무 심은 스승은 어디로 가시고
해마다 닥나무만 저 홀로 푸르구나.
세상이 문득 어지러워 놀라니
널리 모든 사람을 베풀어 가르치셨네.

-구전 시가

산으로 올라온 바위

　한반도 남쪽 바닷가에 구해국이란 나라가 있었어. 아직 백제가 한반도의 지배자가 되기 전 마한 54국시대였지. 구해국에는 웅장한 산이 있었는데, 각색 모양 바위가 총총한 그 산은 금강산만큼이나 아름다워 소금강으로도 불리었어. 특히 달이 떠오르는 밤이면 운치가 더욱 좋았대. 바위 봉우리 위로 달이 떠오르는 게 마치 산이 달을 낳는 것 같았거든.

　그 산의 가장 높은 봉우리에는 삼동석三動石이라는 바위가 있었어. 흔들거리면서도 산꼭대기에 꿋꿋하게 버티고 선 세 개의 바위였지. 그 산의 기운이 좋아 대단한 인물들이 태어날 것인데, 바로 그 세 개의 바위 덕분이라는 거야.

　"예로부터 동쪽 땅에는 인물이 많이 나는데, 그대로 두면 우리가 위험해질 것이다. 가서 바위를 떨어뜨리고 오너라."

　시샘 많은 중국의 황제가 명했어.

　중국 술법사와 장사들이 몰래 구해국으로 숨어들었지. 그들은 온 힘을 기울여 삼동석을 흔들었어. 한 사람이 흔들어도 흔들리지만, 천 명이 흔들어도 떨어지지는 않는 바위였거든. 그런데 중국의 술법사와 장사들이 혼신의 힘을 다하자 마침내 삼동석은 차례차례 산 아래로 굴러 떨어지고 말았어.

"휴, 엄청난 바위를 세 개나 굴렸더니 기운이 다 빠졌네."

술법사와 장사들은 기진맥진해서 산꼭대기에 그대로 잠이 들었어.

먼 바다 위로 달이 떴다가는 지고, 아침이 밝을 무렵이었어. 술법사와 장사들은 느닷없는 굉음에 모두 잠을 깼어. 갑자기 산이 흔들리고 와당탕퉁당 울리는 거야.

"아니, 이게 무슨 소리야!"

"지진이 났나 봐!"

장사 하나가 손가락으로 산 중턱을 가리켰어.

"저기 봐. 바위가 산을 거슬러 올라오고 있어!"

"어, 맙소사! 저건 어제 우리가 떨어뜨린 바위잖아!"

술법사는 고개를 절레절레 흔들었어.

"이젠 힘도 없는데, 여기 있다가는 바위에 깔려 죽겠다. 도망치자!"

중국 술법사와 장사들은 부리나케 도망쳤어. 온 산을 울리며 올라온 커다란 바위는 산꼭대기 조금 못 미치는 곳에 척 자리잡았지. 그리고 지금까지 바다와 땅을 훤히 내려다보고 있단다.

금강산만큼이나 아름다운 산은 바로 월출산이야. 월출산이 뿌리박고 있는 곳은 한반도 남쪽 끝 전라도 영암 땅이지. 영암靈巖이란 바로

산으로 다시 올라온 신령스런 그 바위를 뜻
해. 그 바위 덕분에 영암에는 큰인물이 날 거
라고 믿었어. 훗날 구해국이 백제에 완전히
병합되었을 때에도 영암 사람들은 그런 믿음
을 버리지 않았지.

　역사는 그 믿음에 대한 답을 주었어. 삼동
석을 상징하는 세 위인을 배출해 냈거든. 그
첫째 인물이 바로 오경 박사 왕인이야. 둘째는 고려 태조 왕건의 스승
인 도선* 국사이고, 그리고 셋째는 최지몽*을 든단다. 왕인은 학자였
고, 도선은 도인으로서 고려의 기반을 닦았고, 점을 잘 치던 최지몽은
고려 초에 재상을 지냈지. 영암 사람들은 학자와 도인과 정치가인 세
사람을 삼동석의 화신으로 생각한대.

*도선(827~898)_ 통일신라시대의 승려이다.
15세에 승려가 되어 불경을 공부하고, 혜철 대
사에게 '설이 없는 설'이라는 무설설(無說說)
과 '법이 없는 법'이라는 무법법(無法法)을 배
웠다. 음양지리설·풍수상지법은 고려와 조선
시대에 큰 영향을 주었다. 지은 책으로 『도선비
기』, 『도선답산가』, 『송악명당기』 등이 있다.

*최지몽(907~987)_ 고려 초의 문신 관료이
다. 태조 왕건에게 발탁되어 성종 대에 이르기
까지 주로 왕을 도와 정치를 맡아보며 왕조의
기틀을 안정시키는 데 공을 세웠다.

책굴 속의 아이

월출산 주지봉은 영암만 바다로 뻗어 있어. 그 골짜기에서 물이 흘러나온 성천은 서호강을 거쳐 바다로 빠지지. 성천聖川이란 곧 성인의 개울이란 뜻이야. 그 물을 먹으면 성인과 같이 훌륭한 사람을 낳게 된다고 영암 사람들은 믿지. 왕인 박사는 물론 도선 국사와 최지몽, 그들의 부모도 그 물을 먹었다고 해.

왕인은 성천이 흐르는 성기동 영암군 군서면 동구림리에서 태어났어. 태어난 때는 정확하게 기록되어 있지 않지만, 대략 373년 안팎으로 추정해.

왕인은 어려서부터 책 읽기를 좋아했어. 그는 글 읽는 소리만 들어도 그 뜻을 알아들을 정도로 총명했다고 해. 그래서 여덟 살에 문산재라는 학당에 들어갔어.

그 시대에 궁벽한 바닷가에 무슨 학당이 있었을까, 의심스럽지 않아?

곰곰 생각하면 여기서 몇 가지 추측할 수가 있어. 우선 왕인은 책을 가까이할 수 있을 정도의 집안 사람이라는 거지. 구해국의 왕족 출신이거나, 다른 먼 곳에서 집단으로 이주해 와서 정착했을 가능성도 있어. 바닷가니까 배로 이동해서 정착하기 쉽잖아. 혹은 거기에 학당이 있는 걸로 보아 구해국의 도읍이었는지도 모르지. 그리고 당시 영암 바닷가에는 상대포라는 무역항이 있었어. 또 철기나 도자기를 구웠던 흔적도 많거든. 당연히 시장도 발달했을 테고, 농산물이나 수산물도 넘쳐났겠지. 이런 환경이니 왕인이 굳이 큰 도시로 가지 않아도 공부를 할 수 있었던 거야.

왕인은 학당에 들어간 이듬해 큰일을 치렀어. 전국적으로 괴질이 돌았는데, 그 바람에 아버지가 돌아가신 거야. 그는 홀어머니의 돌봄 속에서 더욱 열심히 공부를 했지. 그가 얼마나 열심히 공부했는지 잘 알려 주는 일화가 있어.

늘 열심히 공부하던 왕인이 연락도 없이 학당에 오지 않은 일이 벌어졌어. 원래 스스로 알아서 공부하기 때문에 학당 선생은 처음엔 별 의심치 않았어. 그런데 며칠이 지나도 학당에 모습을 보이지 않는 거야. 그제야 학당 선생이 친구를 집으로 보냈어.

"공부할 게 많다며 며칠 집에 못 온다던데, 학당에 무슨 일이 있느냐?"

왕인 어머니가 의아한 표정을 지었지.

"무슨 말씀이에요. 며칠째 왕인 코빼기도 못 본 걸요."

놀란 어머니가 학당으로 달려갔지. 선생은 학생들과 종들을 다 동원해서 왕인을 찾아 나섰어. 그런데 온 마을을 뒤져도 없었어. 바닷가와

왕인이 공부했던 책굴

들판과 개울가에도 없었어.

"이거 아무래도 큰 사단
이 난 모양이군."

모두들 걱정으로 발을 동
동 구르는데, 한 친구가 고
개를 갸우뚱하며 말했어.

"어쩌면 거기 있는지 몰
라요."

"거기라니?"

"전에 산에 나무하러 가다가 바위굴을 발견했는데, 왕인이 그걸 보
고는 공부방 하면 딱 좋겠다고 했거든요."

어머니와 선생은 아이를 따라 집 뒷산을 올랐어.

"바로 저깁니다."

설마 하면서 바위굴로 다가간 사람들은 깜짝 놀랐어. 굴속에서 왕인
이 석상처럼 앉아서는 사람이 찾아온 줄도 모르고 공부를 하고 있지
뭐야.

"애야, 이게 무슨 짓이냐?"

어머니의 걱정 어린 물음에 왕인이 대답했어.

"이곳이 조용하고 아늑하여 공부하기에는 아주 그만입니다."

굴을 둘러본 선생이 감탄을 터뜨렸어.

"참으로 명당이로구나. 굴이라도 습기로 눅눅하지 않고, 밝고 바람
이 잘 통하며, 멀리 바다로 탁 트인 경치마저 아름다우니, 하늘이 주신

공부 터로구나."

왕인이 고개 숙여 사죄를 했지.

"송구하옵니다, 선생님. 미처 말씀드리지도 못하고……."

선생은 겸연쩍게 웃으며 왕인의 등을 두드렸어.

"아니다. 너의 학문은 이미 나를 넘어섰으니 내가 더 가르칠 게 없
다. 이곳이 마음에 든다면 네 뜻대로 열심히 해 보아라."

선생은 기꺼이 이해를 하고는, 아무도 왕인의 공부를 방해하지 못하
도록 해 주었어. 마을 사람들은 왕인이 공부하는 곳을 피해서 산을 오
르내렸지. 그 후로 사람들은 그 동굴을 책굴이라고 불렀대.

왕인의 공부는 점점 깊이를 더해 갔어. 어려운 『주역』과 『상서』를 15

전남 영암의 '왕인 기념관'에서 복원한 양사재(좌)와 문산재(우)

세에 통달할 정도였지.

　문산재에서 공부를 마친 왕인은 더 높은 수준의 학당인 양사재로 들어갔어. 그리고 공부에 더욱 박차를 가해 마침내 ‘오경 박사’가 되었어. 오경이란 유학의 주요 경전이니, 유학의 모든 것을 익혔다는 뜻이지. 그때 그의 나이가 고작 18세였대.

무명의 땅 일본으로

18세에 오경 박사가 된 왕인의 명성은 이미 백제 전체에 퍼졌어. 그래도 그는 여전히 책굴과 양사재와 문산재를 오가며 공부에 전념했어. 물론 이제 자기 공부뿐만 아니라 제자를 가르치기도 했지. 그의 학문과 덕을 기려 후학들이 남긴 시를 하나 볼까.

닥나무 심은 스승은 어디로 가시고
해마다 닥나무만 저 홀로 푸르구나.
세상이 문득 어지러워 놀라니
널리 모든 사람을 베풀어 가르치셨네.

영암 지역에 구전되는 시야. 이 시를 보면 적어도 두 가지 사실을 알 수 있지. 왕인이 제자를 아주 많이 길렀다는 것과, 종이를 만들었다는 거야. 우리 전통 종이 한지는 닥나무로 만들거든. 그것은 중국의 종이보다 훨씬 질기고 색이 변질되지도 않아. 현재 알려진 가장 오래된 종이는 751년에 제작된 신라의 다라니경이거든. 그런데 그보다 200년도 더 전에 왕인과 그 지역 사람들이 종이를 만들었다는 거야.

그곳에 지침암紙砧巖이란 크고 넓적한 바위가 있는데, 종이를 만들기 위해 닥나무를 찧었던 바위래.

왕인의 학문이 소문나자 백제의 아신왕*은 그를 도읍으로 불렀어. 도읍으로 간 왕인은 태자의 스승이 되어 유학을 가르쳤어.

당시 백제는 정치적으로 어려움에 빠져 있었어. 백제는 근초고왕과 근구수왕 시절에 크게 세력을 떨쳤거든. 중국에도 진출하고 고구려와 어깨를 나란히 할 정도가 되었지. 그런데 고구려에 광개토 대왕이 들어서면서 전세가 바뀌었어. 주요 무역항인 관미성을 빼앗기고, 계속 밀리기 시작한 거야. 위기를 느낀 아신왕은 일본과 동맹을 맺기에 이르렀어.

동맹을 맺으면 중요한 사람을 볼모로 보내거든. 아신왕은 태자 전지를 일본으로 보내기로 했어. 이때 태자는 백제의 기술자들도 데리고 갔는데, 그 중 한 사람이 아직기였어.

아직기의 주 임무는 말을 돌보는 일이었어. 백제에서 좋은 말 두 필을 가져갔는데, 잘 키워서 교미를 시켜 씨를 퍼뜨리는 일을 맡은 거야. 그는 말 사육의 장인이었던 거지. 그런데 백제의 기술자들은 기본적으로 유학을 익혔나 봐. 그가 경전을 읽고 해석하자 일본의 응신왕은 태자 토도치랑자의 스승이 되어 달라고 부탁했어. 물론 전지도 왕인에게 배웠으므로 스승 노릇을 하고 있었는데, 아직기까지 스승이 된 거야.

일본인들은 아직기를 키시 길사(吉師) : 훌륭한 스승로 부르며 공경했어.

태자 전지가 일본에 머문 지 8년이 되었을 때 이 무렵 백제에서 큰 변란이 일어났어. 아신왕이 죽고 권력 다툼이 벌어진 거야. 그 소식이 일본까지 날아들었어. 전지는 울면서 일본의 응신왕에게 돌려보내 줄 것을 청했지. 응신왕은 흔쾌히 허락했어.

"부왕이 상을 당했으니 당연히 돌아가 왕위를 이어야지. 하지만 상황이 어려운 듯하니 우리 군사를 데리고 가게."

응신왕은 군사 1백 명을 내주었어. 권력 다툼이 있으면 외국에 나가 있던 태자가 위험할 테니 호위대를 붙인 거야. 이때 아직기도 태자를 모시고 돌아가려 하였어.

"아쉽지만 어쩔 수 없구나. 백제에 가면 혹 그대보다 더 나은 박사가 있느냐?"

응신왕의 물음에 아직기가 대답했어.

"왕인이란 학자는 오경 박사로서 백제에서 가장 뛰어납니다."

응신왕이 전지에게 부탁했어.

"그대가 돌아가 왕위에 오르면 꼭 왕인을 보내 주게."

백제로 돌아온 전지는 권력 다툼의 어려움을 극복하고 왕이 되었어. 그리고 약속대로 왕인에게 명을 내렸어.

"스승께서는 이제 일본으로 건너가 깊고 넓은 가르침을 펴 주시기 바랍니다."

명을 받은 왕인은 고향으로 돌아갔어. 그는 가족들을 데리고 상대포에서 배를 탔지. 문산재와 양사재의 선비들과 인근 주민들이 모두 나

왕인

와서 백제 최고의 학자이자 스승을 배웅했겠지. 왕인은 자신이 태어난 성기동과 책굴과 성천과 아쉬운 작별을 해야 했어. 우람한 월출산의 배웅을 받으며 바다를 가로질러 일본으로 떠날 때 그의 나이는 32세였단다.

왕인은 이때도 물론 백제의 기술자와 학자들을 데리고 갔어. 그리고 특별히 『천자문』과 『논어』 10권을 챙겨 실었어. 이것이 일본에 전래된 최초의 유교 경전이야. 이를 보면 당시 일본에는 전혀 학문의 기초가 닦여 있지 않았던가 봐. 학문도 예술도 기술도 뒤져 있던 무명의 땅이었던 거지.

일본에 간 왕인 역시 태자 토도치랑자의 스승 노릇을 했어. 그리고 응신왕과 그 대신들에게도 유학을 가르쳤어. 이렇게 하여 일본 땅에 체계적인 학문이 퍼지기 시작한 거야. 비로소 무명의 세계에 찬란한 빛이 비치기 시작한 셈이지.

왕인에 관한 기록은 『삼국사기』엔 전혀 없어. 이 위대한 학성에 대해 열전 한 편도 세우지 않았다니까. 아마도 그건 백제가 신라에게 망한 탓이겠지. 백제의 충신과 학자와 예술가는 모두 사라지고, 장군 몇

몇의 이야기만 겨우 전해질 정도니까.

하지만 영암 사람들 마음속엔 왕인이 어느 왕보다도 깊이 새겨져 있어. 그가 먹었던 성천에 대한 믿음은 아직도 남아 있을 정도야. 그가 공부했던 책굴 앞에는 왕인의 석상이 서 있는데 오래도록 묻혀 있다가 조선 말기에야 발굴되었어. 그 왕인 석상은 성기동과 상대포를 바라보고 있어. 그리고 오늘날에는 그의 기념관을 만들었는데, 일본인들이 많이 찾아온대.

다행히 일본 역사책인 『고사기』*, 『일본서기』*에 그의 흔적이 많이 남아 있어. 이 책에서 왕인은 와니키시 화이길사(和邇吉師)로 불리는데, 와니는 왕인의 일본식 발음이고, 키시는 훌륭한 스승이란 존칭이야. 『고사기』에서는 왕인을 서수 書首 : 책, 학문의 우두머리 혹은 시조라 평했고, 『일본서기』에서는 문수 文首 : 글, 문학의 우두머리 혹은 시조라고 했어. 일본의 학문과 문학은 모두 왕인에게서 시작되었다는 뜻이지. 더불어 일본 문화의 뿌리인 아스카 문화*의 탄생도 왕인에서 비롯한 것임을 그들도 인정하고 있단다.

왕인은 일본에 성공적으로 뿌리를 내렸어. 일본 왕족과 혈연 관계도 맺으며 자손도 번창했어. 일본 사람들의 왕인에 대한 존경은 거의 신앙심에 가까울 정도야. 왕인의 무덤이 있는 곳은 왕인 공원이 되었고, 왕인 거리도 있거든. 심지어 일제 강점기 때조차 왕인만큼

*『고사기』_ 고대 일본의 신화와 전설 및 역사적 사건을 기술한 책으로, 나라를 세운 신의 이야기부터 스이코 천황의 이야기까지를 기록하고 있다. 그 내용이나 문자는 어문학과 역사학뿐만 아니라 신화학 · 고고학 · 민속학 등 여러 분야에서 연구 대상이 되고 있다. 3권.

*『일본서기』_ 일본 나라시대에 관청에서 편찬한 일본 역사서이다. 680년경 편찬을 시작하여 720년에 완성된 것으로 추정한다. 일본 역사서 중 첫째로 꼽히는 정사(正史)로서 왕실을 중심으로 하여 연대순으로 기록했으며, 자료로는 전승기록과 정부의 공식기록 등을 기초로 하고, 『백제기』, 『백제본기』 등 우리나라 문헌과 『위서』, 『진서』 등 중국 역사서를 참고하였다. 30권.

*아스카 문화_ 일본 아스카시대의 문화로, 7세기 전반에 백제의 영향을 받은 일본 최초의 불교문화이다.

은 숭배할 정도였으니까.

　왕인 이외에도 일본에 문화 예술을 전한 인물은 많아. 무령왕 때 오경 박사 단양이가 있었고, 성왕 때 노리사치계가 불교를 전했지. 같은 시대에 박사 왕유귀, 왕도량이 있었고, 무왕 때 관륵이 역법과 천문지리를 전했어. 하지만 이 모든 이보다 왕인을 섬기는 건 그가 학문의 토대를 닦고 체계를 잡았기 때문이야. 학문은 모든 문화와 예술의 근본이 되고, 삶의 본질을 가르쳐 주기 때문에 그 어떤 것보다 높이 치는 거지.

　왕인의 뛰어난 학문이 우리 겨레에게로 이어지지 못하고 바다를 건너간 건 참 아쉬운 일이야. 훗날 백제가 망하고 신라가 겨레의 중심이 되었기 때문에 뒤늦게 출발한 신라의 학문이 강줄기가 되어 지금까지 흘러온 거란다. 하지만 왕인의 이야기를 통해 우리나라에는 오랜 학문적 전통이 있었고, 그 수준이 매우 높았다는 건 충분히 짐작할 수 있겠지.

제2장
참선비의 정신을 보여 준
강수

우리 선왕태종께서 당나라의 군사를 청하여
고구려와 백제를 무찌른 것은
비록 무武의 공이라 할 수 있지만,
또한 문장의 도움이 컸으니
강수의 공을 어찌 소홀히 여길 수 있겠는가.

— 『삼국사기』 「열전」

소머리 소년의 사랑

고구려, 백제, 신라가 한창 힘겨루기를 하던 7세기 초야.

세 나라의 국경이 맞닿은 중원소경지금의 충주에 석체昔諦라는 사람이 살았거든.

그의 집에 뭔가 심상치 않은 일이 벌어질 참이었어. 벌써 오래 전부터 석체는 마당에서 팔짱을 끼고 왔다 갔다 하며 무언가를 기다리고 있었어.

"왜 이리 더딘고?"

석체는 새파라니 높은 하늘을 바라보며 혼잣말을 내뱉었어.

바로 그때,

"으아앙!"

아기의 첫 울음소리가 집 안을 흔들며 푸른 하늘까지 울려 퍼졌어.

"오, 사내아이로구나! 하늘이시여, 감사합니다!"

석체는 놀라울 정도로 우렁찬 울음소리를 듣고 사내임을 알았어. 나라를 잃고 신라의 백성이 된 슬픔이 사라지는 순간이었지.

*이사부_ 신라 때의 장군이다. 512년(지증왕 13)에 가야와 우산국을 정벌하였고, 524(진흥왕 11)에는 고구려의 도살성과 백제의 금현성을 빼앗는 등 여러 지방을 공격하여 한강 상류 지역까지 신라의 영토를 크게 넓혔다. 545년에는 국사 편찬을 제안하여 거칠부 등이 『국사』를 편찬하게 되었다.

석체는 원래 임나가야 사람이었어. 여섯 가야 연맹의 중심이던 임나가야는 대가야라고도 하는데, 진흥왕 23년인 562년에 이사부* 장군에 의해 정복되어 신라로 편입되었지. 경상도 고령 땅에 살던 임나가야 사람들은 그 후 충주로 옮겨 가 살게 된 거야. 신라가 고구려와 맞붙은 국경을 방어하는 데 가야 사람들을 방패막이로 이용한 거지.

석체는 대가야에서 높은 귀족이었던가 봐. 그는 신라에서도 내마17관 등 중 11위 작위를 받았어. 그 정도면 충주 같은 변방에서는 꽤 높은 관직이었을 거야. 그런 그의 마음 한구석에는 늘 잃어버린 조국에 대한 그리움과 신라에 튼튼하게 뿌리를 내리려는 야심이 자리잡고 있었겠지. 이런 터에 고대하던 아들이 태어난 거야.

석체는 곧 안채로 들어갔어. 과연 짐작처럼 튼실해 보이는 아기가 바동거리고 있었어.

"고맙소, 부인. 이제 집안의 대를 잇게 되었소."

석체의 말에 그의 아내는 깊은 한숨을 토했어. 아들을 낳은 게 전혀 기쁘지 않은 표정이지 뭐야. 석체가 의아하게 아내를 쳐다보았어. 아내는 아이의 생김생김을 자세히 보라며 고개를 돌려 버렸어. 석체는 강보에 푹 싸인 아이의 모습을 곰곰 살펴보았어.

"아니, 이런!"

아이는 여느 아이들과 생긴 모습이 판이하게 달랐어. 양편 귀 위쪽의 머리가 불쑥 솟은 꼴이 그 속에서 뿔이라도 튀어나올 것 같지 뭐야.

게다가 머리 가운데 커다란 사마귀가 있어 흉측스럽기까지 했어. 그때문에 석체의 아내는 괴물이라도 낳은 양 걱정했던 거야. 그런 아내의 속내엔 숨겨 둔 사연이 있었어.

"저, 실은 이 아이를 가졌을 때……."

아내는 태몽에 얽힌 이야기를 풀어 놓았어.

"꿈에 한 사람을 만났는데, 덩치가 크고 눈이 부리부리하며 머리에 커다란 뿔이 두 개나 돋아 있었습니다. 그가 성큼성큼 다가오더니 내 품으로 와락 뛰어들지 뭡니까. 부끄러워서 당신한테 말을 못했는데, 그 뒤에 아이가 생겼답니다. 그랬는데 이런 아이를 낳고 보니 아무래도 불길하여……."

아내의 눈에 눈물이 맺혔어.

석체는 애써 아내를 진정시켰지.

"그 무슨 말씀이오. 그건 장차 이 아이가 크게 될 징조니 걱정할 것 없소. 아무 염려 말고 몸이나 잘 보양하시오."

말은 이렇게 했지만 석체도 기분이 좋지 않았어. 아이가 제대로 자라지 못하거나, 커서 불구자라도 될 것만 같은 거야. 그래서 수소문 끝에 학문과 덕망이 높은 현자를 찾아가서 물었어.

"이 아이의 생김생김이 어떠합니까?"

강보에 싸인 아기의 얼굴을 요리조리 살펴보던 현자의 얼굴에 미소가 그려졌어.

"축하드립니다. 이 아이는 귀인의 골상을 타고났습니다."

불안감이 가득하던 석체가 눈을 둥그렇게 떴어.

"예로부터 귀인이나 성인은 보통 사람과 생김생김부터 달랐습니다. 복희 황제는 호랑이 상이었고, 여와는 뱀 상이었으며, 순 임금을 보필한 재상 고요는 말 상이었습니다. 지금 이 아이는 특별히 소의 머리를 하였는데, 이는 옛날 신농 황제의 상입니다. 신농씨는 세상의 모든 풀과 나무를 분별하여 먹는 것과 못 먹는 것, 약이 되는 것과 독이 되는 것을 구별해 주었고, 농사를 가르쳐 주신 분입니다. 또 관상을 보는 법에는, 얼굴의 사마귀는 좋은 게 없고 머리에는 나쁜 사마귀가 없다고 하였습니다. 그러니 이 아이는 장차 나라를 위해 큰 공을 세워 귀인이 될 것입니다."

먹구름이 가득하던 석체의 얼굴이 환해졌어.

그 후 석체는 아이의 이름을 우두 牛頭 : 소머리 라고 지었어.

위 이야기대로라면 우두는 엄청난 짱구였나 봐. 귀 위로 뿔이 솟은 듯 불룩한 머리통을 가졌으니 얼굴도 꽤나 못생겼겠지.

하지만 부모는 실망하지 않고 우두를 정성껏 보살피며 가르쳤어. 우두도 부모의 기대를 저버리지 않았어. 그는 스스로 글을 읽을 줄 알았고 시키지 않아도 공부를 열심히 했어.

"지금 세상에는 불교와 유교의 가르침이 크게 일어나고 있다. 너는 장차 무엇을 공부하려느냐?"

우두의 학문이 깊어지자 어느 날 아버지 석체가 물었어.

"제가 듣건대, 부처의 가르침은 세상 밖의 것이라 하였습니다. 저는 세상 안에 사는 사람이니 마땅히 유교의 가르침을 익힐까 합니다."

우두의 이 말을 잘 새겨들어야 해. 여기에 유학의 핵심이 들어 있거든.

불교는 종교적인 것으로 내세를 바라보고 믿지. 그에 반해 유교는 현실적이고 매우 정치적이야. 유교의 근본정신을 수기치인 修己治人 이라고 해. 자신을 갈고 닦은 다음 나아가 정치를 하여 사람들을 평안하게 한다는 거지. 유학을 익히는 건 자신의 내세나 복을 위함이 아니라 세상을 위해 일한다는 목적이 분명해. 이러한 현실적인 적응성 덕분에 유학이 훗날 동아시아 학문과 정치와 문화의 중심이 된 거란다.

이참에 유학의 정신에 대해 좀 더 깊이 알아두는 게 좋겠어. 앞으로 나오는 학문의 중심도 유학이니까 그 기초를 알고 이야기를 들어야 좀 쉽고 재미있을 거야.

유학은 종교보다는 학문에 가까워. 불교나 도교가 신을 믿고 의지하는 데 반해 유학에서는 신을 믿는 게 아니거든. 물론 유학에서도 신을 중시하기는 해. 조상에 대한 예를 다하고, 하늘에 대한 숭배심을 갖고 있지. 그러나 유교가 중시하는 하늘은 실은 신이 아니야. 『근사록』*이란 책에 이렇게 나오거든.

* **『근사록』**_ 송나라 때 유학의 중흥자인 주희가 여조겸과 함께 엮은 책으로 유학의 핵심을 잘 요약한 학문의 입문서이다.

'하늘은 곧 도를 일컫는다.'

도는 도술이 아니고 진리라고 할 수 있어. 그 진리는 모든 생명을 창조한 원천이기도 해. 그러한 진리는 인간의 성품에도 있는데, 그것을 본성이라고 해. 본성을 찾아내고 밝혀서 사람이 하늘과 하나가 되도록 한다는 게 유학의 가장 중요한 가르침이야. 그러한 도를 간직한 사람을 성인이라 하고, 도를 아는 사람을 현인이라고 해. 마땅히 성현을 본받고 배워서, 그 배운 바를 실천하여 백성을 이롭게 하는 게 참선비의 도리라는 거지. 우두는 이러한 유학의 정신을 알고서 불교가 아닌 유학을 선택했던 거야.

마음을 정한 우두는 본격적으로 유교 경전을 공부하기 시작했어. 『효경』을 먼저 읽고 『예기』, 『문선』, 『이아』 같은 어려운 책을 익혔어. 그는 작은 것 속에서 큰 것을 배우고, 낮은 가르침을 들어도 높은 진리를 깨달았다고 『삼국사기』 「열전」은 말해 준단다.

마침내 우두는 나라 안에서도 손꼽히는 선비가 되었어. 채 스무 살도 되기 전에 벼슬까지 받았으니 출셋길이 환히 열린 셈이었지. 그러한 우두에게 부모는 좋은 가문의 규수를 찾아 짝을 지어 주려 했어.

"이제 학문도 나라 안에서 알아 주게 되었고, 벼슬도 받았으니 마땅히 혼인을 해서 가정을 세워야 하지 않겠느냐. 좋은 혼처가 여기저기서 들어오니 네가 골라 보려무나."

우두는 결혼에 마음이 없는 듯 슬그머니 사양했어.

그 즈음 우두는 중원경 외곽의 부곡으로 가는 일이 잦았어. 바로 거기에 숨겨 둔 연인이 있었거든. 그의 연인은 대장장이의 딸이었어. 어느 모로 보아도 귀족 선비인 우두와는 어울리지 않는 여자였지. 하지만 우두는 진정으로 대장장이의 딸을 사랑하고 있었어. 그래서 내로라하는 집안의 처녀들을 만나 보려고조차 하지 않았어. 마침내 이를 알아챈 석체가 엄하게 꾸짖었지.

"네가 눈에 비늘이라도 덮인 모양이구나. 어찌하여 가난하고 천한 대장장이의 딸과 염문을 뿌리고 다니느냐. 명망 있는 가문의 규수를 골라 놓았으니 더 이상 허튼짓 말고 거기로 장가를 들도록 하여라."

우두는 그 자리에서 일어나 부모에게 두 번 절을 했어. 그런 다음 자신의 결심을 떳떳하게 밝혔어.

"저는 이미 대장장이의 딸을 아내로 여기고 있습니다. 비록 배운 것이 적고 신분이 낮으나 마음과 행실이 올곧고 아름다우니 살펴 주십시오."

기가 막힌 석체는 더욱 큰 소리로 나무랐지.

"이름 높은 선비가 대장장이의 딸을 배필로 삼다니, 너는 부끄럽지도 않느냐!"

노발대발하여 소리치는 아버지와 달리 우두는 찬찬한 음성으로 대답했어.

"가난하고 천한 것은 부끄러운 것이 아닙니다. 진실로 부끄러운 것은 올바른 도를 배우고도 실천하지 않는 것입니다. 후한의 송홍 역시 천한 여인과 부부가 되었는데, 그가 재상에 오르자 황제가 누이를 아내로 주려 했습니다. 그러나 송홍은 가난할 때 사귄 벗은 잊을 수 없고, 어려움을 함께한 조강지처는 내쫓아서는 안 된다며 거절했습니다. 이것이 진정한 선비의 도리임을 아는데 어찌 소자가 대장장이의 딸을 천하다 하여 버릴 수 있겠습니까?"

도리에 합당한 우두의 말에 부모는 말문이 막히고 말았어. 어려서부터 자기 일을 스스로 해 온 우두의 성격을 잘 아는지라 더 이상 막을 엄두도 내지 못했지. 결국 대장장이의 딸을 며느리로 받아들이고

만 거야.

우두와 대장장이의 딸은 혼례를 올리고 부부가 되었어. 귀족 관리와 대장장이 딸이 부부가 되다니. 엄격한 골품제 사회인 신라가 한번 떠들썩했겠지. 귀족들은 혀를 차며 손가락질을 했겠으나, 서민들과 천민들은 박수를 치며 환영했겠지. 우두의 사랑은 그들에게 희망의 증거가 되었던 거야. 이 아름다운 연애 이야기는 『삼국사기』 「열전」에 기록되어 오늘날까지 전해 온단다.

그대를 강수 선생이라 함이 마땅하다

7세기 중엽, 전쟁이 끊이지 않던 삼국시대는 막바지를 향해 치닫고 있었어. 고구려는 당나라와 다투며 신라에도 경계의 끈을 늦추지 않았고, 신라와 백제는 성을 뺏고 뺏기며 치열하게 다투었어. 세상이 온통 전쟁의 소용돌이로 들끓었지. 어느 나라인가 망해야만 소용돌이는 잦아들게 되어 있었어.

형세는 신라가 가장 불리했어. 가야를 병합하고 우산국울릉도과 탐라제주도를 복속시켰지만, 신라는 삼국 중 가장 작고 군사력도 약했거든.

이 무렵 백제의 의자왕은 재상 성충을 등용하여 의욕적인 정치를 펼쳤어. 신속히 고구려와 동맹을 맺고 왜국과도 화친을 맺는 외교력을 선보였지.

고구려를 등에 업고 백제와 대항하려던 신라의 계획은 물거품이 되었어. 동맹을 맺기 위해 고구려로 갔던 김춘추*는 죽을 고비를 간신히 넘기고 빠져나왔지.

*김춘추(604~661)_ 신라 제29대 임금인 태종 무열왕으로, 신라 최초의 진골 출신 왕이다. 어려서부터 웅변을 잘하고, 외교적으로 교류를 잘 이끌어 사신으로 일본과 당나라에 다녀왔다. 당나라 군사와 연합하여 백제를 멸망시켰으며, 관료체계를 정비하고 왕권을 확립하였다.

그 얼마 뒤 당나라는 황제가 직접 군사를 이끌고 고구려를 쳤어. 연개소문이 지휘하는 고구려군은 안시성에서 수성전을 펼치다가 역습을 하여 물리쳤지. 대제국 수나라에 이어 당나라까지 물리친 고구려를 당할 나라는 없었어. 그런 고구려가 신라의 북쪽 땅을 쳐서 빼앗았어. 백제는 신라의 옆구리를 침략해 성을 뺏고. 약소국 신라의 절대 위기였지.

"이 상황에서 나라를 지키려면 당나라와 손을 잡는 수밖에 없다."

신라의 새 임금이 된 김춘추_{태종 무열왕}는 이렇게 결단을 내렸어. 그리고 자신의 둘째 아들 김인문을 사신으로 삼아 당나라로 보냈어.

고구려에게 호되게 혼난 당나라의 신하들은 동맹에 반대했어.

"저 신라는 지금 우리에게 동맹을 호소하지만, 결국 그들도 고구려, 백제와 형제인 동이족입니다. 언제 우리를 배반하고 형제국과 손을 잡을지 모르니 동맹을 맺을 수 없습니다."

당 태종은 신하들과 뜻이 달랐어.

"지금 고구려가 강성하고 백제와 손을 잡고 있으니, 그 배후인 신라와 동맹하는 것은 실은 매우 필요한 일이다."

결국 당나라는 신라의 제의를 받아들여 동맹을 맺었어. 김인문은 당나라 사신과 함께 신라로 돌아왔지. 그런데 여기서 전혀 뜻하지 않은 문제가 생겼어. 당나라 사신이 황제의 편지를 지니고 왔는데, 그것을 제대로 해석하고 그에 걸맞는 답장을 지을 만한 인재가 신라에는 없었던 거야.

유교 문화가 한껏 발달한 당나라에 비해 신라의 유교 수준은 초보

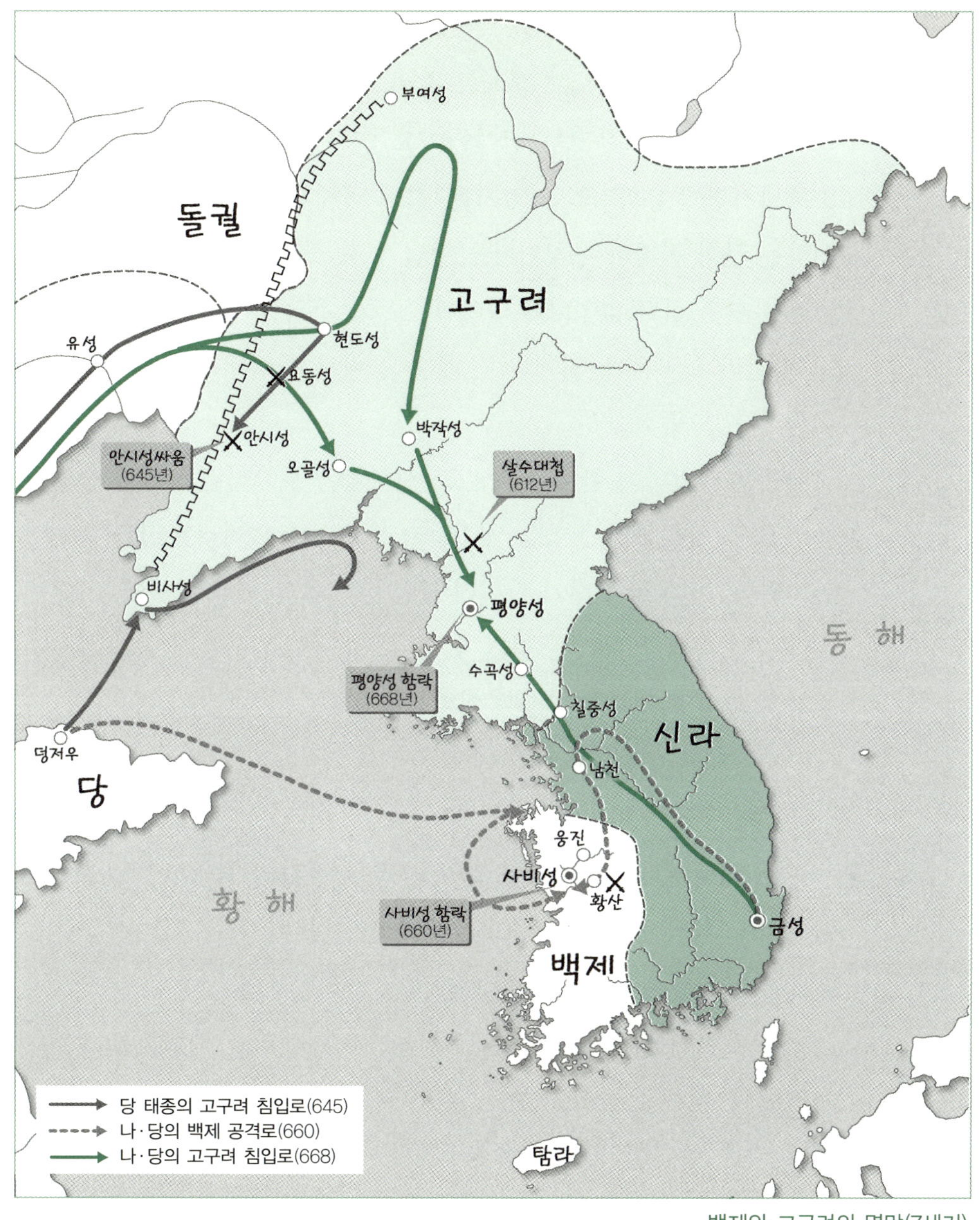

백제와 고구려의 멸망(7세기)

단계에 지나지 않았거든. 김인문도 유교 경전을 꽤나 공부했고 당나라에도 오래 있었지만 외교 문서를 솜씨 좋게 짓지는 못했어. 중국과 인접하여 진작부터 유교를 받아들이고 연구한 고구려나 백제는 이미 3~4세기경에 유학자가 있었거든. 그에 비해 한반도 남쪽 구석에 있던 신라는 문화 전파가 무척이나 늦었던 거지. 7세기가 되어도 조정에 뛰어난 유학자 하나 없었다니 말이야.

"당나라 황제의 편지에 담긴 뜻을 올바로 풀어내는 사람이 없으니 이를 어쩌면 좋겠소?"

태종은 답답하여 한숨을 쉬었고, 신하들은 부끄러워 고개를 숙일 따름이었지. 자칫하면 동맹을 맺기는커녕 무식한 나라라는 망신을 당할 판이었어. 이때 한 신하가 간신히 꿍꿍이를 낸 듯 입을 열었어.

"중원소경에 우두라는 자가 있는데, 관원으로 인품이 높고 학문이 깊다고 하니 그에게 맡기심이 어떠하올지요?"

"우두, 이름이 소머리란 말이오?"

태종이 웃음을 띠며 물었어.

"예. 그는 어려서부터 글을 알았고, 특히 공자와 맹자의 학문을 익혔다고 하니 능히 황제의 편지를 풀어낼 것입니다."

태종 무열왕은 즉시 우두를 서라벌로 불러들였어.

처음엔 머리통이 소를 닮은 우두를 보고 태종과 신하들은 고개를 갸웃거렸어. 저런 촌놈이 공부를 했으면 얼마나 했겠냐고 속으로 비웃었겠지. 우두는 망설임 없이 당나라 황제의 문서를 읽고 풀어냈어.

"당나라도 우리 신라와 동맹을 맺을 마음은 있으나 우리의 진심을 민을 수가 없다는 내용입니다."

비로소 태종의 얼굴에 밝은 빛이 돌았고, 신하들도 안도의 숨을 내쉬었어. 우두의 명확한 풀이에 당나라 사신까지 놀라 혀를 내두를 정도였지. 당 태종 이세민은 권위를 내세우고 자랑하기를 좋아해서 일부러 문장을 어렵게 썼던 거야.

태종이 감격하여 말했어.

"우리나라의 말과 문자와 학문이 당나라와 엄연히 다른데 이처럼 막힘없이 통하다니 놀랍고 장한 일이다. 이제부터 그대를 우두가 아닌 강수 선생이라 함이 마땅하겠다."

이리하여 우두는 강수強首라는 새 이름을 얻게 된 거야. 소머리가 아니라 지혜롭고 강하며 으뜸이 되는 머리라는 뜻이었지.

"앞으로 나라를 대표하는 문서는 모두 강수 선생의 손으로 만들게 할 것이니, 선생은 부디 성심을 다해 주오."

그 후로 태종은 강수를 6두품 중급 귀족으로 올리고, 선생으로 높여 부르며 예의를 잃지 않았어. 강수는 서라벌에서 살며 제자를 기르고 외교 문서를 꾸미는 데 온 정성을 기울였단다.

강수가 만든 외교 문서를 들고 태자 김법민*이 아우 김인문과 더불어 당나라로 들어갔어. 이리하여 신라는 당나라와 완전한 동맹을 맺고 마침내 백제와 고구려를 무너뜨리게 된 거야.

『삼국사기』에 따르면, 강수는 매우 가난했으나 가난을 고통스러워하지 않고 유유자적

*김법민(626~681)_ 태종 무열왕의 맏아들로, 신라의 제30대 임금인 문무왕이다. 655년 태자로 책봉되었으며, 660년 나·당연합군이 백제를 공격할 때, 김유신과 함께 백제와 고구려를 차례로 멸망시켰고, 676년 당나라 세력을 몰아내고 삼국통일을 이루었다.

즐기며 살았다고 해. 이로 보건대 강수는 외교를 담당한 중책을 맡았음에도 불구하고 품계와 벼슬은 높지 않았던가 봐. 신라 골품제의 엄격함을 알 수 있는 대목이지. 왕족과 혈연 관계를 맺지 않고서는 높은 벼슬을 받을 수 없었던 거지. 하물며 대장장이 딸과 결혼했으니 강수의 벼슬길은 꽉 막힐 수밖에 없었겠지.

그렇지만 학문과 문장을 통한 강수의 활약은 그 후에도 이어졌어. 백제와 고구려를 무너뜨린 당나라는 신라마저 삼키려 하였어. 지금까지 신하국을 자처했던 신라는 거세게 반발하며 전쟁을 마다하지 않았어.

"이놈들이 언젠가는 배반할 줄 알았다."

당나라는 볼모 겸 사신으로 가 있던 김인문을 감옥에 가두고 죽이려했어. 당나라와 신라 간에 본격적인 대전쟁이 터질 판이었지.

신라도 당나라와 전면전은 바라지 않는 바였어. 당나라의 침략에 대항하면서도 한편으로는 당나라를 달래려 했지. 문무왕은 강수에게 명했어.

"그대의 학문과 문장이 나라를 위해 가장 긴요하게 쓰일 때가 되었소."

강수는 당나라 황제에게 긴 편지를 썼어. 두 나라가 연합하여 백제와 고구려를 무너뜨린 동맹을 상기시키고, 서로 오해를 풀고 그때처럼 좋은 사이를 회복할 것을 간절하게 청했지. 『삼국사기』「문무왕」편에 그 편지가 전하는데, 〈청방인문표〉 즉 김인문을 풀어 줄 것을 호소하는 글이야. 강수는 당나라와 신라가 연합하여 백제를 무너뜨린 공로와 도움에 대해 지극히 감사를 표한 다음 황제의 성은을 청했어.

엎드려 생각하건대 황제 폐하의 밝으심이 해와 달과 같고 덕망은 하늘과 땅과 합하여 동식물도 자라는 은혜를 입습니다. 널리 살리고자 하는 덕은 멀리 곤충에게까지 미치고, 죽임과 미움을 참는 어진 마음은 새와 짐승에게까지 전해집니다. 만약 석방의 은혜를 베푸신다면 비록 죽어도 산 것과 다름없겠습니다.

강수의 뛰어난 문장에 깊이 감동한 당나라 고종은 눈물을 흘리며 명했어.
"옛 정을 잊고 크게 실수할 뻔하였도다. 인문을 즉시 신라로 돌려보내라."
이렇게 하여 지루하게 끌던 당나라와 신라의 전쟁도 끝이 난 거야. 동아시아가 온통 휩쓸린 전쟁의 소용돌이가 비로소 끝나게 된 거지.
문무왕은 강수에게 사찬 벼슬을 내리고, 해마다 곡식 200가마를 더하였어. 그리고 삼국통일의 공을 논할 때 강수의 공을 높게 평가했단다.

우리 선왕태종께서 당나라의 군사를 청하여 고구려와 백제를 무찌른 것은 비록 무武의 공이라 할 수 있지만, 또한 문장의 도움이 컸으니 강수의 공을 어찌 소홀히 여길 수 있겠는가.

전쟁이 끝난 후 강수의 행적은 자세히 알려지지 않았어. 여전히 외

충주 우륵당 앞 강수 동상

교 문서를 담당했을 테고, 서라벌에서 제자를 길렀을 거야. 다만 『삼국사기』에 신문왕 때인 692년에 숨을 거둔 걸로 나와. 태종 무열왕 때 이미 스무 살이 넘었으니 환갑이 넘도록 살았을 걸로 짐작할 뿐이지.

『삼국사기』는 강수의 죽음에 얽힌 또 한 가지 이야기를 전해.

강수의 죽음이 알려지자 신문왕은 모든 비용과 부품을 나라에서 대 주라고 명했어. 풍성한 장례 예물과 위로품이 강수의 집에 도착했지.

하지만 강수의 아내는 그것들을 하나도 쓰지 않고 장례를 간소하게 지냈어. 그리고 그 물건들은 모두 절을 짓는 데 바치고 남편의 극락왕생을 빌었대. 이를 안 신문왕이 다시 해마다 벼 200가마씩을 내리려고 하자 강수의 아내는 딱 잘라 사양했어.

"저는 천한 몸으로서 남편 덕에 나라로부터 많은 은혜를 입었습니다. 그런데 지금 남편은 가고 없는데 어찌 홀로 넘치는 은혜를 받겠습니까?"

강수의 아내는 그길로 보따리를 싸 서라벌을 떠나 고향으로 돌아갔어.

누가 이를 두고 천한 대장장이의 딸이라고 무시할 수 있을까?

강수의 아내에게는 강수 못지않은 대쪽 같은 선비 정신이 있었던 거야. 그 내면의 품성을 잘 알았기 때문에 강수는 기꺼이 대장장이의 딸을 조강지처로 삼았던 거지.

신라가 삼국통일이라는 큰 업적을 이룬 데 뺄 수 없는 영웅들이 있어.

외교의 달인 무열왕 김춘추와 그의 아들 법민과 인문, 일당백의 용기로 전쟁에 뛰어든 화랑도와 군사들, 또 그들을 지휘한 맹장 김유신이 으뜸가는 영웅이겠지.

그러나 칼 대신 붓을 든 강수의 공로 또한 뺄 수 없어. 그로 인하여 신라는 전쟁에 앞서 외교에서 승리할 수 있었고, 그 덕에 가장 작은 나라 신라가 삼국을 통일하고 우리 겨레의 맥을 이어가는 영광을 얻었으니까.

그리고 그의 학문은 새로운 신라 문화의 터전이 되었어. 그로 인해 유학의 기풍이 일어났고, 장차 동양 문화의 중심이 된 유학이 우리나라에서도 크게 발전할 수 있는 기초를 닦은 셈이지. 그 전에 백제의 왕인 박사 같은 유학자가 있었으나, 나라가 망하고 학문의 흐름이 끊어졌잖아. 그러니 우리나라의 유학은 강수에게서 시작되었다고 보는 게 적절할 거야. 『삼국사기』도 『신라고기』라는 책을 인용하여 신라의 뛰어난 문장가들을 나열해 놓았는데, 강수를 첫머리에 올림으로 그 공로를 인정하고 있단다.

제3장

현묘지도를 깨달은 최치원

우리나라에 깊고 오묘한 도道 : 가르침가 있으니 이를 풍류風流라 한다.
이 가르침을 만든 근원은 선사仙史에 자세히 씌어 있다.
그 핵심은 삼교三敎 : 유교·불교·도교를 포함한 것인데,
이것으로 백성들을 가르쳤다.

－『삼국사기』「신라 본기」

열두 살에 바다를 건너다

첫 햇살이 터지는 황해 한가운데였어. 아침놀에 빛나는 황금 물결을 헤치며 신라의 상선 한 척이 서쪽으로 항해하고 있었지. 그 배의 고물에는 한 소년이 해 뜨는 광경을 바라보며 아쉬움을 달래고 있었어.

"아, 해가 뜨면 다시 한 번 부모님 계신 땅을 보고자 했더니!"

이미 육지는 보이지도 않았지. 소년은 지그시 눈을 감았어. 그러자 그의 마음은 금세 고향 집에 도착했지.

햇살 바른 마당, 꽃밭, 단물이 솟던 우물, 새콤달콤한 열매를 매달아 내던 자두나무, 자신이 밤새워 글을 읽던 서재, 그리고 어머니, 아버지…….

소년은 별안간 눈을 번쩍 치떴어.

'10년 이내에 과거에 급제하지 못하면 넌 내 아들이 아니다!'

아버지의 엄명이 퍼뜩 떠오른 거야.

'당나라는 넓은 곳이다. 한시도 게으름을 피우지 말고 학문에 정진하여야 할 것이야.'

서쪽 수평선을 향해 가고 또 가면 결국 당나라에 다다를 테지. 세상의 중심이요, 큰 나라라 일컫는 당나라. 그곳에서 신라인의 기개를 떨치리라. 굳게 다짐하는 소년의 이름은 최치원이었어.

'저 당나라의 학문의 뿌리인 공자와 맹자의 가르침은 어디서 온 것인가?'

이런 생각을 하며 당나라로 갈 때 그의 나이는 고작 열두 살이었어.

서기 857년, 경주 최씨 치원은 육두품 귀족 견일의 아들로 태어났어. 육두품은 왕족인 성골, 진골에 다음가는 귀족이야. 당시 신라의 주요 관직은 대부분 진골의 차지였고, 육두품은 벼슬이 5위인 아찬까지밖에 주어지지 않았어. 그 때문에 육두품은 정치보다는 학문, 종교, 예술 분야에서 주로 활약했지. 당시 경주 최씨 문중은 학문으로 명망을 쌓아 가던 신흥 명문가였어. '10년 이내에 당나라의 과거에 급제하지 못하면 넌 내 아들이 아니다'고 한 부친의 말은 그 집안의 자부심을 충분히 짐작하게 해 주잖아.

아무리 그렇다 하더라도 이해하기 어렵지. 교통조차 험난하던 그 시절에 고작 열두 살밖에 안 된 아이를 바다 건너 당나라까지 유학을 보내다니. 게다가 과거에 급제하라는 큰 부담까지 지우다니 너무 심한 듯하지. 아무래도 여기엔 어떤 사연이 있을 것 같잖아.

그러나 역사책 어디에도 최치원이 유학을 떠난 사연을 기록해 놓은 데는 없어. 최치원이 남긴 글도 많은데, 그 얘기는 쏙 빠졌거든. 다만 몇 가지 설화와 『최고운전』을 비롯한 소설에 그 사연이 나와. 그 내용을 간략하게 들려줄게.

최치원은 아버지의 근무지인 문창이란 곳에서 태어났어. 그는 어려서부터 스스로 글을 알아보았고, 지을 줄도 알았대. 그의 글 읽는 소리가 얼마나 맑고 아름다운지 바다 건너 당나라 황제의 귀에까지 들릴 정도였다는 거야.

"아니, 이토록 낭랑한 글 읽는 소리가 어디서 들려온단 말인가?"

황제의 말에 신하가 천기를 살피고 와서는 대답했어.

"저 바다 건너 동쪽 신라에서 나는 소리입니다. 별자리를 살펴보니 최근에 그곳에 귀한 현자가 태어났습니다."

"그래. 그렇다면 뛰어난 학자 두 사람을 뽑아서 신라로 보내 인재를 시험하게 하라."

황제의 명을 받은 두 명의 학자가 배를 타고 신라로 향했어. 그러다가 어느 작은 섬에서 쉬게 되었어. 전설에 의하면 그곳은 바로 군산 앞바다의 섬 선유도래. 선유도는 이름 그대로 신선들이 놀 만큼 아름다운 섬이거든. 거기에 달이 뜨니 당나라 학자가 시를 한 수 읊었어.

"사공의 삿대가 물결 밑의 달을 꿰는구나."

이때 바닷가에서 모래로 장난을 하며 놀던 아이가 대구를 척 뽑아내는 거야.

"배는 물 가운데서 하늘을 짓누르는구나."

깜짝 놀란 당나라 학자는 연거푸 시를 읊었지. 아이도 한마디도 지지 않고 천연덕스럽게 대구를 이어간 거야. 이에 감탄한 학자가 물었어.

"참으로 신통방통이로고. 너희 나라에는 너처럼 재주 있는 사람이 얼마나 되느냐?"

아이가 대답했어.

"저 같은 이야 수레에 실은 쌀알처럼 많고, 특별히 빼어난 선비는 수백 명입니다."

이에 당나라 학자들은 바로 뱃머리를 돌려 부리나케 내빼고 말았어. 어린 소년이 이 정도이니 서라벌에 들어갔다가는 망신만 당할 것 같아서 줄행랑을 놓은 거야.

이 소년이 누구겠니?

그래, 바로 최치원이었대.

그 얼마 뒤 치원은 아버지의 임기가 끝나 서라벌로 돌아갔어.

그리고 다시 얼마 뒤, 중국에서 사신이 왔어.

"이 속에 무엇이 들었는지 알아내어 시로 답하라는 황제 폐하의 명이오."

잔뜩 거만을 떨며 사신이 내놓은 것은 두부처럼 반듯한 돌 상자였어. 그런데 구리를 녹여 붙인 데다 황제의 도장을 찍어 놓아 도무지 열어 볼 수 없었어. 상자를 들고 온 사신조차도 그 안에 뭐가 들었는지 몰랐어. 그 속에 든 물건을 소재로 하여 시를 짓기란 불가능에 가까웠지. 당나라 학자들이 어린아이한테 겁을 먹고 돌아오자 황제는 신라의 콧대를 꺾기 위해 그런 문제를 냈던 거야.

신라의 임금과 신하들이 꿍꿍이를 짜내 보았으나 헛일이었어. 시는 고사하고 대체 돌 상자 속에 무엇이 들었는지 짐작조차 할 수 없었거든.

"나라의 명예가 걸린 일이니 재상께서 꼭 좀 해결해 보시오."

결국 모두가 포기하자 대신의 우두머리인 재상 나씨가 일을 떠맡았어.

집으로 돌아온 나 재상은 근심이 이만저만이 아니었지. 며칠을 꼬박 새며 매달려 보았지만 허사였어. 나 재상이 밥조차 먹지 않고 근심하자 그의 딸 운영이 말했어.

"이 일을 경노에게 맡겨 보시면 어떨까요?"

"경노라니, 그게 누구냐?"

"얼마 전 새로 들어온 종입니다. 원래 거울 장수였는데, 제 귀한 거울을 깨뜨린 죄로 스스로 종이 되겠다 하여 이름을 파경노破鏡奴 : 거울을 깬 종라 하였습니다."

"그런데 그깟 떠돌이 종이 뭘 할 수 있다는 거냐?"

재상이 어이없어하자 운영이 말했어.

"경노는 꽃밭을 가꾸는 일을 맡고 있는데, 꽃밭에서 저와 시를 주고받아 보니 제가 도무지 미치지 못할 정도였습니다."

재상은 화들짝 놀랐지. 자신의 딸도 시를 짓는 실력이 여느 선비 못지 않았거든.

"좋다. 너도 총명이 남다른데 어찌 헛소리를 하겠느냐. 당장 경노를 불러오너라."

경노를 불러 놓고 보니 아직 어린 소년이거든.

누구겠니?

후후, 맞아. 이번에도 최치원이야. 나 재상이 중국 황제의 문제를 책

임진 걸 알고 일부러 그 집에 와 본 거야. 그런데 재상의 딸 운영의 눈부신 아름다움과 뛰어난 재주에 반해 신분을 속이고 그 집에 종으로 들어앉은 참이었지.

재상이 황제의 함을 보여 주며 시를 지어 보라고 했어. 그러자 치원은 손사래를 치며 못 한다는 거야. 재상이 엄명을 내려도 마찬가지였어.

"제 몸을 마디마디 벤다 해도 못 합니다."

재상이 화를 부글부글 끓이는데, 운영이 간곡하게 사정을 했어. 그러자 치원은 못 이기는 척 허락하며 조건을 내걸었어.

"따님과 혼례를 치러 준다면 한번 해 보겠습니다."

마침내 치원이 속내를 드러냈지.

"아니, 어디서 굴러온 놈이 감히 내 딸을 넘봐!"

처음에 재상은 불같이 화를 내며 당장 치원을 요절내려 했어. 그에 반해 운영은 침착하게 재상을 설득했어.

"아버님, 이건 나라의 명예가 걸린 일입니다. 화를 내고 벌을 주는 건 일의 성패를 본 다음 결정해도 늦지 않습니다."

결국 재상은 치원의 소원을 들어줄 수밖에 없었지. 혼례를 치른 다음 날 치원은 돌 상자를 두고 시를 지었어.

단단한 돌 속의 물건은
반은 희고 반은 금색인데
밤마다 때를 알아 울고자 하건만

답시를 받아 본 당나라 황제는 고개를 갸우뚱했어.

"반은 희고 반은 금색이라는 말은 맞지만, 때를 알고 운다는 건 틀렸느니라."

사신과 신하도 영문을 몰라 어리둥절했어. 돌 상자 속에 무엇이 들었는지는 황제와 상자를 만든 석공만 알고 있었거든.

"이제 그만 상자를 열어 보아라."

황제의 명에 의해 마침내 돌 상자가 열렸어.

"아니, 이럴 수가!"

누구보다도 놀란 이는 바로 황제였어. 돌 속에는 계란을 넣고 솜으로 돌돌 말아 싸 두었는데, 어느 새 부화하여 병아리가 되어 있었거든. 황제는 계란만을 생각하고 '때를 알고 운다'고 한 구절이 틀렸다고 한 거야. 황제는 무릎을 치며 감탄했어.

"아, 과연 동방에 현자가 있구나!"

이야기 끝이 궁금하지?

그 후 최치원의 천재성에 두려움을 느낀 황제가 그를 당나라로 불러들여 갖은 방법으로 죽이려고 했어. 하지만 결국 치원은 모든 난관을 물리치고 신라로 돌아와 운영과 더불어 가야산으로 들어가 신선이 되었대. 『최고운전』은 매우 과장되어 있어. 하지만 우리에게 몇 가지 단서를 제공해 준단다.

우선 그가 열두 살이라는 어린 나이에 당나라로 유학을 가게 된 게 나랏일과 관련이 있다는 짐작이 가능해. 그의 천재성을 알아본 신라 조정에서 뽑아서 보냈든가, 중국의 사신이 그의 재주를 보고는 감탄하여 데려갔거나.

또 한 가지, 최치원이 태어난 고향을 짐작해 볼 수 있어. 기록에는 그를 경주 사량부 사람이고 했지만, 실은 그건 조상이나 부친의 관향일 가능성이 커. 설화에서 그는 부친이 문창이란 곳의 원님을 지낼 때 태어난 걸로 나오거든. 거기가 어디냐 하면 오늘날 군산 인근이야. 군산 앞바다에 신시도란 섬이 있는데, 그곳의 월영대가 바로 최치원이 글을 읽으면 당나라까지 들렸다는 곳이라는 전설이 있어. 게다가 군산 인근에 최치원에 대한 설화가 많고, 서유구[*], 이능화[*]같은 학자도 최치원은 군산 출신이라고 추정했어. 훗날 고려 조정에서는 최치원에게 작위를 내렸는데, 바로 문창후였어. 이런 사실로 추측할 때 최치원은 군산 인근에서 태어나 거기서 어린 시절을 보내다가, 경주로 가서 그 재주를 인정받아 당나라로 유학했을 가능성이 커.

하여튼 최치원이 어린 나이에 당나라로 유학을 떠난 건 분명한 사실이야. 『삼국사기』 「열전」에 다음과 같이 씌어 있거든.

치원이 어려서부터 매우 명민하여 학문을 좋아하였다. 그가 12세가 되어

당나라로 가서 학문을 배우고자 하니, 그의 아버지가 일러 가로되 "10년 이

내에 급제하지 못하면 내 아들이 아니다. 가서 힘써 노력하거라."

원혼을 감동시키다

당나라에 도착한 최치원은 무척 외로웠을 거야. 아직 어린 데다가 고향은 바다 건너 만 리나 떨어져 있고, 친구도 별로 없었을 테니. 가을밤에 비라도 추적추적 내린다면 그 심정이 어떻겠니. 당시의 심정을 적은 「비 오는 가을밤」이라는 시를 볼까.

가을바람도 쓸쓸하게
시를 읊는데
세상으로 난 길에는
알아듣는 이 없구나
삼경 창 밖엔 비가 내리고
등불 앞에 앉은 마음
만 리를 달려가네.

이러한 그리움을 곰삭이며 최치원은 열심히 공부했어. 어디서 공부했는지는 분명하지 않지만, 당나라의 도읍인 장안의 태학에서 유학을 익혔을 거야. 10년 이내에 이름을 드날리라는 아버지의 엄명을 잊지 않았겠지. 그 약속을 지키기 위해서인지, 치원은 당나라에 온 지 7년 만인 874년에 그 이름을 우뚝 세웠어. 빈공과에 장원으로 급제한 거야.

빈공과란 여러 나라에서 인재들을 모아 치른 국제 경연이라 할 수 있어. 여기서 열여덟 살 어린 소년이 장원을 차지하자 당나라 학자가 시를 지어 찬양했어.

12세에 배를 타고 바다를 건너와

문장으로 중화를 감동시켰고

18세에 전사원을 누비며

한 발의 화살로

금문책을 깨뜨렸다네.

당나라에서는 이 신라의 천재 소년에게 표수 현위라는 벼슬을 내렸어. 치원은 더욱 부지런히 학문을 연구하고 시와 문장을 지어 이름을 높여 갔지. 최치원의 글은 귀신을 감동시킬 정도로 뛰어났다고 해.

최치원이 율수현의 현위로 있을 때였어. 거기에 초현관이라는 집이 있었는데, 시인 문장가들이 모여 즐겨 글을 짓고 노래하며 놀던 곳이었어. 그런데 초현관 높은 누대에서 보이는 곳에 사람들이 잘 모르는 오래된 무덤이 있었어. 무덤은 작고 비석도 없어서 가난한 여자의 것인가 했지.

"아무도 찾는 이가 없으니 무척 외롭겠구나."

치원은 비석조차 없는 그 무덤에 영혼을 위로하는 시를 한 편 적어
불살랐어.

어느 집 두 여인 이 버려진 무덤에 깃들었는고
쓸쓸한 지하에서 몇 번이나 봄을 원망했으리
그 모습 시냇가 달에 부질없이 남아 있으나
무덤 앞에 먼지만 가득하니 이름 묻기 어려워라
고운 그대들 그윽한 꿈에서 만날 수 있다면
긴긴 밤 나그네를 위로함이니 무슨 허물이리오.
…….

그날 밤, 치원이 잠자리에 누웠거든. 그런데 소리없이 방문이 열리
더니 두 여인이 쓱 들어서는 거야. 아직 처녀인 듯한 두 여인은 쌍둥이
처럼 닮은 미인이었어.

"괴이하도다. 사람이면 예의를 갖출 것이며, 귀신이면 썩 물러가
라!"

치원의 엄한 말에 두 여인은 대답 대신 절을 올렸어.

"맺힌 한이 깊어 차마 저승으로 가지도 못하던 영혼을 아름다운 시
로 위로해 주시니 참으로 백골난망이옵니다."

그제야 치원은 초현관 앞 무덤의 주인임을 알아보았어.

"이승을 못 떠나는 그 사연을 말해 보오."

두 처녀 귀신은 가슴에 쌓인 한을 풀어 놓기 시작했어.

"저희는 언니와 아우로 각각 18세, 16세에 한을 품고 죽었답니다."

그들은 거기서 멀리 떨어진 어느 마을의 부잣집 딸이었어. 둘 다 미모가 빼어나고 문학을 사랑하고 시를 짓기 좋아했거든. 그런데 나이가 차자 돈에 눈먼 아버지는 두 딸을 장사치에게 막무가내로 시집보내려고 하지 뭐야. 절망한 자매는 함께 목숨을 끊어 버렸어. 이에 화가 난 아버지는 아무도 모르는 먼 곳에 두 딸을 묻고는 비석조차 세워 주지 않았던 거야.

"저희 자매의 소원은 가난하더라도 글을 하는 선비를 만나 시를 주고받으며 사는 것이었습니다. 그런데 오늘 귀신을 감동시키는 시인을 만났으니 그 소망을 풀고자 합니다."

치원은 기꺼이 그 소원을 들어주었어. 함께 술을 마시며 시를 주고받았지. 두 여인도 시를 짓는 솜씨가 보통이 아니었어. 치원은 그들과 밤을 꼬박 새우며 많은 시를 지었어. 그리고 새벽닭이 울었지.

"즐거움이 다하면 슬픔이 오듯, 이제 작별을 하여야 합니다. 저희는 모든 원한을 풀고 저승으로 떠나겠습니다."

새벽녘에 두 처녀는 다시 절을 하고는 연기처럼 사라졌어.

날이 밝자 치원은 다시 「쌍녀분雙女墳」이란 긴 시를 지었어.

수풀 우거지고 먼지 캄캄한 쌍녀분

예부터 이름난 자취 누가 들었으랴.

넓은 들판 변함없는 달빛만 애달픈데

부질없이 무산의 구름 두 조각 서로 얽혀 있구나.

재주 빼어나나 한스레 지방 관리 되어

적적한 초현관에 왔다가 조용한 곳을 찾았네.

여일삼아 시 한 구절 썼더니

감동한 선녀가 밤중에 찾아왔구나.

붉은 비단 소매 여인, 붉은 치마 여인

자리에 앉으니 난초향 사향향 우러나네.

비취 눈썹 붉은 뺨은 세상 사람 아니며

술 마시는 모습 어여쁘고 시상 또한 빼어나네.

지고 남은 꽃 마주보며 좋은 술을 기울이고

쌍으로 비단 손길 내밀어 기묘한 춤을 추었네.

…….

이 낭만적인 시는 그 지방의 많은 사람들에게 감명을 주고 차차 장안까지 퍼져 갔어. 그 후 사람들은 두 처녀의 사연을 알게 되어 그 무덤을 쌍녀분이라 불렀대.

*『수이전』_ 고려 문종 때, 문장가 박인량이 지은 우리나라 최초의 설화집이다. 오늘날엔 전하지 않으며 수록되었던 설화 중 몇 편이 『삼국유사』와 여러 책에 실려 전해진다.

이 이야기는 『수이전』*과 중국책인 『육조사적』에 나와. 중국인들은 최치원의 시와 행실에 감동을 받아서 이 이야기로 〈쌍녀분가〉라는 연극까지 만들었대.

문장으로 반란을 진압하다

최치원의 진가는 역사의 소용돌이 속에서 더욱 빛났어.

9세기 후, 당나라 왕조는 매우 불안정했어. 8세기 중엽에 안녹산의 난*이 크게 나라를 뒤흔든 다음부터 심하게 흔들렸지. 조정은 사치와 방탕으로 갈피를 잡지 못하고, 흉년과 기근이 겹치니 곳곳에서 도둑이 설쳐 댔어. 이때 광주에서 황소*란 자가 반란을 일으키니, 875년이었어.

세금을 내지 않고 암거래를 하던 황소는 처음에는 상권을 움켜쥐기 위해 군사를 일으켰어. 그런데 흉년으로 살길이 막연하게 된 난민, 빈민들의 호응을 얻자 나라를 뒤집고 황제가 될 꿈을 꾸게 된 거야.

879년, 세력이 커진 황소는 충천 대장군이라 칭하며 수도 장안으로 진군했어. 위기를 느낀 당나라 조정은 대규모 토벌대를 일으키고 총사령관에 회남절도사 고변을 임명했지.

*안녹산의 난(755~763)_ 중국 당나라 현종 때 양귀비의 총애를 받아 세력을 키운 안녹산과 사사명이 일으킨 반란이다. 이후 현종은 촉나라에 망명하여 임금의 자리에서 물러났고, 당나라의 중앙 집권제가 흔들리기 시작했다.

*황소_ 중국 당나라 말기의 대농민 반란의 우두머리이다. 875년 군사를 일으킨 후 전국 각지를 다니면서 가는 곳마다 관군을 격파하고, 장안에 입성하여 스스로 황제의 자리에 올랐으나 곧 관군의 반격을 받고 자결했다.

이때 고변은 뜻밖에 종사관으로 최치원을 추천했어. 종사관은 사령관을 보좌하며 전쟁 상황을 기록하고 보고서와 명령서를 만드는 중요한 직책이야. 이십대의 신라 청년 최치원은 기꺼이 따라나섰지.

역시 최치원을 종사관으로 삼은 데는 고변의 깊은 뜻이 있었어. 그는 군사나 무기보다는 심리전을 앞세우고자 했던 거야.

"최공, 천하를 울릴 만한 격문을 한 편 지어 주시오."

큰 전쟁을 치르려면 먼저 격문檄文을 짓는 게 순서야. 격문은 군사를 일으키는 정당성을 세상에 알리고, 그를 통해 백성들의 호응을 얻고, 그게 잘되면 전쟁을 하지 않고도 단숨에 기세를 꺾을 수 있거든. 그러므로 격문은 전쟁 시작을 알리는 대포와도 같고, 그 효과에 따라 승패를 가를 수도 있었지. 그런 글을 최치원에게 부탁했다는 건 그의 문장이 이미 천하 으뜸임을 인정한 거지.

최치원은 즉시 붓을 들어 힘찬 격문을 지었어. 이것이 바로 한 편의 글로 전쟁의 승패를 가른 「토황소 격문」이야.

광명 2년 7월 8일, 제도통검태위 황소에게 알린다. …(중간 생략)… 너는 천한 평민의 자식으로 태어났는데, 불 지르고 겁탈하는 것을 좋은 꾀라 생각하며, 사람을 죽이고 다치게 하는 것을 급한 임무로 알아 헤아릴 수 없는 큰 죄를 지었다. 너에게는 죄를 씻을 조그만 착한 것조차 없으니, 이제 천하 사람들이 모두 너를 죽이려고 생각할 뿐만 아니라, 땅 속의 귀신까지도 너를 베어 죽이려고 의논하리라. 비록 네가 잠깐 동안 숨이 붙어 있으나, 벌써 정신은 죽고 넋은 달아나고 없으렷다.

중국의 역사책에도 전하는 이 격문은 곧 수많은 사본이 만들어져 전국에 뿌려졌어. 대신들, 군인들, 백성들도 모두 보고 그 힘찬 문장에 감탄을 쏟아 냈지. 모두들 천하 장사인 황소도 이제 끝장이라고 입을 모았어. '백만 대군보다 강하며 전차와 성벽보다 강한 격문'이라는 찬사가 쏟아졌어.

물론 적장 황소도 이 격문을 보았지. 글을 다 읽은 그는 넋이 나간 채 부들부들 떨다가 의자에서 쿵 떨어졌대. 격문의 힘이 얼마나 대단한지 알겠지.

이 격문은 당나라 백성의 지지를 끌어냈고, 흔들리던 조정은 안정을 되찾았어. 황소는 낙양을 점령하고 장안까지 들어와 기세를 올렸으나, 결국 패배하여 도망치다가 부하에게 죽임을 당하고 말았지.

최치원은 도통순관으로 승급하였고, 황제로부터 훈장격인 자금어대를 받았어. 그리고 훗날 황제의 묘에 배향_{신주를 모시는 일}되는 영광까지 누렸어. 하지만 중국인들은 역사책『당서』에 최치원의 열전을 싣지 않았어. 황제의 묘정에 배향하면서도 열전을 세우지 않은 것은 최치원의 문장에 대한 시샘 때문이었대. 최고로 인정은 하지만 중화인의 자존심을 생각하여 후대까지 그 사실을 전하고 싶지는 않았던 게지.

하지만 최치원의 영향력은 중국 땅에 오늘날까지 이어지고 있어. 그가 지은 쌍녀분이란 시로 연극을 만들기도 했는데, 2007년에는 중국 양주에 최치원 기념관을 세웠거든. 그가 처음 벼슬살이를 시작한 중국 양주 땅에 말이야. 중국 공산당 정부가 그런 일을 허락했다는 건 참 특

중국 영주의 최치원 기념관

이한 일이지. 당나라에서는 열전을 실어 주지 않았지만, 중국 땅에 기념관이 세웠졌으니 천 년이 넘도록 최치원은 중국인들이 마음에 살아 있는 거지. 어때, 인생은 짧지만 예술은 길다는 말이 딱 증명되는 것 같지 않니?

계림의 나뭇잎은 시들었고, 송악의 소나무는 푸르다

885년, 마침내 최치원은 조국 신라로 돌아왔어. 열두 살에 조국을 떠난 지 17년 만이었고, 그의 나이는 29세였지.

최치원의 귀국은 신라 문화계에 신선한 자극제가 되었어. 왕실과 조정은 크게 환영했지. 헌강왕은 그를 한림학사에 임명하고 왕의 학문을 돕는 시독겸수병부시랑지서서감사로 삼았어.

하지만 그 이듬해 헌강왕이 죽고 나자 신라 조정은 매우 어지러워졌어. 최치원은 이때 당나라에서 쓴 시와 문장을 추려서 『계원필경』이란 책으로 엮어 새 임금 정강왕에게 올리고 새로운 바람을 불어넣기 시작했지. 하지만 정강왕마저 치세 1년 만에 죽고 말았어. 그리고 왕위를 이을 재목이 없어서 경문왕의 딸이 용상에 올랐어.

이때부터 신라는 본격적인 패망의 길로 접어들었어. 887년에 등극한 진성여왕*은 백성을 돌보는 일은 뒷전이고 쾌락만을 일삼았어. 여왕은 늘 잔치판을 벌였고, 마음에 드는 미

*진성여왕 _ 신라의 제51대 왕으로, 제50대 임금인 정강왕이 후사 없이 죽자 그 뒤를 이어 왕위에 올랐다. 재위 당시 행실이 문란하고 국가 재정을 위태롭게 하여 전국 각지에서 농민 반란이 끊이지 않았다.

남 청년들에게 터무니없이 높은 벼슬을 내리기도 했어. 권력과 재물에 눈이 먼 대신들은 그것을 말리기는커녕 여왕에게 잘 보이려고 아부를 할 뿐이었고.

이런 때 흉년과 기근이 겹쳐 백성들의 삶은 날로 어렵게 되어 갔어. 곳곳에서 도둑이 날뛰기 시작했고, 반란이 일어나기도 했어.

조정에서 마땅히 할 일을 못 찾은 최치원은 지방 태수군수를 자청했어. 지금의 태인, 함양, 서산의 군수를 지냈어. 자신의 학문과 이념을 현실 정치에 적용해 보려고 했지. 함양에는 아직도 그의 흔적이 고스란히 남아 있단다.

최치원이 함양에 부임하니 해마다 홍수로 난리를 겪지 뭐야. 지리산에서 흘러오는 위천이란 강이 마을 가운데로 통과하면서 장마철이나 태풍이 오면 물이 범람해 논과 밭은 물론 집까지 떠내려가곤 하는 거야.

"물길을 돌려야겠다."

최치원은 모든 군민과 병사들을 동원해 제방을 쌓았어. 그리고 방죽이 무너지지 않게 나무를 심어 숲을 조성해 대관림이라고 했어. 대관림은 상림과 하림으로 나뉘어 부르다가, 하림은 없어지고 상림만 남게 되었지. 국내 최초의 인공 숲인 상림은 천연기념물154호로 지정하여 보호하고 있어.

상림에는 한 가지 재미난 전설이 있어. 고국으로 돌아온 최치원은 어머니를 지극 정성으로 모시는 효자였대. 하루는 어머니가 상림에 나들이 갔다가 뱀을 보고 놀란 거야. 그러자 최치원은 술법을 부려 다시는 뱀이나 해충이 상림에 못 들어오게 했대. 그래서 상림은 천 년이 넘도록 보존되었는데, 지금도 상림엔 뱀이 없다고 해.

이렇듯 최치원은 무너져 가는 신라를 일으키는 데 온 힘을 기울였어. 하지만 신라는 이미 기울어 가는 태양과도 같았어. 임금의 사치와 쾌락은 그칠 줄 몰랐고, 그 누구도 바른 정치를 하려 하지 않았어. 천년 왕국 신라가 급속히 망국의 길로 치닫고 있었던 거야.

전국에서 도둑이 들끓었고, 변방 장수들의 배반도 이어졌어. 견훤은 후백제를 세워 전라도 지방을 점령하였고, 궁예는 후고구려를 세워 경기도 북쪽과 강원도 일대를 차지했지. 그 때문에 전쟁은 그칠 날이 없고 백성들은 편안하게 농사를 지을 수 없었어.

"이대로 두었다가는 천 년 사직도 끝장나고 말겠구나!"

894년, 최치원은 비장한 각오로 상소문을 지었어. 나라를 바로잡을 10가지 정책, 이름하여 「시무책 10조」라고 했지.

시무책의 자세한 내용은 전하지 않지만 대개 세 가지 정도로 추측하고 있어.

부패한 왕족과 귀족의 권력 남용을 막을 것.
세금을 줄여 백성들의 삶을 안정되게 할 것.
진골 귀족 중심으로 정치가 이루어지는 신분제도를 개혁할 것.

진성여왕은 시무책을 대단히 반겼어. 최치원은 육두품으로서는 최고 관직인 아찬에 임명되었고, 개혁 정책을 실천에 옮기려 했지.

하지만 개혁을 제대로 실행할 수 없었어. 젊음을 욕심과 쾌락에 빠져 보낸 여왕은 이미 병이 깊었거든. 또한 최치원은 육두품이라는 신분적 한계 때문에 진골 귀족들을 움직일 힘이 없었어. 제5위인 아찬에서 더 이상 진급할 수가 없으니 개혁 정책을 주도할 힘이 모자랐던 거야.

897년, 병세가 깊은 진성여왕은 그동안 정치를 어지럽게 한 책임을 지고 물러났어. 왕위는 헌강왕의 서자 김요가 이어받았는데, 그는 고작 열두 살 소년이었어. 당연히 권력은 귀족들의 손아귀로 돌아가고, 최치원의 시무책은 흐지부지되고 말았지.

최치원은 신라가 처한 현실을 비판한 「상표문」을 올렸어. 신라가 망해 가니 정신을 차리라는 마지막 하소연이었지. 하지만 그런 시도마저 아무런 성과가 없자 그는 벼슬을 내놓고 조정을 떠날 작정을 했어.

"아아, 이제 돌이킬 수가 없도다!"

이러한 최치원의 절망은 『삼국사기』 「열전」에도 잘 나타나.

치원이 서쪽에서 당나라를 섬길 때부터 동쪽 고국으로 돌아와서도 어려운 시절을 만나 하는 일이 평탄하지 못했다. 움직이면 도리어 허물만 얻게 되니 그 불우함을 슬퍼하여 다시 벼슬에 나갈 뜻이 없었다.

최치원은 금수강산 유람을 떠났어. 경주, 의성, 지리산, 마산, 동래 등을 떠돌며 시를 짓고 공부하며 제자들을 길렀지. 그리고 마지막에는 가야산으로 가족을 모두 데리고 들어가서는 다시는 세상에 나오지 않았단다.

이때 최치원은 유명
한 예언을 남겼어.

"계림의 나뭇잎은 시
들었고, 송악의 소나무
는 푸르다."

신라는 망하고 고려
가 일어설 것이라는 비
유였지. 어쩌면 그는 대

최치원이 제자들을 가르치던 마산 해운동의 월영대

세의 기움을 알아보고 신라를 아주 떠난 것인지도 몰라. 그의 제자들
은 훗날 고려의 건국에 힘을 보탰는데, 고려 현종은 이러한 최치원의
공로를 생각하여 문창후로 추봉했어.

가야산으로 들어간 최치원의 소식은 정확히 알려지지 않았어. 언제
죽었는지조차 아는 사람이 없었어. 해인사가 있는 가야산 홍류동 골짜
기에 그가 바위에 새겨 놓은 시가 있는데, 사람들은 그가 신선이 되었
다고 전설처럼 말할 뿐이야. 이를 두고 고려
의 학자 이인로*는 『파한집』에서 다음과 같
이 말했어.

*이인로(1152~1220)_ 고려 명종 때의 학자로,
1180년(명종 10)에 문과에 급제하여 직사관을
지냈다. 시문뿐만 아니라 글씨에도 능했으며,
지은 책으로 시집 『은대집』, 『쌍명재집』, 수필
집 『파한집』 등이 있다.

최공은 이미 우리 태조 왕건께서 나라를 일으켜 임금이 되실 것을 알았지
만 관직에는 뜻이 없어 가야산에서 숨어 지냈다. 어느 날 아침 일찍 일어나
서 문을 열고 나갔는데 어디로 갔는지 알 수 없었다. 관과 신을 숲 속에 남겨

둔 것으로 미루어 짐작하건대 아마도 신선이 되어 하늘로 올라갔을 것이다.

　신라 말기에 혜성처럼 나타나 천하에 이름을 떨친 최치원, 그의 정치적 생애는 매우 불우했어. 육두품이라는 신분적 한계와 왕조 말기의 혼란 때문에 실력을 제대로 발휘할 수 없었던 거야. 하지만 이런 인재를 제대로 사용하지 못하는 나라가 어찌 역사를 이어 갈 수 있겠니.

현묘지도의 나라

최치원은 정치적으로는 불우했으나, 학문과 예술적으로는 큰 별이 되었어. 조선의 대학자 성혼은 '우리나라의 문장은 최치원으로부터 시작된다'고 하였고, 홍만종은 '최치원이 우리 문학의 조종세운 자요, 으뜸인 자'이라고 평가할 정도였거든. 최치원이 남긴 문집『계원필경』은 가장 오래된 개인 문집이기도 해.

최치원의 참가치는 여기서 그치지 않아. 그는 비밀에 묻혀 버린 우리 겨레 고유의 학문을 알게 하는 열쇠를 남겨 놓았어.

그는 당나라로 건너가 유학을 익혀 크게 이름을 떨쳤어. 거기서 유행하던 도교도 익혔지. 신라로 돌아와서는 유학의 부족함을 메우고자 불교를 연구했어. 그리하여 당시 학문의 핵심을 모두 터득한 그는 마침내 한 가지 큰 깨달음에 도달하였는데, 바로 우리 겨레의 고유 학문에 관한 것이었어. 『삼국사기』「신라 본기」진흥왕조의 기록을 볼까.

우리나라에 현묘지도가 있으니 이를 풍류風流라 한다. 이 가르침을 만든 근원은 선사仙史에 자세히 씌어 있다. 그 핵심은 삼교三敎 : 유교, 불교, 도교를 포함한 것인데, 이것으로 백성들을 가르쳤다.

위 「난랑비 서문」은 최치원이 난랑이라는 어느 화랑의 죽음을 슬퍼하며 지은 비문이야. 여기서 '풍류'와 '현묘지도'라는 말을 새겨 두어야 해.

풍류는 곧 화랑을 뜻하기도 하고, 화랑의 공부를 뜻하기도 해. 화랑들이 우리 겨레 고유의 현묘지도玄妙之道 : 깊고 오묘한 가르침를 익혔다는 거지. 이것이 바로 우리 겨레 고유의 학문일 텐데, 그 내용이 아주 깊고 놀랍단다. 「난랑비 서문」의 이어지는 내용을 더 볼까.

집에 들어가면 부모에게 효도하고 나가면 나라에 충성하는 것은 노사구공자의 가르침이고, 무위無爲와 불언不言의 가르침을 행하는 것은 주주사노자의 가르침이고, 악한 일을 하지 않고 착한 일을 받드는 것은 축건태자석가모니의 가르침이다.

무슨 얘기인지 언뜻 이해하기 어렵겠지만 들어 보렴. 지금은 선비학자 이야기를 하는 중이니까, 어려워도 기초 공부를 튼실하게 해야지.

자일이삼自一而三, 하나가 갈라져 셋이 된다는 건 진리의 원형이야. 천지에 아무것도 없는데, 하나의 도道 : 진리, 근원, 생명가 나타나 변화하여 셋삼태극, 천지인이 됨으로 우주가 시작되었다고 하거든. 그것처럼 현묘지도혹은, 우리 민족 종교에서는 신교라고 함에서 유교, 도교, 불교라는 세상의 중심이 된 세 가지 가르침 학문, 종교이 나왔다는 거지.

생각해 보렴. 우리 역사는 적어도 반만년이라고 하잖아. 세계 최초로 금속활자를 개발하고 독자적인 문자와 언어를 가진 나라야. 그런 나라와 민족인데 유교가 들어오기 전까지 체계적인 학문이 없었다는 건 이해하기 어렵지.

이참에 한 가지 더 물어볼까.

우리를 흔히 한민족이라고 하는데, 그 한韓은 어디서 유래한 걸까?

대한민국이란 국호의 근원은 어디일까?

우리 역사를 간략하게 정리해 보면 윤곽이 드러나게 돼.

우리 민족의 원류인 고조선이 무너진 후, 우리 겨레는 구심점을 잃고 흩어져서 여러 나라를 세웠어. 압록강 이북 만주 일대엔 부여란 큰 나라가 있었고, 한반도 지역에는 삼조선진조선. 번조선. 막조선이 있었다는 게 신채호*의 학설이야.

조선은 나라 이름이고, 그 이전 환웅시대에는 한韓이었을 걸로 추정해. 그러니까 한족韓族이나 조선족이나 같은 말이지. 따라서 진조선, 번조선, 막조선은 곧 삼한진한, 변한, 마한과 같아. 오늘날 우리가 한민족이라 불리고, 국호가 대한민국이 된 것도 바로 이 삼한에서 한을 따온 거야. 삼한이 있다는 건 그 전에 하나인 한이 있었다는 얘기잖아. 그 한은 단군 이전 환웅의 나라일 가능성이 커. 한이란 우리 겨레가 처음으로 나라를 이루었을 때 붙인 이름이고, 그것이 곧 민족의 이름

*신채호(1880~1936)_ 일제강점기 때의 독립운동가이자 사학자, 언론인이다. 성균관 박사를 거쳐, 〈황성신문〉과 〈대한매일신보〉 등에 독립 정신을 북돋우는 논설을 실었고, 국권 강탈 후에는 중국에서 독립 운동과 국사 연구에 힘쓰다가 일본 경찰에 체포되어 옥사하였다. '역사라는 것은 아(我)와 비아(非我)의 투쟁이다.' 라는 명제를 내걸어 민족의 역사관을 세웠다. 지은 책으로 『조선 상고사』, 『조선사 연구초』 등이 있다.

이 된 셈이지. 고려나 조선이란 나라는 없어졌지만 오늘날까지 우리는 고려인이나 조선인으로 부르는 것도 같은 맥락이란다.

고조선 이후 북방의 맹주인 부여는 북부여와 동부여로 갈라졌는데, 중심 세력인 북부여의 전통을 이은 이가 바로 동명성왕 고주몽이야. 그 후 동부여를 병합한 고구려가 북방에서 다시 민족의 구심점 노릇을 하게 되지. 그리고 고구려가 일어선 얼마 뒤 고구려에서 갈라져 한반도로 들어온 나라가 바로 백제야. 그리고 당시엔 서라벌이란 아주 작은 도시 국가였던 신라가 또 한 축을 형성하게 되지.

이렇게 역사시대가 전개되기 전에도 우리에겐 과학과 학문이 없었겠니? 고구려 고분의 천문도나 첨성대 석굴암을 만든 민족인데 당연히 뛰어난 학문이 있었겠지. 그리고 그 당시에는 정치와 종교도 분리되기 전이라 학문 역시 종교성을 띠고 있었을 거야. 홍익인간이라는 범우주적 철학을 품은 그 학문이 바로 현묘지도였다는 거지. 이러한 점은 중국 역사에서도 인정하고 있어. 그들은 우리를 동이東夷라고 하는데, 글자 뜻대로라면 동쪽 오랑캐 같지만 결코 그렇지 않아. 큰 활을 든 동쪽의 어진 사람, 이런 뜻이야. 동이가 얼마나 대단한 민족인지 중국 역사책 『후한서』 「동이열전」에 잘 나타나 있어.

동방을 이夷라 한다. 이夷는 '근본이 되는 뿌리'라는 의미이니, 어질고 자애심이 많아 살생을 꺼려 마치 만물이 뿌리 되는 땅으로부터 솟아나오는 것과 같음을 이르는 것이다. 그러한 까닭에 천성이 유순해 법도로 다스리기 쉬워 군자의 나라, 또는 죽지 않는 나라라는 이름이 있게 되었다.

와우!

근본이 되는 뿌리라니, 군자의 나라라
니, 정말 놀랍지 않니?

군자는 학문을 완성한 성인을 일컫는
말이야. 이런 민족에게 고유의 학문과 문
화가 없을 리가 없잖아.

최치원은 바로 그것을 깨달았던 거야.
그는 유교, 불교, 도교를 다 배운 다음에
야 그 삼교의 뿌리가 바로 우리 겨레 고유
의 가르침에서 나왔다는 걸 알게 된 거지.
그리고 풍류라고 부르던 그것을 현묘지
도라고 한 것이고.

고운 최치원

이를 두고 후세의 학자들은 다른 해석을 하기도 해. 신라가 유교, 불
교, 도교를 섞어서 새로운 가르침을 만들었다고 말이야. 하지만 이런
풀이는 문화 사대주의자들의 억지에 지나지 않아. 왜냐 하면, 진흥왕
때에 화랑도가 크게 일어났는데, 그 시절엔 신라에 유교가 들어오지도
않았거든. 신라는 진흥왕 이후 백 년 즈음에서야 강수 같은 이가 나타
나 유교적인 문장을 짓고 해석할 수준이었는걸. 또, 만일 풍류가 삼교
를 섞어서 만든 가르침이라면 최치원이 어찌 자랑스럽게 '깊고 오묘
한 도'라고 했겠니. 최치원은 모든 학문을 배운 후에 그것을 깨달아
현묘지도라고 한 거야.

현묘지도의 전통은 삼국시대까지 남아 있었어. 고구려의 조의와 선인, 백제의 수사제도, 신라의 화랑도가 바로 현묘지도를 배웠을 거야. 삼국시대에는 현묘지도를 귀족 자제들만 배웠으나, 고조선시대에는 일반 백성을 가르쳤던 걸로 짐작하기도 해.

고조선이 분열되면서 현묘지도의 가르침도 분열되어 흩어졌어. 게다가 신라가 삼국을 통일하며 전적으로 당나라 문화를 따르는 바람에 학문의 중심은 유학이 되고 말았어. 그 후 현묘지도는 점점 더 희미해졌고 세간에서 자취를 감추게 된 거지.

현묘지도를 다 익히면 신선의 길로 들어선다고 해. 종교와 학문이 일체임을 보여 주는 단적인 예지. 그 때문에 『삼국유사』에서는 단군왕검이 마지막에 신선이 되었다고 하였고, 『삼국사기』에서도 단군을 신인神人이라고 표현한 거지. 삼교를 두루 배운 최치원도 어쩌면 현묘지도를 익히게 되었을지도 몰라. 그러고 보면 최치원이 신선이 되었다는 말도 아주 근거가 없는 건 아니지.

하지만 이러한 신화적인 이야기를 그대로 받아들여서는 곤란해. 최치원이 신선이 되었느냐, 아니냐는 중요하지 않아. 현묘지도라는 것도 정확한 표현이 아닐 수 있어. 우리 고유의 가르침을 최치원이 현묘지도라고 표현했을 뿐이거든.

다만, 한 가지는 분명히 알아야 해. 유학이 전래되기 전에 우리 겨레에게도 고유한 가르침이 있었다는 것. 그것을 최치원이 현묘지도라고 했으니, 달리 마땅한 말이 없다면 현묘지도라고 부르기로 해. 그리고 정작 중요한 문제는 현묘지도가 어떤 가르침인지 알아내는 거야. 이것이 오늘날 우리에게 주어진 가장 중요한 숙제야.

참된 공부자는 그 어떤 것도 단정하면 안 돼. 모든 가능성을 활짝 열어 놓고 차근차근 탐구해야 해. 그게 공자의 가르침이든, 노자의 가르침이든, 석가모니의 가르침이든. 강은 결국 바다에 이르게 되고, 바다에서는 다 만나서 하나가 될 테니까.

그럼 이제부터 본격적으로 유학의 강줄기에 배를 띄우고 학문의 바다를 향한 항해에 나서 볼까.

제4장
사립대학을 세운 해동공자
최충

세간에서는 열두 학도 가운데 최충의 학도가 가장 성대하다고 하였다.
우리나라에 학교가 생긴 것이 대체로 최충에 의해
시작되었다고 보겠으며, 당시 그를 해동공자라고 말하였다.

−『고려사』

역사의 꽃이 피기까지

최치원이 예언했던 바대로 신라는 결국 망하고 말았어.

935년, 신라의 경순왕은 고려의 왕건에게 나라를 바쳤어. 그 이듬해 후백제가 항복했고, 그 전에 발해의 왕족과 유민들까지 고려로 들어왔지. 이렇게 우리 겨레는 고려에 와서야 온전한 통합을 이룬 셈이야. 고조선에 비해 영토는 형편없이 쪼그라든 채였지만 백성들은 비로소 하나가 된 거지.

대개 나라가 처음 세워지면 한동안 심한 권력 다툼이 일어난단다. 여러 집단이 모여서 새 왕조를 세운 까닭이지. 왕조가 그것을 잘 다스리지 못하면 다시 세상은 전쟁에 휩싸이고 나라는 쪼개지기 십상이야. 하지만 이 위기를 잘 넘기면 왕권이 안정되고 나라가 평온해져. 백성들은 의욕적으로 생활하여 근심이 없고, 문화는 발달하여 풍성함을 누리지. 이러한 때를 역사의 꽃, 태평성대라고 해.

고려도 처음에는 권력 다툼이 매우 심했어. 왕건이 많은 호족과 사돈 관계를 맺었는데, 그들이 서로 더 큰 권세를 차지하고자 다툼을 벌인 탓이었지. 이런 권력 다툼을 누르고 왕권을 안정시킨 이는 4대 광종이었어. 그는 귀족들의 반대를 무릅쓰고 노비안검법*과 과거제*를 실시했어.

노비안검법은 호족들의 노비를 자유롭게 풀어 준 조치였어. 노비들은 누구든지 원래 노비가 아니었다고 증명만 하면 해방되었지. 그 바람에 호족들은 군사와 일꾼이 태반이나 사라져 버려 왕권에 대항할 힘을 잃었어.

권력을 쥔 공신 세력을 몰아내는 데는 과거제가 특효약이었어. 공신들은 대부분 전쟁을 통해 출세한 무장들이라 학문과는 거리가 멀었거든. 그런데 시험으로 관리를 뽑으니 자연히 무장 세력은 힘을 잃게 된 거야.

광종은 이에 조금이라도 반항하는 자는 누구든 처단해 버리는 강경책을 썼어. 그리하여 마침내 고려는 왕권이 안정되었고, 500년 왕조의 기틀을 닦게 된 거란다.

하지만 왕권이 안정되고 정치가 편안하다고 해서 태평성대라 할 수는 없어. 태평성대란 역사의 꽃은 문화적인 부흥과 함께 비로소 피어나거든.

원래 고려 문화는 매우 복잡했어. 신라가 당나라 문화를 따르는 바람에 유교적인 문화가 중시되기는 했지. 그러나 그것은 서라벌과 그 주변에 한했고, 백제와 고구려 지역에는 여전히 고유한 전통 문화가 남아 있었어. 게다가 고려는 고구려의 전통을 잇는다는 명목으로 일어섰기 때문에 전통 문화의 부흥을 시도했지.

그러나 나라가 사라진 지 삼백여 년 지나면서 백제나 고구려의 전통 문화도 많이 변질되고 희미해진 상황이었어. 화랑도나 고구려의 경당, 선인도랑 같은 체제는 사라지고 없었어. 더욱이 교재로 삼을 책이 없어서 되살리기가 쉽지 않았지. 또 고려가 불교를 중시하는 바람에 전통 문화는 뒷전으로 밀리게 되었어.

이런 때 광종이 실시한 과거제는 고려의 문화를 유교적인 것으로 바꾸는 결정적인 역할을 했어. 과거의 주요 시험 과목이 유교 경전이었거든. 따라서 중국의 역사를 공부하고 공자와 맹자의 사상을 연구하는 것이 학문의 중심으로 자리잡게 된 거야.

유교를 고려 문화의 기틀로 만든 이는 성종 때의 재상 최승로였어. 그는 원래 신라 서라벌의 귀족으로서 유교에 높은 성취를 이룬 인물이야. 982년, 그는 '시무 28조'라는 개혁안을 올렸는데, 유교 중심의 국가를 만들자는 제안이었어.

최승로의 학문을 존경하던 성종은 그에게 높은 관직을 내리고 개혁을 이끌도록 했어. 이렇게 하여 유교는 천 년 이상 우리나라 학문의 큰 강이 되어 흐르게 된 거란다.

유교 문화의 기틀이 잡혔다고 해서 당장 문화의 꽃이 피는 것은 아니야. 땅에 거름을 잘 주어야 싹이 나고, 잘 키워야 향기로운 꽃을 피우고 알찬 열매를 맺는 것과 같지. 최승로가 유교적 기틀을 만들었다면, 그것을 잘 가꾸고 키운 이는 바로 최충이야.

본관이 해주인 최충은 성종 3년984에 태어났어. 그의 어린 시절과 성장기가 어떠했는지는 알려지지 않았고, 다만 『고려사』에 이렇게 적혀 있어.

그는 풍채가 훌륭하고 지조가 굳고 알찼다. 어릴 때부터 공부하기를 좋아하였고, 글도 잘 지었다.

최충은 공부하기에 매운 좋은 환경을 타고 났어. 그가 태어난 때에 최승로가 '시무 28조'를 올려 유교 국가의 기틀을 마련했고, 그의 아버지 최온은 한림학사를 지낸 학자였거든. 그 덕분에 충은 어려서부터 유학을 익히며 과거 준비를 했을 거야. 그리하여 약관 스무 살인 1005년에 일찌감치 세상에 이름을 드러냈어.

"문과 장원에 최충이오!"

풍채도 당당한 최충은 어사화를 쓰고 고려 조정에 들어갔어. 바야흐로 찬란한 고려 문화의 꽃을 피울 나무 한 그루가 그 모습을 나타낸 거야.

그러나 최충이 벼슬길에 나섰을 때 나라는 상당히 혼란스러웠어. 어머니에게 권력을 뺏긴 나약한 임금 목종은 정치를 제대로 하지 못했고, 북쪽에서는 거란족이 쳐들어올 기세였거든.

거란족은 이미 성종 때인 993년에 80만 대군이라고 허장성세를 부리며 쳐들어온 적이 있었어. 이때 서희*가 담판을 지어 물리쳤지만,

그들은 침략할 뜻을 거두지 않았지.

그러던 거란이 기어이 2차 침략을 개시한 건 1010년이었어. 거란의 임금이 직접 전쟁의 선두에 서서 40만 대군을 이끌고 밀물처럼 쳐들어왔지. 그들과 전면전을 벌이던 강조의 군대가 패하자, 고려 조정은 부랴부랴 피난을 갔어. 항복하자는 대신들이 많았으나, 현종은 일단 피한 다음 다시 회복하자는 강감찬의 주장을 받아들였어.

거란군은 텅 빈 개경으로 들이닥쳤어. 그들은 닥치는 대로 불을 지르고 약탈을 했지. 안타깝게도 이때 수많은 역사책이 불타 버려 오늘날 남아 있는 것이 별로 없게 된 거야.

고려 조정은 거란에게 항복하겠다며 달래서는 겨우 화의를 했어. 원정군인 거란은 전쟁이 길어지면 유리할 게 없어서 화의를 받아들이고 돌아갔지.

고려 조정은 불타고 허물어진 개경으로 돌아왔어. 이때 최충이 한 일은 역사책을 되살리는 거였어. 국사수찬관이 되어 불타고 흩어진 자료를 모아 『고려왕조실록』을 다시 쓴 거야.

그 후 고려는 강감찬의 주도로 군사력을 길렀어. 강동 6주를 돌려주고, 송나라와 관계를 끊으라는 거란의 요구도 들어주지 않았지. 이에 화가 난 거란은 1019년에 다시 쳐들어왔어.

이번에는 고려도 만반의 준비를 하고 있었지. 고려군의 총사령관 강감찬은 처음부터 거란군을 함정에 빠뜨려 전쟁을 유리하게 끌고 갔어. 그러다가 마지막엔 귀주 들판에서 거란군을 전멸시키다시피 한 대승

*서희(942~998)_ 고려 전기의 문신이자 외교가이다. 982년 송나라에 가서 중단되었던 국교를 트고 검교병부상서가 되어 귀국했다. 993년(성종 12) 거란이 침입하였을 때 적장 소손녕과 담판을 벌여 유리한 강화를 맺었다.

리를 거두었지. 이렇게 하여 성종 말기부터 이십 년이 넘게 이어진 긴 전쟁은 끝이 났어. 그 후 거란족은 다시는 고려를 넘보지 못했고, 뒤에 몽골에게 망하고 말았지.

큰 시련을 이겨 낸 고려의 분위기는 봄이 온 듯 평화로웠어. 현종은 강감찬을 시중으로 삼아 국방을 튼튼하게 하는 한편, 최충을 앞세워 교육의 부흥을 시도한 거야. 바야흐로 역사의 꽃 태평성대가 벙글게 된 거야.

최초의 사립대학을 세우다

최충은 학자로 널리 알려져 있으나 정치가로서도 눈부신 활약을 펼쳤어. 그는 유학자답게 유교의 가르침을 현실 정치에 적용했어. 덕종 초기에 그는 중추원사였는데, 이런 진언을 올렸어.

"성종 때 중앙과 지방 관청들은 모두 벽에 『설원』*의 6정 6사올바른 신하 여섯과 사악한 신하 여섯의 글과 한나라에서 관리를 파견할 때 준 여섯 가지 명령을 써서 붙였습니다. 한데 전란 통에 세월이 흘러 없어졌으니 다시 그것을 써 붙여 관리들의 자세를 가다듬도록 해야 할 것입니다."

*『설원』_ 중국 한나라 때 유향이 편찬한 교훈적인 설화집으로, 고대의 제후나 선현들의 행적이나 일화를 수록하고 있다.

덕종은 최충의 의견을 받아들였고, 최충은 형부상서 충추사가 되어 그 일을 진행하고 감독했어. 또 최충은 이따금씩 변방으로 나가 진을 쌓고 노략질하는 무리를 토벌하는 등 국방에도 힘을 기울였어.

1046년, 덕종과 정종의 짧은 치세에 이어 문종이 즉위했어. 문종은 검소하고 학문이 깊은 임금이었어. 그는 이미 나라 안에서 학문의 봉

거돈사 원공국사 승묘탑비 비문의 내용은 고려시대 스님인 원공국사의 행적을 담고 있는데, 최충이 짓고 서예가 김거웅이 쓴 것이다.

우리가 된 최충을 으뜸 재상인 시중에 임명했지.

고려 정치의 수장이 된 최충은 유교적 원칙에 충실한 다스림을 펼치고자 했어. 학문을 장려하고 관리의 상벌을 엄격하게 시행했지. 문종은 그에게 군사 책임자인 도병마사 직책까지 맡겼는데, 최충은 직접 변경을 순찰하며 백성들의 삶을 안정시키기도 했어.

이때 최충은 오랑캐들까지 품에 안아 교화시키려 했어. 『고려사』에 전하는 상소문은 최충의 그런 넉넉한 인품을 잘 보여 준단다.

동여진의 추장 염한 등과 86명을 붙잡아 가두어 둔 지 이미 오래되었습니다. 오랑캐는 형벌만으로 버릇을 고치기도 어렵고 어짐과 올바름으로 가르치기도 어렵습니다. 허나 그들도 사람이니 제 집을 그리워할 것입니다. 구태여 많은 비용을 들이면서 그들을 잡아 둘 이유 없으니, 그만 돌려보냄이 좋을 듯합니다.

"과연 최 시중의 덕은 성현이라 해도 조금도 부족함이 없을 듯하오.”

문종은 기꺼이 상소문의 건의를 들어주었어. 고향으로 돌아간 여진족들은 그 후 한동안 고려를 넘보지 않았다고 해.

최충은 나이 70이 되자 스스로 벼슬에서 물러나고자 했어. 문종은 방석과 지팡이를 하사하며 관직에 더 있을 것을 명했어. 결국 최충은 중서령이 되어 출근하지 말고 중요한 때만 일을 봐 줄 것을 약속한 다음에야 사직을 허락받았어. 최충이 그토록 벼슬자리를 내려 놓고 싶었던 데는 죽기 전에 꼭 하고 싶은 꿈이 있었기 때문이야.

“내가 공부할 때는 학교가 없고 책이 부족해서 무척 힘들었다. 이제 나는 모든 재산과 힘을 바쳐 학교를 세워 인재를 기르려고 한다.”

이렇게 선언한 최충은 개성 송악산 아래 자하동에 큰 학당을 지었어. 나라가 어지러운 와중에 정치인으로서 평생을 살았으나 실은 그가 하고 싶은 일은 학자로서 학문을 탐구하고 제자를 기르는 일이었어.

물론 고려에도 대학인 국자감이 있었지. 그러나 국자감에는 귀족 자제나 과거에 입격_{초시에 합격}한 사람만 들어갈 수 있었고, 대과 급제만을 목표로 삼기 때문에 순수한 학문을 공부하기 어려웠어. 이러한 관학의 한계를 넘어 최충은 더욱 높고 깊은 학문 연구를 위해 학교를 만들고 싶었던 거야.

“세상 일에는 순리가 있고, 그 순리가 이루어지기 위해서는 과정이 필요하다. 나는 학문을 이루는 과정을 나누고 순서에 따라 가르침을 펼치고자 한다.”

학당의 교실은 9개로 나누어졌어. 그것을 9재라 하는데, 각 교실마다 배우는 과목이 달랐어. 오늘날 대학에서 강의실마다 다른 강의가 이루어지는 것과 같지. 그래서 학교 이름도 '구재 학당*'이라 하게 된 거야. 서고에는 자신이 평생 모은 책에다 더하여 수많은 책들을 들여놓았지. 이렇게 모든 준비를 마치니 마침내 우리나라 역사상 최초의 사립대학이라 할 만한 학교가 모양새를 갖추게 된 거야. 그러자 배움에 목말라하던 선비들이 다투어 구재 학당으로 몰려들었대.

최충의 구재 학당은 매우 성공적이었어. 그의 제자들 가운데서 과거 급제자가 셀 수 없이 쏟아져 나왔어. 그러자 학덕이 높은 사람들이 다투어 사학당을 세우기 시작했지. 그 결과 개성에만 12학당이 생겼고, 지방에도 뜻있는 선비들이 학당을 세우기에 이르렀어. 고려 전역에 학문의 열풍이 불기 시작했지.

사학이 크게 일어나자 나라에서도 국자감에 더욱 관심을 기울였어. 서적포를 설치하여 책을 펴내고, 장학 재단인 양현고를 만들어 재능 있는 선비의 공부를 도왔지. 또 궁궐 내에 보문각과 청연각이라는 학문 연구 기관을 만들기도 했어.

이렇게 관학과 사학은 선의의 경쟁을 했어. 선비들은 학문에 몰두하고, 백성들은 편안히 생업에 종사하게 된 거야. 하늘도 이를 돕는 듯 큰 전쟁이나 기근도 없었어. 이렇게 정치, 경제, 사회, 문화가 모두 안정을 이루니 드디어 고려의 태평성대가 활짝 꽃피게 된 거란다.

전국이 경전 읽는 소리로 가득해지자, 사람들은 입을 모아 최충을 칭송했어. 그리하여 그를 유학의 시조인 공자처럼 우러러보고 해동공자라는 명예로운 호칭을 붙여 주었지. 『고려사』「열전」에는 최충을 이렇게 평가했어.

세간에서는 열두 학도 가운데 최충의 학도가 가장 성대하다고 하였다. 우리나라에 학교가 생긴 것이 대체로 최충에 의해 시작되었다고 보겠으며, 당시 그를 해동공자라고 말하였다.

최충은 자식 교육에도 매우 성공적이었어. 그의 아들 유선 역시 과거 을과에 장원 급제하여 훗날 재상이 되었고, 둘째 유길은 음관으로

경기도 오산시 내삼미동에 위치한 문헌서원(文憲書院)의 영정각

벼슬에 나가 상서령에 이르렀어.

최충의 공로가 이처럼 높고 자제들까지 훌륭하니, 문종은 그들을 위하여 잔치를 베풀기까지 했어. 이날 최충의 두 아들이 84세나 된 부친을 부축하여 잔치에 나오는 걸 보고 한림학사 김행경이 다음과 같은 시를 지어 축하했지.

상서령유길이 중서령최충을 모시고
을장원유선이 갑장원최충을 부축하였구나

이 잔치가 있은 이듬해 최충은 숨을 거두었어.

문종은 그의 죽음을 애도하며 문헌이라는 시호를 내렸어. 그 후 구재 학당은 문헌공도, 즉 최충헌을 따르는 선비들이라는 뜻으로 불리게 되었어. 물론 개경의 12공도 가운데 그들이 으뜸이었으며, 고려 문화의 큰 흐름을 이루었지.

고려시대 선비들은 어떻게 공부했을까?

대체로 선비들은 기본적인 학문을 익힌 다음 구재 학당으로 들어왔어. 그리고 거기서부터는 어느 한 사람의 스승 밑에서 배우는 게 아니었어. 다른 학자를 초청해서 배우기도 하고, 동료들과 함께 연구하기도 하고, 스스로 공부하는 분위기였지.

더운 여름이면 시원한 계곡이나 절간으로 피서를 가서 공부했어. 또 시를 지어 공부한 성과를 시험하기도 했는데, 이러한 구재 학당의 수업 광경이 『고려사』 「열전」에 자세히 소개되어 있어.

간혹 선배들이 보러 오면, 촛불을 켜 시간을 정하고 시를 지었다. 선배들은 그것을 평가하여 우수한 시는 방에 붙이고 성적순으로 이름을 불러 자리를 마련하고 술을 베풀었다. 술상 좌우편에는 기혼자와 미혼자가 마주보고 앉아 정렬하였다. 술잔을 돌릴 때면 모든 행동에 예절이 묻어나고 어른과 아랫사람의 질서가 바르고, 시를 읊으며 함께 즐겼다. 그러다가 해가 저물면 모두가 한목소리로 시를 낭송하며 자리를 마치니 보는 사람 모두가 칭찬과 감탄을 쏟아 냈다.

이런 모임을 '각촉부시회'라고 해. 촛불을 켜 놓고 시를 짓는 모임이란 뜻이지. 구재 학당 선비들은 공부를 하면서도 멋을 알았고, 멋을 즐기면서도 예의를 잊지 않았어. 최충은 제자들에게 학문만 강조한 것이 아니라 멋과 예절을 행동으로 익히게 했던 거야. 여기서 고려의 선비 정신이 다듬어진 거지.

뛰어난 정치가이며 학자이며 교육자였던 최충, 여러 가지 공로 중에서도 단연 으뜸은 최초의 사립대학인 구재 학당을 세운 일이야. 여기서 공부하는 체계가 잡혀 개경은 물론 전국적으로 학문의 열풍이 일어났으니까. 그 결과 마침내 고려의 문화가 찬란하게 꽃핀 태평성대가 열렸지.

최충의 공로는 여기서 그치지 않아. 그의 참가치는 유학의 해석을 중국에 의존하지 않고 독자적으로 풀이한 데서 더욱 빛을 발하거든.

유학의 본국인 중국에서는 유학이 오랜 침체기였어. 한나라 이후 유학은 글자를 해석하고 문장을 짓고 풀이하는 훈고학이 중심이었거든. 성품을 닦고 학문의 깊이에 들어가려는 탐구심이 약했지. 그런 중국 유학을 다시 일으킨 이는 송나라의 정이, 정호 형제와 그들을 이어받은 주희*였어.

주희는 학문이 문자에 매이지 않고 심신의 수양과 더불어 사람과 우주의 가장 깊은 곳까지 알아내려는 시도를 한 거야. 이 공로를 높이 사 주희를 공자에 빗대 주자라고 높여 불렀고, 이때부터 유학을 주자학, 또는 성리학이라고 했어. 성리학은 고려 말기에 크게 성행하여 조선까지 이어졌거든. 그런데 최충은 중국보다도 더 앞서서 이미 성리학에 대한 탐구를 했다는 거야.

최충은 제자들에게도 늘 틀에 박힌 공부보다는 다양한 공부 속에서 새로운 것을 발견하라고 했어. 글을 짓고 문장을 풀이하는 것보다 자신의 심성을 닦아 행실을 바르게 하는 것이 유학의 핵심임을 간파한 거지.

이러한 최충의 가르침에 힘입어 고려의 학문은 관학보다 사학이 발전하게 된 거야. 그 때문에 인물 열전을 많이 쓴 조선의 학자 홍량호는 한국 유학의 정통이 최충에 의해 온전히 세워졌다고 칭송했어. 또 조선의 대학자 서거정은 학교 교육이 튼튼한 터전을 갖게 된 것도 최충의 공로라고 평했지. 이러니 우리나라의 학문과 교육에 관한 한 최충은 아버지나 다름없단다.

그러한 최충이 늘 자손들에게 강조하던 말이 있어.

"선비가 권력을 탐하면 그 끝이 부끄럽고 비참하게 된다. 하지만 학문으로 끝을 맺으면 오래도록 아름다운 이름을 빛내느니라."

이러한 최충의 정신을 고스란히 담은 시가 『보한집』에 실려 있어.

우리 집에 귀한 보물은 없으나

오로지 한 가지를 보배로 전하니

비단 같은 문장과

구슬 같은 어진 행실이라네

오늘 가르친 바를 뒷날 잊지 않으면

나라의 좋은 일꾼이 되어

오래오래 잘 되고 칭송 받으리라

최충의 이 말은 고려 선비들의 정신이 되었어. 그 자손들은 이 말을 굳게 지켜 오래도록 선비의 정신을 잃지 않았대.

그러나 그에게도 비판할 부분이 있어. 최충이 유학을 이 땅에 정착시킴으로써 우리의 전통 학문은 더욱 찾아보기 어렵게 되었거든. 최충이 학교를 세운 이후 전국적으로 유학 열풍이 일어났고, 이 땅에는 오로지 유학만이 전통 학문으로 자리 잡아 버렸단 말이지. 그 후 현묘지도는 세간에서 자취를 감추고 불교에 섞이거나 산속에서 수련하는 사람들에게 부분적으로 전해지게 되었어. 이것은 장차 고려와 조선에 사대주의가 가득하게 된 원인이기도 해. 그의 높은 공로를 칭송하면서도 이런 비판을 해야 한다는 건 실로 안타깝고 슬픈 일이야. 학문이란 자유로움과 다양함 속에서 더욱 풍성하게 발전하는 것인데 말이야.

제5장
암흑시대의 등불
안향

그는 항상 학문을 일으켜 현명한 인사들을 양성하는 것을
자기의 임무로 삼았고, 비록 관직에서 물러나 집에 있을 때라 할지라도
한시도 마음속으로 그것을 잊어버린 일이 없었다.
그는 손님 대접을 좋아하고 남에게 물건 주는 것을 좋아하였으며,
문장은 깨끗하면서도 박력이 있었다.

—『고려사』

밤에서 겨울로

문종 대부터 시작된 태평성대는 100여 년이나 이어졌어. 그동안 학
문은 발달하여 유학의 본고장인 중국에 조금도 뒤지지 않을 정도가 되
었지. 이 기간에 대각국사 의천*은 불교를 토
착화하여 독특한 고려 불교인 천태종을 만들
었고, 김부식은 『삼국사기』를 펴냈어.

이러한 태평성대가 흔들리기 시작한 건 인
종 때부터야. 인종은 마음이 굳세지 못하고 우유부단해서 장인이자 외
할아버지인 이자겸에게 몹시 휘둘렸어. 이자겸이 반란을 일으키기까
지 했지. 반란은 간신히 물리쳤지만, 얼마 뒤 묘청과 서경 세력이 난을
일으켜 나라는 혼란 속으로 빠져들었어.

의종시대에 나라는 더욱 어지러워졌어. 의종은 문학과 풍류를 즐기
는 임금이었거든. 그는 자주 잔치를 열어 신하들로 하여금 시를 짓게
하고 춤판을 벌였어. 그것을 위해 경치 좋은 곳에 놀이터로 삼을 행궁
을 여러 개 짓기도 했지. 이렇게 문신들이 왕과 더불어 즐기는 동안 무

> *의천_ 고려시대의 승려로 교선일치(敎禪一
> 致)를 역설하며 중국 송나라에서 유학하고 돌
> 아와 우리나라에 처음으로 천태종(天台宗)을
> 열었다. 지은 책으로 『신편제종교장총록』, 『석
> 원사림』 등이 있다

신들은 늘 짐이나 나르고 보초나 서야 했어. 게다가 문신들이 장군을 희롱하는 일도 흔했어. 이런 일이 되풀이되자 무신들의 불만은 나날이 쌓여만 갔지.

1170년, 마침내 무신들의 분노가 폭발했어. 대장군 정중부는 의종을 따라 잔치를 즐기던 문신들을 모조리 죽여 버렸어. 그리고 궁궐로 돌아와 주요 문신들을 죽이고 권력을 독차지한 거야. 이것이 바로 그 유명한 고려 '무신의 난'이야.

무력을 앞세운 장군들이 잇달아 재상이 되는 무신 정권시대가 열렸어. 융성했던 학문이 쪼그라드는 건 당연한 일이었지. 국자감은 폐쇄되었고, 과거도 있는 둥 마는 둥이었어. 실력 있는 선비들은 이름을 숨기고 살거나 중이 되어 떠돌게 되었고, 학문이 높고 글을 잘 짓는다고 높은 자리에 오르던 시절은 옛날이야기가 되고 말았지. 이러한 무신 정권은 100년이나 계속되었어. 이때를 일컬어 고려 문화의 암흑시대라고 해.

그런데 이 암흑시대는 무신 정권 100년으로도 끝나지 않았어. 눈 온 데 서리가 더해지고, 엎친 데 덮친다고 하더니, 더욱 길고 추운 겨울이 닥쳐왔어. 몽골족의 침략과 약탈이 시작된 거야.

몽골군은 1231년 처음 고려로 쳐들어왔어. 무신 정권은 굽히지 않고 줄기차게 싸웠지. 서울을 강화도로 옮기고 긴긴 전쟁에 들어갔어. 하지만 수십 차례의 공격으로 강토는 쑥대밭이 되었고, 고려는 결국 항복하였어. 무신 정권도 1270년에 완전히 무너지고 말았지. 이리하여 고려는 몽골족이 세운 원나라의 속국이 되고 만 거야.

최충이 학문의 열풍을 일으킨 이후 고려는 100여 년간의 태평성대

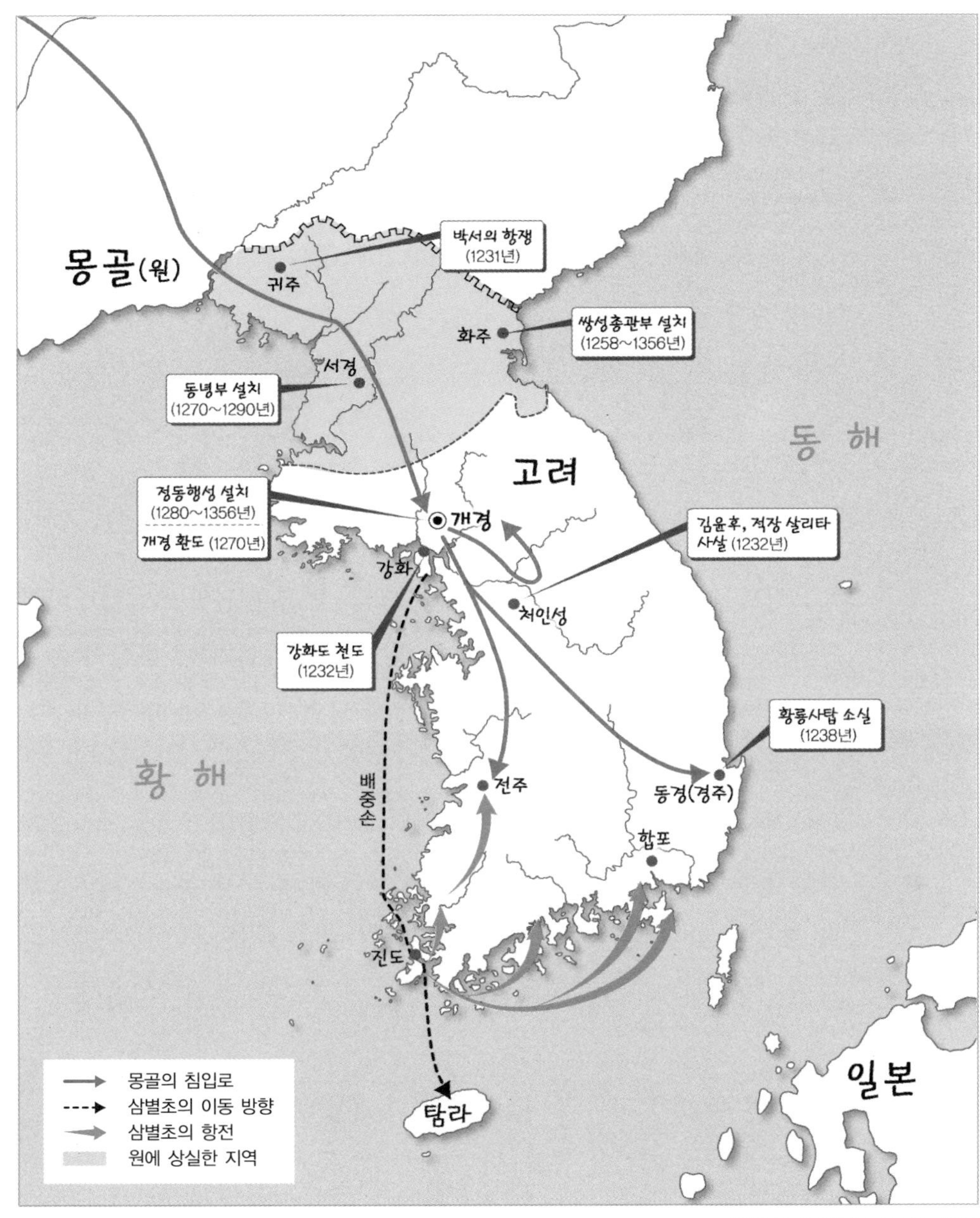

몽골의 침입과 고려의 항쟁

를 누렸어. 하지만 그로 인해 무신을 무시하고 국방을 소홀히 했는데, 그 결과는 너무나 혹독했어. 무신들이 난을 일으켜 100년이나 독재를 하였고, 그 후에는 원나라가 또 100년을 지배했어. 고려 역사 500년 중에 200년이 문화의 암흑시대가 된 거야.

200년이라면 결코 짧은 세월이 아니야. 중국에서는 한 나라가 세워져 망하기까지 100년이 걸리지 않는 예도 적지 않아. 우리 겨레의 나라인 대진국발해도 겨우 200년을 조금 넘겼을 뿐이고. 그렇게 망한 나라들은 자신들의 모든 것을 잃기 십상이지. 언어와 문자는 물론 정신마저 잃어버려 오늘날 그 흔적조차 찾을 수 없게 된 나라와 민족도 많단다.

고려도 그러한 위기를 맞은 거야. 고려의 임금은 원나라가 임명하였고, 반드시 원나라 공주와 결혼해야만 했어. 고려 사회에 몽골의 풍습이 유행하였고, 학문도 원나라를 따르게 되었지. 원나라 말과 학문을 잘해야 출세하는 세상이었거든.

이러한 암흑시대에도 학문의 불씨는 꺼지지 않았어. 그것은 신라의 강수가 지핀 유학의 불씨였어. 최승로가 그것으로 나라의 기틀을 잡았고, 최충은 활짝 꽃을 피웠지. 그리고 긴긴 암흑시대를 맞아 꺼져 가는 그 불씨를 되살려 밝은 등불을 켠 사람은 바로 문성공 안향이란다.

안향은 1243년 지금의 경상북도 풍기에서 태어났어.

그가 태어날 당시는 몽골군이 고려 강토를 쑥대밭으로 만들 무렵이었어. 그의 부친 안부는 고을의 아전으로 의원이기도 했어. 그래서 의

과를 보아 급제하여 밀직부사라는 중간 벼슬을 지냈거든. 의과로 진출
했는데도 학사직인 밀직부사를 지냈다는 건 안부의 학문이 매우 뛰어
났다는 뜻이야. 당연히 아들 향에게 학문의 중요성을 강조했지.

"유裕 : 안향의 어릴 때 이름야, 지금 세상은 도리와 신의가 땅에 떨어져
매우 혼란스럽다. 신하가 임금을 억누르고 제멋대로 굴고, 백성들은
나라와 대신들을 믿지 못하는 지경이다."

아버지는 아들에게 무신의 난과 몽골족의 침략으로 어지러워진 현
실을 일깨워 주었어.

"더구나 오랑캐까지 쳐들어와서 피바람을 일으키니 장차 앞일을 짐
작할 길이 없구나. 무릇 공부하는 선비란 이런 때일수록 더욱 학문을
굳게 붙들어야 하는 법이다. 그래야만 어지러운 세상에서도 자신을 지
키고 나아가 나라와 백성을 지킬 수 있단다."

다행히 안향의 고향 땅은 비교적 안전한 편이었어. 태백산, 소백산,
월악산, 속리산으로 이어지는 험준한 백두대간이 감싸안고 있어 몽골
족이 쳐들어오지 않았거든. 더욱이 학자인 아버지에게 일찍부터 가르
침을 받았으니 교육 여건도 좋은 편이었지.

안향은 아버지의 가르침을 충실히 따랐어. 타고난 총명으로 일찍부
터 유교 경전을 익히며 몸과 마음을 닦았지. 『고려사』에 이렇게 기록
되어 있어.

향이 어릴 때부터 학문을 좋아하더니 원종 초년1260에 과거에 급제하여
교서랑에 임명되고 곧 옮겨 직한림원으로 되었다.

학문이 바로 서야 세상이 바로 선다

　　1258년, 60년 동안이나 독재를 하던 최씨 무신 정권이 무너졌어. 몽골군에게 짓밟힌 고려는 이미 더 싸울 힘이 없었어. 전쟁에 지친 원나라도 항복만 하면 더 이상 해코지하지 않겠다며 강화를 제의했지.

　　그럼에도 불구하고 최고 권력자인 최의는 강화도에서 버티며 싸울 것을 주장했어. 실은 자신의 권력을 지키려는 속셈이었지. 항복을 하고 강화도에서 나가면 더 이상 무신 정권을 이어 갈 수 없었으니까.

　　최의는 이미 인심도 잃었어. 백성들은 전쟁에 시달려 농사조차 짓기 어려운데, 최의는 강화도에서 온갖 사치를 부렸거든. 백성들은 세금을 내지 않고 반발했어. 이런 민심을 읽은 이는 대사성 유경이었어. 유경은 최의의 심복인 별장 김준을 꼬드겨 결국 최의를 죽였어.

　　이리하여 왕권이 어느 정도 회복되었어. 유경, 이장용, 김방경 같은 학자들이 권력의 중심으로 들어갔거든. 하지만 여전히 실세는 군사력을 가진 김준이었어. 왕의 힘이 조금 되살아나긴 했으나, 무신 정권이 완전히 끝난 건 아니었지.

안향이 세상에 모습을 드러낸 건 이 무렵이었어. 1260년 과거에 급제했을 때 그의 나이는 고작 18세였어. 어릴 때부터 공부에 열중한 덕이지만, 제대로 공부한 경쟁자가 없었던 거지.

안향의 등장은 그믐에 샛별이 뜬 것과도 같았어. 그 어둡고 추운 암흑시대에 빼어난 학문을 지닌 소년 문사가 나타났으니 나라의 보배로 금세 주목받았지. 선배들은 그가 학문에 깊이 들어갈 수 있도록 교서랑, 직한림원 같은 학사 벼슬을 내려주었어.

안향이 벼슬에 나온 지 10년이 지난 때 또 한 번 커다란 권력 변동이 일어났어. 원종은 이제 그만 원나라에 온전히 항복하고 개경으로 돌아가자고 했어. 하지만 김준은 강화도에 계속 머물면서 싸울 것을 주장했어. 최의가 그랬듯이 자신의 권력을 지키기 위한 최후 수단이었지. 그러므로 그의 종말도 최의와 같을 수밖에 없었어. 김준이 부하 임연에 의해 살해된 거야.

원나라 세조는 하루빨리 섬에서 나오지 않으면 다시 침략하겠다고 엄포를 놓았어. 그러나 임연 역시 권력을 잃지 않기 위해 강화도에 머물 것을 고집했어. 그는 개경으로 돌아가자는 원종을 왕위에서 끌어내리면서까지 고집을 꺾지 않았어.

이 일이 원나라에 알려지자 세조는 노발대발하였어. 곧 군사를 일으켜 고려를 아주 일어설 수 없도록 만들겠다고 협박했지. 임연은 하는 수없이 원종을 복위시켰어. 세조는 원종과 임연이 직접 원나라로 와서 해명하라고 했어.

임연은 자신의 아들 임유간으로 하여금 원종을 모시고 다녀오게 했어. 권력을 잃을까 봐 자신은 가지 않고, 아들을 원종의 감시인으로 딸려 보낸 거지.

원종은 임유간 때문에 임연의 죄를 사실대로 말하지 못했어. 이때 재상 이장용이 모든 사실을 말해 버렸어. 그 결과 임유간은 원나라 감옥에 갇혔고, 원종은 그길로 돌아와 강화도가 아닌 개경으로 가 버렸어.

이때 강화도에서는 임연이 죽고 아들 임유무가 모든 권력을 쥐고 있었어. 그러나 임금이 돌아오지 않으니 그도 날개 떨어진 독수리나 다름없게 되었지. 결국 임유무가 원종의 명을 받은 송송례에 의해 제거되니, 1270년이었어. 정중부가 무신의 난을 일으킨 이래 꼭 백 년 만에 무신 정권이 완전히 사라진 거야.

그러나 고려의 무신들은 항복하지 않고 다시 깃발을 들었어. 배중손이 이끄는 삼별초가 강화도를 장악한 후 왕온을 새 임금으로 세우고 원나라와 싸울 것을 결의한 거야.

반란군은 강화도의 모든 재산과 사람을 싣고 진도로 본부를 옮기려 했어. 미처 탈출하지 못한 귀족과 문신들은 우격다짐에 의해 강제로 태워졌어. 그들 가운데 안향도 섞여 있었어. 안향은 학문이 높고 젊은 문신들의 중심이기에 그를 꼭 잡아두어야 했거든.

"안 한림을 잘 감시하라. 그를 놓치면 엄벌에 처할 것이다!"

반란군의 수장은 이렇게 엄명을 내리고 안향을 감시했어.

"아, 한 나라에 어찌 왕이 둘이 될 수 있단 말인가?"

안향의 고민이 깊어졌지. 그들을 따라 진도로 간다면 임금을 배반하는 일이요, 다시는 돌아올 수 없을 게 분명했어.

“이미 전쟁은 졌는데 다시 싸운다면 더 큰 피해만 볼 뿐이다. 게다가 저들은 자기 권력을 위해서 새 임금을 세우고 여기를 떠나려 하고 있다. 이것은 명분도 부실한 반란이다.”

결심을 굳힌 안향은 탈출을 시도했어. 어두운 밤이었어. 조그만 조각배에 몸을 실은 그는 필사적으로 노를 저었어.

해가 뜰 무렵 그가 포구에 도착했을 때는 손가죽이 다 벗겨져 피범벅이 되어 있었어. 안향은 지친 몸도 돌보지 않고 곧장 개경으로 들어가 왕을 뵈었어.

“오, 그 창칼 숲을 헤치고 바다를 건너오다니, 그대야말로 나의 진정한 신하로다!”

원종은 피딱지가 가득한 안향의 손을 잡고 눈물을 흘렸어.

이 사건을 계기로 안향은 왕의 큰 신임을 얻었어. 원종은 안향에게 감찰어사 직분을 내렸어. 관리들을 감시하고 감독하는 일이었지. 안향은 관리들의 흐트러진 기강을 바로 세우고자 발이 닳도록 뛰었어. 백성을 괴롭히는 귀족이나 제 몫 챙기기에 급급한 관리를 샅샅이 찾아 고발했어. 백성을 속이고 어지럽게 하는 무당과 미신을 없애는 일에도 앞장섰어.

이런 활동을 하던 어느 날, 안향은 국자감을 찾았어. 거기서 안향은 박달나무 방망이로 뒤통수를 맞은 듯 큰 충격을 받았어. 고려 학문의 전당인 국자감의 마당과 뜰에는 잡초만 무성했거든. 폐가나 다름없었어. 공자와 맹자를 비롯한 유학의 스승들의 위패를 모셔 둔 문묘는 거미줄로 가득했어.

"학문의 전당이 이 지경이니 세상이 어지러울 수밖에!"
이 슬프고 아린 심정을 안향은 시로 적어 남겼어.

등불 켜고 향 피우는 곳곳엔

모두가 불공만 드리고

피리 소리 북소리 나는 집집마다

또한 잡신에게 비누나

겨우 몇 칸 남은 공자 문묘에는

시든 가을 잎만 가득하고

찾는 사람조차 없도다

이 일이 계기가 되어 안향은 새로운 결심을 하기에 이르렀어.
"사람이 배우지 않으면 도리를 모르고, 도리를 모르면 짐승과 다름 없다. 학문이 바로 서지 않으면 세상이 바로 설 수가 없다. 다시 학문을 일으켜 세상을 바로잡으리라!"

동방의 주자

안향은 자신부터 공부에 열심을 냈어. 희미해진 고려 학문의 틀을 잡기 위해 잠을 아껴 가며 공부를 하는 한편, 책을 모으기에 바빴어. 살 수 있는 건 사고, 얻을 수 있는 건 얻고, 가져 올 수 없는 책은 베껴서 모았어. 정동행성*에서 근무한 것과 왕을 모시고 원나라를 드나든 것도 큰 도움이 되었어. 특히 1289년에 원나라에서 베껴 온 『주자전서』는 장차 고려에 주자학 열풍의 불씨로 작용하게 돼.

안향이 매료된 것은 주자학이었어. 주자학은 여러 갈래로 갈라진 경전 해석들로 인해 어지러워진 유교의 진리를 본래대로 되살리자는 학문이었거든. 경전의 해석 문제를 뛰어넘어 인간과 우주의 본질을 알아내는 거야. 현실을 넘어서 도를 공부한다고 하여 도학이라고도 했어. 이 도학이 바로 조선에 와서 더욱 크게 일어난 성리학이란다.

"학문을 제대로 하려면 구심점이 있어야 해."

안향은 폐허처럼 변한 국자감에 문묘를 복

***정동행성**_ 고려 후기 충렬왕 때, 중국 원나라가 고려의 개경에 둔 관청이다. 원나라의 세조가 일본을 정벌하려고 개경에 정동행중서성을 설치하였는데 일본 정벌 계획을 그만둔 뒤 정동행성으로 고치고, 원나라의 관리를 두어 고려를 감시하고 간섭하게 하였다.

구하고자 했어. 문묘는 공자를 비롯한 성현들의 화상과 위패를 모시고 제사를 지내는 곳이야. 문묘를 만들면 선비들이 마음을 다잡고 공부에 전념할 수 있으리라고 생각한 거지.

안향은 원나라에서 주자학 관련 서적과 주자의 화상까지 구해 왔어. 공자와 공자의 제자들의 화상과 제사 도구들도 구했지. 그리하여 문묘를 완전히 회복했어. 그리고 자신의 호를 스스로 회헌으로 정했는데, 주자의 호 회암에서 회자를 따온 거야. 이러한 노력 끝에 안향의 학문은 당대의 으뜸이 되고 선비들의 존경을 받게 되었어.

"고려에도 문묘가 있소?"

안향이 원나라에 갔을 때 그곳의 문묘를 참배하니 원나라 학자들이 물었어.

"물론이오. 여기와 똑같은 문묘가 고려에도 있습니다."

안향은 자신 있게 대답하고, 주자학의 경구들을 막힘없이 풀어냈어.

"안향이야말로 동방의 주자라 할 만하다."

원나라 학자들이 이구동성으로 감탄의 말을 흘렸어.

1298년, 안향은 집현전 대학사가 되었어. 그는 후배들을 위해 장학 재단을 만들 것을 건의했어.

"원래 양현고라는 장학 재단이 있었으나 지금은 이름뿐입니다. 나라의 앞날을 위해 관리와 귀족들의 헌납을 받아 새 장학 재단을 만들어야 합니다. 그리하여 선비를 길러 나라의 기강을 바로세워야 합니다."

반대하는 벼슬아치도 만만치 않았어.

"학문이란 원래 개인이 습득하는 것입니다. 가뜩이나 어려운 때에 많은 사람에게 부담을 지우는 일은 옳지 않습니다."

안향은 단호하게 꾸짖었어.

"학문이 바로 서야 나라가 바로 서는 법입니다. 저 무신의 난 이후 학문이 사라진 탓에 여지껏 우리가 남의 나라의 지배를 받고 있는 것입니다. 교육은 만세를 위한 큰 사업이라 했으니 아무리 어려워도 하찮게 여길 수는 없습니다."

결국 왕은 안향의 손을 들어주었어. 6품 이상 관리는 은 한 근, 7품 이하는 베를 내놓을 것을 명했어. 이리하여 섬학전이라는 장학 재단이 만들어진 거야. 재량 있는 선비들이 먹을거리 걱정 없이 학문에 몰두할 수 있게 된 거지.

안향이 후배들을 아끼는 마음도 참으로 지극했어. 한번은 국자감의 젊은 선비들이 선배에게 인사도 하지 않고 지나치는 모습을 보았어. 안향은 즉시 나서서 젊은 선비들을 불러 세웠어.

"그대들이 학문을 하는 사람으로서 어찌 선배에 대한 예의조차 모르는가?"

늘 좋기만 하던 안향이 화를 내니 젊은 선비들이 어쩔 수 없이 사과를 했지.

"따라들 오게."

젊은 선비들은 쭈뼛쭈뼛하며 따라갔지. 안향이 데리고 간 곳은 바로 자기 집이었어.

"여기 고명한 선비들이 왔으니 주안상을 크게 봐 오너라."

한 번 혼을 낸 다음엔 다시 달래 주는 것이었어.

"그대들은 나의 자식이나 다름없네. 자식의 잘못을 그냥 지나치면 어찌 어버이라 하겠는가?"

선비들이 비로소 진정으로 잘못을 뉘우치고는 이렇게 말했어.

"공께서 우리를 대하는 진심이 이다지도 극진한데, 만약 우리가 뉘우치고 따르지 않는다면 우리는 감히 선비는커녕 사람이라고 할 수도 없을 것입니다."

안향은 사람을 알아보는 감식안도 아주 탁월했대. 그가 크게 되겠다고 한 인물은 틀림없이 크게 되고, 심지어 일찍 죽겠다고 한 사람은 일찍 죽었다는 거야. 될성부른 떡잎을 알아보는 눈이 아주 예리했던 거지. 그런 눈으로 과거를 주재하여 인물을 발탁하고, 또 교육을 시켰어.

이러한 안향의 열정은 곧 큰 성과로 나타났어. 「동명왕편」 같은 민족 서사시를 쓴 이규보*가 나왔고, 승려 일연*은 『삼국유사』를 엮었으며, 이제현이 나와 고려 학문을 한 단계 끌어올렸거든. 그들은 민족의 자긍심을 일깨웠으며 고려의 학문이 다시 황금기를 회복하였음을 알리는 상징과도 같았어. 이로써 긴긴 암흑시대에 다시 환한 학문의 등불이 켜진 거야.

이 등불의 빛은 조선으로 이어졌어. 조선을 세운 신진사대부가 거의 주자학자들이었고, 주자학자들은 안향을 우리나라 주자학의 아버지처럼 여겼어.

1306년, 안향은 64세로 숨을 거두었어. 고

*이규보(1168~1241)_ 고려 중기의 문신이자 문인으로, 한 시대를 풍미한 명문장가였다. 벼슬은 정당문학을 거쳐 문하시랑평장사 등을 지냈다. 지은 책으로 『동국이상국집』, 『국선생전』, 『백운소설』 등이 있다.

*일연(1206~1289)_ 고려시대의 승려이자 학자이다. 고종 때 대선사에 이르고, 충렬왕 때 국존이 되었다. 지은 책으로 한국 고대 신화와 설화 및 향가를 집대성한 책인 『삼국유사』와 『어록』, 『계승잡저』 등이 있다.

려의 모든 선비가 부모를 잃은 듯 슬
퍼하였고, 고려 조정은 그에게 문성文
成이란 시호를 내렸어. 학문을 이루었
다는 뜻이지. 『고려사』에 실린 평은
그의 삶이 후배 양성을 위해 얼마나
애썼는지를 잘 보여 준단다.

　그는 항상 학문을 일으켜 현명한 인사
들을 양성하는 것을 자기의 임무로 삼았
고, 비록 관직에서 물러나 집에 있을 때
라 할지라도 한시도 마음속으로 그것을
잊어버린 일이 없었다. 그는 손님 대접
을 좋아하고 남에게 물건 주는 것을 좋
아하였으며, 문장은 깨끗하면서도 박력
이 있었다.

회헌 안향

　사람은 죽었을 때 그 진가를 안다는 말이 있어. 안향도 그랬나 봐.
안향이 죽은 지 12년 후에 충숙왕은 원나라의 궁중 화가에게 명하여
안향의 화상을 그리도록 했어. 그 초상화는 지금까지 잘 전해져 국보
111호로 되었어.

　이처럼 안향은 오래도록 많은 사람들 마음에 남았어. 하지만 안타깝
게도 안향의 학문에 대해서는 잘 알려져 있지 않았어. 원나라 학자들

이 고개 숙여 동방의 주자로 높여 부를 정도로 학문이 넓고 깊었는데, 그의 업적만 크게 알려졌을 뿐 학문에 대해서는 연구가 부족했던 거야. 글이나 책을 많이 남기지 않은 탓이었어. 아마도 여러 가지 일을 하느라 책을 짓고 엮을 시간이 부족했던 거지. 이를 안타까이 여긴 조선의 학자 주세붕*은 다음과 같이 한탄했어.

고려의 역사를 적은 신하들은 주자학에서 말하는 바 도道가 무엇인지 잘 몰랐기 때문에 그의 공적은 기록할 수 있어도 학문은 논할 수는 없었다. 때

소수서원

문에 나는 『고려사』를 읽을 때마다 안 문성공에 이르면 탄식하곤 하였다.

　이런 마음을 품고 있던 주세붕은 1542년에 안향의 고향 풍기 군수로 부임한 참에 안향을 기념하는 서원을 세웠어. 주자가 세운 백록동서원을 본떠 백운동서원이라고 했지. 이것이 조선 선비의 요람이 된 첫 서원이야. 뒷날 이황이 소수서원으로 고쳐서 오늘날까지 남아 있지. 소수서원 외에도 임강서원, 회헌영당이 세워져 안향의 제를 지내며 오늘날까지 그의 공로를 기리고 있단다.

제6장

새 시대의 징검다리

이색

학자가 모두 그를 존경하고 또 사모하였으며 나라의
문교 사업을 수십 년간 주관하였고 중국에서도 칭찬을 받았다.
평생에 황급한 말씨나 당황한 내색은 하지 않았고
모나는 태도를 보이지 않았다.

– 「고려사」

昨返永明寺　老僧登浮屠
橋城吉月一片　万家空寺
献猿馬玄不返　天孫何家
遊長嘯傳風磴山香江
自阮
　牧隱

청출어람

안향이 다시 밝힌 학문의 등불은 고려 후기 문화를 찬란하게 만들었어. 비록 정치적으로는 원나라의 간섭을 받는 신세였지만 문화는 원나라를 선도하는 부분도 있었어. 때문에 원나라에서 고려의 풍습을 따르는 '고려양'이 유행하기도 했지.

학문을 좋아하던 충선왕은 원나라 서울에 만권당이라는 도서관을 만들었어. 거기서 많은 중국 학자들과 학문을 논하였는데, 고려의 학자 이제현*이 혼자서도 능히 중국 학자 모두를 상대할 만큼 뛰어났다고 해. 그리고 고려인으로서 원나라에 가서 이름을 크게 떨친 이가 또 있으니 바로 이제현의 제자 이색이야.

이색은 안향이 숨을 거둔 지 22년 된 1328년에 태어났어. 그를 이해하려면 그의 아버지 이곡에 대해 먼저 알아야 해.

이곡은 고려 조정에서 실시한 과거에 합격한 뒤, 정동행성의 과거에 수석으로 합격했

*이제현(1287~1367)_ 고려 말기의 문신이다. 벼슬은 문하시중에 이르렀으며 원나라와의 관계에서 부당한 처사를 해결하는 등 활약하였다. 당대의 명문장가로 주자학의 기초를 닦았고, 왕명으로 실록을 편찬하였다. 지은 책으로 『효행록』, 『익재집』, 『역옹패설』 등이 있다.

어. 그 뒤 원나라 황제가 베푼 과거에 차석으로 급제하여 이름을 떨치기 시작했지.

원나라에서 벼슬살이를 하던 이곡은 고국으로 돌아와 정당문학에 올랐어. 이때 이제현, 민지 등과 함께 역사책을 엮었지. 그는 특히 시문에 뛰어났는데, 여러 편의 시와 저서를 남겨 오늘날까지 연구되고 있단다.

이색으로서는 공부하기에 더없이 좋은 환경이었지. 하지만 이런 조건이 오히려 큰 부담이 될 수도 있어. 큰 나무가 있으면 그 그늘에 있는 작은 나무는 자라지 못하잖아. 훌륭한 아버지의 한계를 넘어서기란 어려워. 물론 이곡은 이런 경우를 대비해 자식 교육에 남다른 관심을 쏟았지.

"지금은 한치 앞을 내다보기 힘든 난세다. 우리나라는 원나라의 속국이 되어 체신을 잃은 지 오래인데, 상국 원나라는 권력 다툼으로 혼란을 보이고 있느니라. 다시 어떤 회오리바람이 세상을 휩쓸지 모른다. 이런 때일수록 공부하는 자는 그 근본을 잘 헤아려 앞날을 대비해야만 한다. 너는 청출어람靑出於藍의 뜻을 알고 있느냐?"

아버지의 물음에 아들이 대답했어.

"예. 푸른색은 쪽일 년생 풀에서 만들어 내지만 쪽빛보다도 더 푸르다는 뜻입니다."

"이 말이 주는 가르침은 무엇이냐?"

"제자가 스승을 뛰어넘어 새로운 경지를 이루어야 함을 가르치고 있습니다."

“잘 말하였다. 너는 그 뜻대로 되기를 힘써야 한다.”

“듣기에 심히 민망합니다. 소자가 어찌 아버님을 넘겠습니까?”

“나는 이미 한창 때를 넘겼으나 너의 앞길은 창창하게 푸르다. 너는 이 아비의 어깨 위에서 세상을 내다보는 격이니 더 높이 올라설 수 있다. 다만 자만하지 말고 신중하고 겸손함으로써 학문을 대하면 될 것이다.”

일찌감치 이곡은 아들의 천재성을 알아보았어. 그런 아들이 자신의 그늘에 눌려 성장하지 못하거나, 자만하여 스스로 무너질까 봐 염려한 거지. 이러한 이곡의 가르침 덕분에 이색은 올곧은 태도로 학문에 정진할 수 있었어. 부친과 당대의 대학자 이제현이 스승이었지.

이러한 노력에 힘입은 그의 천재성은 일찌감치 그 빛을 드러냈어. 14세에 성균시_{고려시대에 국자감에서 진사를 뽑던 시험}에 입격하여 진사가 된 거야. 또한 이 해에 장가를 들어 한 가정을 이루었어. 지금으로 치면 갓 초등학교를 졸업한 나이인데, 참으로 조숙한 소년이었겠지.

그 후 이색은 사신이 된 아버지를 따라 원나라로 들어갔어. 그곳 국자감에서 성리학 연구에 몰두했지.

그의 발자취는 아버지와 판에 박은 듯 똑같았어. 아버지가 차석으로 급제했던 정동행성의 향시에 장원으로 급제한 거야. 그리고 원나라의 회시에서 또 장원을 하였어. 이어 황제가 친히 베푸는 전시에서 2등으로 급제했지. 이때 심사위원이 이색의 답안지를 보고 놀라움을 금치 못했다고 해. 충분히 장원감이었지. 하지만 외국인에게 1등을 줄 수 없어 2등으로 삼은 걸로 추측한단다. 당나라시대의 최치원 이후 문장과 학문으로 다시 한 번 중국 대륙을 떠들썩하게 만든 거지. 더구나 부자가 대를 이어 이룬 일이니 역사상 보기 드문 일이었어.

원나라 한림원 벼슬을 받은 이색의 이름은 점점 대륙 전체로 퍼져 나갔어. 『어우야담』*에는 그 즈음 원나라에서 있었던 일화를 기록해 놓았어.

여행을 하던 이색이 한 절에 이르렀거든. 그 절의 주지 역시 뛰어난 시인이었는데, 이색을 무척이나 반겼어.

"그대가 동방의 문사로 중원에서 이름을 빛낸 걸 천하 사람이 다 압니다. 소승 또한 시문을 조금 아는지라 귀공과 한 수 대작하는 게 소원이었는데 찾아주시니 오히려 영광입니다."

인사를 나누고 마주 앉아 차를 마시는데, 시자가 떡을 한 접시 갖고 오는 거야. 이를 보고 주지가 먼저 시를 한 구절 읊었어.

"승소僧笑를 조금 가져오니 중이 조금 웃는도다."

이색은 깜짝 놀랐어. 승소란 떡의 별명인데 '중이 웃는다'는 뜻과 말이 같으니 시의 아귀가 꼭 맞잖아.

"공께서 대구를 완성해 보시지요?"

아마도 주지는 그런 시를 짓기 위해 시자에게 떡을 가져오게 했을 가능성이 커. 고려의 천재를 한번 시험해 보고 싶었겠지.

적당히 둘러댈 만도 하련만, 이색은 허풍을 떨지 않았어. 시란 겉치레로 씌어지는 게 아니거든. 멋진 시구에는 천생배필처럼 꼭 맞는 대구로 상대해야 한다고 믿었지.

"대사의 절구가 참으로 오묘하니 그 대구를 찾기란 매우 어렵겠습니다. 당장은 짝이 없으나 훗날 반드시 알맞은 대구를 찾아 완성하겠습니다."

그 후 여행을 계속하던 이색은 어느 집에서 대접을 받게 되었어. 주인과 마주 앉아 있는데, 하인이 병을 들고 들어왔어.

"저것이 무엇입니까?"

이색이 묻자 주인이 웃으며 대답했어.

"손님이 오셨으니 마땅히 객담 客談 을 대접해야지요."

그것은 술이었어. 손님이 오면 술을 주고받으며 이야기를 나누니 객담이라는 말이 생겼던 거야.

"아하, 바로 이것이다!"

이색은 그길로 천 리나 떨어진 절로 찾아갔어.

"대사의 시구에 알맞은 짝을 얻었기로 천 리를 멀다 않고 달려왔습니다."

주지가 놀란 표정을 짓고 말했어.

"오, 그것이 무엇입니까?"

"우선 시자로 하여금 술이나 한 동이 가득 가져오게 하시지요."

주지는 고개를 갸웃거리며 시킨 대로 따랐어.

이윽고 시자가 술을 가득 들고 들어왔지. 그 모습을 가리키며 이색이 천생배필의 대구를 읊었어.

"객담을 많이 가져 오니 손님의 말이 많도다."

이런 한편의 시가 완성된 거지.

승소를 조금 가져 오니 중이 조금 웃고
객담을 많이 가져 오니 손님의 말이 많도다.

주지는 무릎을 철썩 내리쳤어.
"아, 천하에 둘도 없는 귀한 대구를 얻었습니다. 승소와 객담의 비유도 적절하거니와 '조금'과 '많이'의 대비가 절창을 이루는군요. 더욱이 그 시구를 전하기 위해 천 리를 멀다 않고 달려온 귀공을 우러러보지 않을 수 없습니다."
이 일이 알려지니 천하에 이색의 이름을 모르는 선비가 없게 되었지.

성리학의 꽃을 피우다

고려로 돌아온 이색은 전리정랑과 예문관 응교 벼슬을 받았어. 그리고 적극적으로 정치에 나서서 왕을 보좌했는데, 이부시랑 겸 한림학사가 되어 개혁을 주도했지. 병부낭중일 때는 무신 정권의 잔재인 정방* 제도를 없앴고, 우간의대부가 되어서는 삼년상제도를 시행하여 예법과 풍속을 바로잡으려 애썼어.

이러한 이색의 노력을 공민왕*은 높이 사주었어. 그에 대한 왕의 신임은 아주 두터웠지. 1358년에 언론을 맡은 간관들이 모두 죄를 받게 된 사건이 있었어. 지나친 간언으로 권력자들의 비위를 거슬려서 재상들이 화를 낸 거지. 이때 이색도 상주로 귀양을 갈 판이었는데, 공민왕은 오히려 그를 승차시키고는 재상들에게 이렇게 말했어.

"이색은 재능과 덕행이 출중하여 타인에 비할 바가 아니다. 그러므로 사람을 임명하고 폐

*정방_ 고려 고종 때 최우가 자기 집에 설치하였던 사설 정치 기관으로, 관리의 인사 행정을 다루었다. 최우가 죽은 뒤에도 무신 집권자들에 의해 계승되었는데, 점차 국가 기관으로 되어 창왕 때 상서사로 고쳤다.

*공민왕(1330~1374)_ 고려 제31대 왕이다. 왕위에 오른 뒤 중국 원나라를 배척하고 몽골풍, 몽골 연호·관제를 폐지했다. 쌍성총관부를 폐지하였으며, 신돈을 등용하여 개혁 정치를 펼쳤다. 빼앗긴 영토를 회복하여 국위를 떨쳤으나 나중에는 정치를 그르치고 마침내 최만생과 홍윤에게 살해되었다.

함에 있어서 이와 같이 하지 않으면 인심을 수습할 수 없을 것이다."

이색이 백성들로부터도 매우 칭송을 받고 있다는 얘기지. 그 후 이색은 더욱 깊은 신뢰를 받아 국가의 비밀스런 정책까지 모두 챙기게 되었어.

이색은 자주성을 앞세운 공민왕의 정책을 적극 지지하며 앞장서서 일했어. 오랜 무신 정권으로 어지러워진 정치와 원나라의 속국으로 전락한 고려의 위상을 바로잡기 위해 고군분투했지.

이런 이색의 꿈은 무엇이었을까?

그 하나는 바로 고려의 부흥이었어. 고려가 고구려를 이은 나라이니 고구려 시절만큼 강성해지기를 바랐지. 어느 해 고구려의 수도 평양 부벽루에서 지은 시는 그런 심정을 잘 보여 준단다.

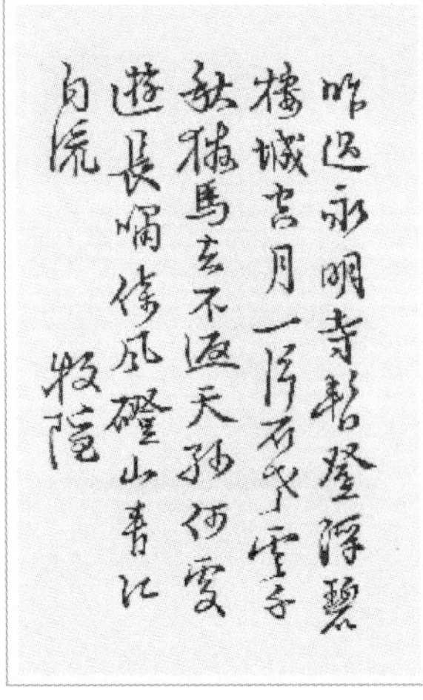
이색이 부벽루에 올라 직접 쓴 시

영명사 가는 길에 부벽루에 올랐더니

빈 성엔 조각달 하나 걸려 있고

바위는 늙어 천 년 묵은 구름 같구나

인마는 소식이 없는데

하늘 자손은 어디서 노니는고

돌다리 난간에 기대어 서면

긴 휘파람 소리

산은 푸르고 강은 저절로 흐르는구나

인마麟馬는 오색 빛깔을 가진 상상의 동물 기린을 말하는데, 어진 임금이 좋은 정치를 하면 나타난다고 해. 그런 정치가 이루어지기를 바라는 거지. 또 여기서 말한 하늘 자손은 동명성왕을 뜻하는데, 그런 영웅이 나타나 고려를 크게 일으켜 주기를 소망하는 기도가 담겨 있어.

그리고 또 하나 이색의 꿈은 성리학을 꽃피우는 거였어. 고려가 지나치게 불교를 숭상하는 탓에 유학이 정치에서나 논할 뿐 생활에 깊이 뿌리내리지 못했거든. 여기엔 정치가보다는 학자로서의 꿈이 담겨 있는 거지.

이런 이색의 꿈과는 딴판으로 세상은 점점 더 소용돌이 속으로 빠져들었어. 세상은 변화와 혼란의 도가니로 변해 갔어.

"진정코 난세로다!"

이색의 눈은 중국을 주시하고 있었어.

변화의 바람은 중국 대륙을 먼저 휘감았어. 도적떼인 홍건적이 일어나 중원을 마구 휩쓸고 다녔지. 이 혼란을 틈타 주원장*은 한족 재기를 외치며 명나라를 세웠어. 몽골족을 오랑캐로 여기던 한족들이 적극 호응했지. 반면에 권력 다툼으로 자기 살을 깎아 먹던 원나라 조정은 침몰하는 배처럼 몰락하기 시작했어.

이런 혼란을 틈타 고려도 국운을 회복하기 위해 안간힘을 썼어. 공민왕은 원이 고려를 통치하던 기관인 동녕부와 쌍성총관부를 공격하

*주원장_ 중국 명나라의 제1대 황제이다. 북벌군을 일으켜 원나라를 몽골로 몰아내고 중국을 통일하였다. 중앙집권적 독재체제의 확립을 꾀하였고, 과거제도의 정비, 전국의 토지·호구 조사 등 많은 업적을 남겼다.

여 빼앗았어. 이때 한 영웅이 나타나 활약하기 시작했으니 바로 청년 장수 이성계야. 그의 등장이 곧 새 나라 조선의 개막임을 그때까지는 아무도 몰랐지.

명나라의 거센 공격에도 거대한 제국 원나라는 쉽게 무너지지 않았어. 그들은 어떻게 해서든 고려를 한편으로 끌어들여 명나라와 대적하려 했지. 그 때문에 고려 조정은 친원파와 친명파로 갈라지고 말았어. 대개 친원파는 권력을 쥔 귀족들이었고, 친명파는 새롭게 힘을 얻고 있는 젊은 신진사대부들이었어.

이런 참에 고려에 일대 혼란이 밀려들었어. 중원을 휩쓸던 홍건적이 명나라에 밀려 고려로 넘어온 거야. 1361년 홍건적은 대규모로 침략을 전개했어. 머리에 붉은 띠를 두른 도적 무리가 봇물 터진 듯 밀려왔지. 고려군은 제대로 대항도 못하고 무너졌어. 공민왕은 부랴부랴 안동까지 피난을 가야 했지. 궁궐은 불타고 신하들도 흩어지고 얼마 없었어. 이때 이색은 왕을 모시고 끝까지 함께했어.

홍건적의 침략 이후 공민왕의 정치 노선에 변화가 왔어. 그동안 원나라를 배격하였는데, 이 전쟁을 통해 원과 연합의 필요성을 느끼고는 폐지했던 정동행성을 부활시켰어. 그리고 불교에 관심을 갖기 시작해 승려를 만나는 일이 잦았어. 이 무렵부터 공민왕의 자주적 개혁 정책이 희미해지고, 정치 의지도 약해진 것 같아. 공민왕의 변화를 확인할 수 있는 이야기 하나가 『고려사』 「열전」에 나와.

하루는 이색이 과거를 본 걸 정리하여 발표하려고 방문을 작성하고 있었거든. 이때 그가 옥새를 갖고 있었는데, 내관이 급히 달려왔어.

“전하께서 급히 옥새를 찾으십니다.”

“무슨 일로 그러시는가?”

“호불사에 토지를 주기로 하셨는데, 그 결재를 위해서입니다.”

이색은 단호히 거절했어.

“그것은 대신들과 논의하여 결정할 일이지 단독으로 할 일이 아니다. 옥새를 줄 수 없다.”

이 말을 전해들은 공민왕은 화가 머리끝까지 났지. 그래서 우격다짐으로 옥새를 뺏어서 도장을 찍고는 이색더러 방문에 도장을 찍지 말라고 명했어. 총기를 잃고 감정에 흔들리는 왕의 모습이 잘 드러나는 대목이지. 이를 두고 지도첨의 유숙이 간언했어.

목은 이색

“승려의 일로 조정에서 소란이 일어나는 것은 합당하지 않습니다. 이색은 그러한 전하의 부당함을 간한 것인데, 이를 벌 준다면 또한 부당한 처사입니다.”

그제야 공민왕은 화를 풀고 방문에 도장을 찍으라고 허락했어.

하지만 이색은 방문에 도장 찍는 일보다는 왕의 정치 사상이 변화하는 걸 두려워했어. 또한 자신에 대한 신뢰가 허물어졌으니 물러나는 것이 옳다고 본 거지. 그는 과감히 사직서를 제출했어.

"이는 허락할 수 없소."

번쩍 정신이 들었는지 공민왕은 단호히 사직서를 반려했어. 그리고 얼마 뒤 새로운 벼슬을 내렸어. 으뜸 학자의 상징인 대제학_{밀직제학}에 겸하여 '유학제거'라는 벼슬이었어. 유학제거는 뛰어난 학자를 선발할 수 있는 권한이야. 그에게 새로운 인재의 발굴과 양성을 맡긴 거지. 얼마 후 이색은 국립대학 총장 격인 성균관 대사성이 되었으니 명실공히 고려 학문의 으뜸이요 선비의 총수가 된 거지. 비로소 자신이 꿈꾸던 성리학이 꽃피는 나라를 만들 기회를 얻은 거야.

조정에는 이색이 주재한 과거를 통해 수많은 인재들이 들어왔어. 정몽주, 정도전, 하륜, 이숭인, 박상충, 권근, 김구용 등이었지. 이들은 후에 이색의 제자 김종직, 변계량, 맹사성 등과 더불어 조선 성리학의 중심 물줄기가 된단다. 이들은 모두 새로운 시대를 위하여 열정적으로 연구하고 토론했어. 이색이 이 모든 것을 주도했는데, 당시의 상황을 『고려사』「열전」에는 이렇게 전해.

이색은 가르치는 방법을 변경하여 매일 명륜당에 모이게 하였다. 경서를 나누어 맡아 가르치고 강의를 마친 후에는 서로 토론하게 하였는데, 이색은 피로를 잊었으며 배우는 자들이 많이 모여들어 서로 권장하였다. 성리학이 이때부터 보급되기 시작했다.

이색은 그들을 가르치는 한편 함께 연구하며 학문의 깊이를 더해 갔지. 안향이 뿌린 성리학의 씨앗이 비로소 활짝 꽃을 피우게 된 거지.
그리고 그 꽃은 새로운 시대, 선비의 나라 조선을 여는 힘으로 작용하
게 된단다.

황혼녘의 조각배 하나

이색에게 가르침을 받으며 새 시대를 꿈꾸는 그들은 대개 친명파였어. 이미 원은 기울어 가는 달이요, 명나라가 떠오르는 해임을 간파한 거지. 이러한 사상 속에는 몽골족을 오랑캐로 보고 중화 사상을 존대하는 사대주의가 깔려 있어. 그런 한편 깊은 속내는 저마다 또 달랐어. 한 무리는 기울어 가는 고려 조정을 일으키려 하였고, 또 한 무리는 아예 새 나라를 세우고자 했거든.

위화도 회군은 잠재되어 있던 당파 대결을 수면 위로 떠오르게 한 전기가 되었어.

1388년, 고려는 이성계를 총사령관으로 삼아 명나라를 치기 위해 10만에 이르는 대군을 일으켰지. 하지만 이성계는 압록강을 건너다가 위화도란 섬에서 말고삐를 돌려 오히려 고려 조정으로 쳐들어왔어. 이렇게 하여 이성계는 우왕과 최영을 몰아내고 권력의 중심으로 등장했어. 장차 새 나라 조선을 세울 토대를 마련한 사건이었지.

위화도 회군으로 고려 조정의 권세는 신진사대부가 거머쥐었어. 하지만 그들도 정몽주와 정도전을 축으로 둘로 갈라졌어. 정몽주는 고려 왕조를 지키려 하였고, 정도전은 새 나라를 세우려 했지.

이때 신진사대부의 가장 큰 어른은 수석 재상인 이색이었어. 그는 우왕의 사부인 동시에 정몽주나 정도전에게도 사부와 다름없는 선배였지. 그러니 이색이 지지하는 쪽이 힘을 얻게 되어 있었어. 이를 간파한 이는 이성계와 더불어 위화도 회군을 주도한 조민수 장군이었어.

"부덕한 왕우왕을 폐하였으니 누가 보위를 잇는 게 좋겠습니까?"

조민수가 이색에게 찾아와 물었지.

이색은 왕실의 어른들과 상의한 다음 우왕의 아들 창을 지목했어. 정몽주의 손을 들어준 셈이었지. 결국 창왕이 대를 이었고, 정도전 일파는 한 걸음 뒤로 물러설 수밖에 없었어.

이 일을 성사시킨 이색은 판문하부사가 되어 명나라로 갔어. 이미 원을 먼 북쪽으로 몰아내고 중국의 주인이 된 명나라와 좋은 관계를 맺어 두기 위해서였지. 그리고 돌아와서는 수상인 문하시중이 되어 두 파의 대립 속에서 화해의 정치를 펴고자 하였어.

하지만 새 나라 창업을 꿈꾸는 이성계와 정도전 일파는 이미 시위를 떠난 화살과 같았어. 그런데 이색, 정몽주, 조민수 등이 버티고 있으니 당장 어찌 해 볼 도리가 없었어. 정도전 일파는 새로운 시도로 돌파구를 열었어.

"우왕도 그러하거니와 창왕도 왕씨가 아니라 실은 신돈*의 핏줄이다. 따라서, 가짜 왕을 폐하고 진짜 왕씨를 보위에 올려야 한다."

이른바 폐가입진廢假立眞을 주장한 거야. 신돈은 공민왕의 개혁 정치를 돕던 승려인데, 말년에 공민왕은 정치를 거의 신돈에게 맡겼거든. 사랑하던 인덕왕후*가 아이를 낳다가 죽자 거의 제정신이 아니었지. 그 후 공민왕은 신돈이 소개한 반야라는 여인에게서 우를 낳았고, 우는 창을 낳았어. 그런데 정도전과 조준 등은 반야가 원래 신돈의 첩이었다며 그가 낳은 아들도 신돈의 아들이라고 주장한 거야.

"이 나라는 왕씨의 나라이지 신씨의 나라가 아니다."

실권을 지닌 그들의 주장대로 창왕은 곧 밀려나고, 정창군 왕요가 왕위를 이으니 곧 공양왕이야. 폐가입진 주장을 성사시킨 이성계와 정도전 일파는 더욱 굳건한 권력을 쥐었고, 반대파들은 쫓기는 신세가 되었지.

먼저 창왕을 세우는 데 앞장선 조민수가 귀양살이를 가서 죽었어. 그러면 창왕을 지목한 이색도 마땅히 벌을 받아야 옳거든. 하지만 정도전과 이성계도 이색과 정몽주는 함부로 하지 못했어. 이색을 탄핵하는 상소가 빗발치자 하는 수 없이 귀양은 보냈지만 죽일 생각은 없었어. 대학자인 그를 한편으로 끌어들이지 않고는 선비들의 지지를 받기 어려웠거든.

"이미 중원의 맹주가 바뀌었다. 천명이 돌아가는 바가 있어 세상의 주인이 바뀌는 것이니 어찌 우리나라라고 해서 별다르겠는가. 아, 오백 년 왕업이 저무는구나!"

고려의 운명이 다했음을 깨달은 그는 경기도 장단으로 가서 조용히 살고자 하였어.

하지만 왕조 교체의 혼란기는 늙은 학자의 은둔마저 그대로 두지 않았어. 1389년 12월, 우왕 복위 기도 사건이 터졌어. 최영의 생질이 우왕의 사주를 받아 이성계를 암살하려던 사건이 발각된 거야.

고려를 되살리려던 이 사건은 오히려 조선의 건국을 앞당기는 결과를 낳았어. 이성계 일파는 새 나라 건설에 걸림돌이 되는 모든 인물을 이 사건과 엮어 제거했어. 우선 반란의 뿌리가 될 수 있는 우왕과 창왕을 죽였어. 그리고 이색, 우현보, 이숭인, 권근 등은 귀양을 보냈어. 하지만 이색은 곧 풀려나 오히려 한산부원군에 봉해졌어. 이색은 그것을 거절하고 다시 떠났지.

“나는 평생을 고려를 위해 살았는데, 어찌 지금 주군을 바꾸어 섬기겠는가.”

1392년, 고려 왕조의 마지막 등대인 정몽주가 죽었어. 그렇게 걸림돌을 제거한 정도전 일파는 기어이 이성계를 왕으로 세우고 조선을 열었지.

조선 개국 후에도 태조 이성계는 이색만은 끝내 해치지 못했어. 많는 간관들이 죄를 주라고 청해도 다 무시했지. 언제나 이성계는 이색을 스승과 같은 친구라고 했어. 그래서 왕이 된 후에도 여러 차례 불러서 만나고자 했지.

거듭된 청을 거절하던 이색은 어느 날 흰 옷을 입고 대궐로 나아갔어. 태조는 용상에서 내려와 반겼지. 이색은 간단히 예만·표하고는 말

했어.

"망국의 신하로서 살아남기를 바라지 않았습니다. 저를 보시려고 하는 건 무엇 때문입니까? 바라건대 이 몸을 보내 주시어 고향에서 죽게 해 주십시오."

인사치례가 끝나자 내관이 이색을 신하들이 서는 자리로 안내했거든. 이색은 단호히 말했어.

"이 늙은이가 앉을 곳이 없소이다."

이색은 꼿꼿하게 일어서서는 돌아서 나와 버렸어. 조선의 건국은 인정하겠으나 조선의 신하는 될 수 없다는 의지였지. 신하들은 무엄하다고 나무랐으나 태조는 급히 나와서 이색을 배웅했어. 그리고 이색이 중문을 나서기 전에 한산백에 봉한다고 말했지만, 이색은 못 들은 척 받지 않고 가 버렸지.

"내가 섬기던 나라가 이미 망했는데 신하가 어찌 편히 살겠는가."

이색은 선비는 두 임금을 섬길 수 없다는 의리를 내세워 그 어떤 호의도 받지 않았어. 조선의 창업 공신들은 이색을 죽여야 한다고 목소리를 높였어. 그가 새 왕조에 충성을 바치지 않으면 백성들도 따르지 않을 거라고 주장했지. 하지만 이색의 학문과 인품을 존경하던 이성계는 끝내 그를 자유롭게 내버려 두었어. 이색은 모든 편안함을 거부하고 떠돌이 생활을 했어. 그 시절 이색의 심정을 잘 표현한 시가 『동문선』*에 실려 있어.

*『동문선』_ 조선 전기의 문신 서거정 등이 신라 때부터 조선 숙종 때까지의 시문(詩文)을 모아 편찬한 책이다. 조선 성종 9년(1478)에 서거정이 왕명에 따라 편찬한 정편 130권과 중종 때 신용개, 숙종 때 송상기 등이 편찬한 속편 21권이 있다. 154권 45책.

가랑비는 복사꽃 물결에 내리고
맑은 서리는 갈대피에 내리는데
돌아가는 배는 어디에 닿을지
아득하여라, 조각배 한 척

정처 없는 자신의 신세를 떠도는 조각배에 비유한 쓸쓸한 시를 읊었지. 그렇게 환갑이 지난 늙은 몸을 이끌고 산천을 방황하던 이색은 1396년 여주 신륵사에서 숨을 거두었어. 『고려사』는 그의 열전을 세우고 그의 업적과 성품을 자세하게 평가했어.

이색은 타고난 성품이 명민하고 여러 가지 서적을 널리 읽어서 시와 글을 지을 때에는 붓을 들면 조금도 거침없이 즉석에서 쓰곤하였다. 후배를 추켜세우기에 노력하였으며 유학을 발전시키는 것을 자기의 사명으로 여겼다. 학자가 모두 그를 존경하고 또 사모하였으며 나라의 문교 사업을 수십 년간 주관하였고 중국에서도 칭찬을 받았다. 평생에 황급한 말씨나 당황한 내색은 하지 않았고 모나는 태도를 보이지 않았다.

고려의 마지막 학자 목은 이색. 서거정*은 그를 평하기를 문장으로는 이규보와 더불어 두 기둥이 되고, 학문으로는 이제현을 이을 만하다고 했어. 그의 명성은 명나라까지 알려져 명나라 사신은 국경에서부터 이색의 안부를 물을 정도였대.

*서거정(1420~1488)_ 조선 전기의 학자로, 성리학을 비롯하여 천문·지리 등에 정통하였다. 문장과 글씨에도 능하여 『경국대전』, 『동국통감』 등의 편찬에 참여하였다. 지은 책으로 『동인시화』, 『동문선』, 『필원잡기』 등이 있다.

문헌서원(文獻書院) 충청남도 서천군에 있으며 이곡과 이색의 위패가 모셔져 있다.

이색은 문장으로 천하에 이름을 떨치고, 벼슬로는 으뜸인 재상에까지 올랐어. 하지만 그는 정치가이기보다는 학자이길 바랐어. 수많은 인재를 발굴하여 고려 말의 성리학을 크게 일으켰고, 그 빛이 조선으로 이어지도록 한 새 시대의 징검다리였어. 그 역할을 다했을 땐 미련 없이 물러났지. 실상 조선의 건국 공신이나 명망 있는 학자들은 대부분 그의 가르침을 받았어. 조선에서도 그 공로를 인정하여 다시 한산백에 봉했지. 그리고 그가 죽었을 때 문정이란 시호를 내리고 나라에서 장례까지 치러 주었단다.

제7장
도학정치의 기수
조광조

그는 어질고 밝은 자질과 나라 다스릴 재주를 타고났음에도
불구하고, 학문이 채 이루어지기 전에 정치에 나섰다.
그리하여 위로는 왕의 잘못을 바로잡지 못하고,
아래로는 구세력의 비방도 막지 못하고 말았다.

─『석담일기』

소학 동자와 그 제자

햇살도 좋은 가을날이었어.

한적한 초가의 뒤뜰엔 장독간이 있고, 고추랑 참깨가 가을볕을 쬐고 있었지. 그리고 장독대 위엔 잘 손질된 꿩고기가 꾸들꾸들 말라 가고 있었거든. 그 앞엔 어린 여종이 간혹 파리를 쫓으며 꿩고기를 지키고 있었고.

초가의 사랑채에서는 글 읽는 소리가 낭랑하게 울려났어. 얼굴이 관옥처럼 반듯한 소년이 학창의를 입은 스승 앞에서 『소학』*의 구절을 읽는 중이었지. 스승 역시 초가의 주인답지 않게 의젓하고 품위가 넘치는 인물이었어. 제자의 독서를 흐뭇하게 감상하던 그가 웃음을 머금고 입을 열었지.

"네 목소리만으로도 그 간절함과 깊이를 짐작할 수 있겠구나. 말과 글이 일치되면 마음이 그에 합하고, 행동 또한 자연스레 일치되는 법이다. 그러므로 군자는 『소학』의 가르침만 실행하여도 그 법도 잃지 않는 법이다.”

“명심하겠습니다, 선생님.”

“그래. 잠시 바람 좀 쏘이다가 또 하자꾸나. 정신 못지않게 몸을 움직여 주는 것 또한 수양의 중요한 방편이니라.”

스승은 마당으로 내려서서 천천히 뒤뜰로 갔어. 제사에 쓰려고 말리고 있는 꿩고기가 짐짓 걱정이 되었거든. 키가 훤칠한 제자는 세 걸음쯤 떨어진 채 다소곳이 스승의 뒤를 따랐지.

“엇, 저런!”

막 뒤뜰로 접어든 스승이 움찔 놀랐어.

“어머, 이를 어째!”

가을볕에 꼬박꼬박 졸던 여종이 화들짝 놀라 작대기를 휘둘렀어. 바람처럼 작대기를 벗어나 담장 너머로 사라진 건 고양이었어.

“이런 아주 못 쓰게 되었구나!”

느긋하게 걷던 스승이 급히 장독간에 이르자 여종은 어쩔 줄 몰라 바들바들 떨었어. 꿩고기는 절반이나 고양이가 채 가 버렸고, 나머지도 땅에 떨어져 흩어져 있었거든.

“네 이년, 정신을 어디에 팔고 있는 게야! 제사에 쓸 고기라고 특별히 주의하라 하지 않았더냐!”

“나, 나리, 죽, 죽을죄를 지었습니다요.”

스승의 불호령에 여종은 그만 땅에 얼굴을 박고 사죄했어.

“낯선 귀양지에서 다시 얻기 어려운 고기를 버려 놓았으니 이를 어쩔 것이냐!”

여종은 대꾸도 변명도 못하고 그저 엎드려 떨고 있을 뿐이었지.

그때 가만히 지켜보던 제자가 몇 걸음 다가와 스승에게 절을 하고 아뢰었어.

"스승님, 조상을 받드는 정성은 비록 간절하시나 군자는 말씨와 기색을 조심하지 않으면 안 된다고 하셨습니다."

어린 소년이 감히 스승의 실수를 책하다니, 보통 대범한 일이 아니었지. 그에 놀란 스승은 퍼뜩 자신의 얼굴을 쓱 어루만졌어. 어느새 그의 얼굴은 붉게 상기되어 있었고, 눈에는 노기가 서려 있었지. 이미 돌이킬 수 없는 일로 지나치게 화를 낸 걸 깨달은 스승은 즉시 제자의 손을 덥석 잡고는 말했어.

"나도 모르게 성을 내고는 바로 뉘우쳤는데, 이미 노기가 몸 밖으로 뻗쳤구나. 네 말이 진실되고 담담하니 부끄럽고 또한 대견하구나. 진실로 네가 나의 스승이지 내가 너의 스승이 아니다."

스승의 말에 제자는 더욱 깊이 허리를 숙이며 가르침을 받아들였어.

서로 겸손하게 예를 다하며 가르치고 배우는 사람은 바로 김굉필과 조광조였어.

조광조에 대해 얘기하기 전에 먼저 그의 스승을 알아둘 필요가 있어. 당시 김굉필은 조선 성리학의 한 중심이었어. 그의 스승은 김종직이었고, 김종직은 부친 김숙자의 학통을 이었거든. 김숙자는 구미 금오산의 길재*에

*길재(1353~1419)_ 고려 말과 조선 전기의 성리학자이다. 이색·정몽주 등의 문하에서 학문을 익히고 성균관 박사가 되어 유생들을 가르쳤다. 조선이 건국된 뒤 이방원이 태상박사에 임명하였으나 두 임금을 섬기지 않겠다는 뜻을 말하며 거절하였다. 지은 책으로 『야은집』, 『야은언행습유』 등이 있다.

게 배웠고, 길재의 스승은 정몽주였어. 정몽주는 이색에게 배웠고, 이색의 스승은 이제현, 그 위로는 성리학의 씨앗을 뿌린 동방 주자 안향이거든. 그러니까 안향에서 시작된 성리학의 흐름이 김굉필로 이어진 거야.

여기서 주목할 점은 이색부터 이어진 학통의 중심들이 대부분 정치에 나서지 않았다는 거야. 고려를 무너뜨리고 일어난 조선 왕조를 탐탁지 않게 여겼거든. 그들은 뛰어난 실력을 갖추고도 정치를 떠나 시골에서 학문을 연구하고 제자를 기르며 자신을 닦는 일에 몰두했지. 이런 풍토는 조선의 성리학이 본토인 중국을 능가하는 원동력이 되었지. 성종 이후에는 나라가 안정되고 선비들이 출사하기도 했지만, 그래도 여전히 시골에서 학문에 전념하는 선비들이 많은 편이었어.

김굉필은 1454년 서울 정릉에서 태어났어. 소싯적엔 성격이 괄괄해서 마음에 들지 않으면 대들고 싸우기를 밥먹듯이 했대. 사람들이 길에서 그를 만나면 슬슬 피해 버릴 정도였다고 해. 그런데 공부를 시작하면서 사람이 완전히 바뀐 거야.

김굉필은 호가 한훤당인데 별명은 소학 동자였어. 그가 김종직의 제자가 되어 『소학』을 배웠는데, 스스로 별명을 소학 동자로 짓고는 이런 말을 했어.

"글을 읽어도 아직 천기를 깨닫지 못하더니, 『소학』 속에서 지난날의 잘못을 깨달았네."

『소학』은 유학의 주요 경전에서 중요한 것만 간략하게 뽑아 엮은 책이야. 공부의 깊이에 들기 전에 맛보기로 배우는 입문서 수준이지. 그런데 김굉필은 늘 말하기를, 사람이 『소학』의 도리만 실천해도 충분히 도리를 다한다고 했거든. 배운 대로 실천하는 것이 그만큼 어렵고 또 중요하다는 뜻이야. 그래서 그는 글을 짓는 공부보다 경학을 연구하고 자신의 마음과 행동을 살피는 공부를 더 중시했어.

그런 그가 생원시에 합격하여 성균관에 들어간 건 1480년이야. 그 후 김굉필의 학문은 나날이 깊어져 조선 성리학의 중심으로 성장했어. 학문이 뛰어나니 굳이 과거를 거치지 않고도 추천이 되어 관직 생활을 시작했지. 군자감 주부, 사헌부 감찰을 거쳐 형조정랑이란 요직에 올랐을 때 큰 사건이 터졌어.

폭군 연산이 다스리던 1498년, 무오사화*가 일어난 거야. 그 바람에 김굉필도 죄를 덮어쓰고 평안도 희천으로 귀양을 가게 되었어. 그때 마침 17세 소년 조광조는 그곳의 관리로 간 부친을 따라갔거든. 천재 일우의 기회로 두 사람이 만나 사제의 인연을 맺었어. 이렇게 하여 안향에게서부터 흘러온 강물이 김굉필을 거쳐 조광조에게로 흐르게 된 거지. 그 후 1504년 갑자사화*로 인해 김굉필이 사약을 받고 죽었거든. 그러니 그 전에 조광조를 만나 학문을 전한 건 대단한 행운이라고도 할 수 있지.

*무오사화_ 1498년(연산군 4)에 유자광 중심의 훈구파가 김종직 중심의 사림파에 대해서 일으킨 사화이다. 4대 사화 가운데 첫 번째 사화로, 『성종실록』에 실린 사초 〈조의제문〉을 트집 잡아 이미 죽은 김종직의 관을 파헤쳐 그 목을 베고, 많은 선비들을 죽이고 귀양 보냈다.

*갑자사화_ 1504년(연산군 10)에 폐비 윤씨와 관련하여 많은 선비들이 죽임을 당한 사건이다. 연산군의 어머니인 윤씨가 폐위되어 사약을 받고 죽은 일에 관계한 신하들과 윤씨의 복위를 반대한 신하들이 처형되었다.

그가 꿈꾸던 나라

호가 정암인 조광조는 1482년 서울 운니동에서 태어났어. 어려서부터 사람됨이 신중하고 인물 또한 준수했어. 그가 얼마나 잘생겼는지 보는 사람마다 감탄할 정도였대. 게다가 김굉필 같이 실천을 중시하는 스승에게 배웠으니 언행은 단정하고 품위는 진중했겠지. 공부를 할 때도 의관을 반듯하게 갖춘 채 얼마나 몰입을 하는지, 친구들이 '공부의 광인'이라며 혀를 내둘렀어.

그런 조광조가 세상에 모습을 드러낸 건 1510년이었어. 과거 사마시에 장원으로 급제하여 성균관에 들어가 공부하게 된 거야. 그는 굳이 벼슬을 하려고 애를 쓰지는 않았어. 그럼에도 20대 나이에 이미 학문이 깊어 조선 성리학의 중심점 역할을 했지. 젊은 선비들의 지지를 한 몸에 받던 그는 1515년에 이조판서 안당의 추천으로 조정에 들어가게 되었어.

대과도 거치지 않은 그에게 대과 장원에 해당하는 종 6품 조지서 사지 벼슬을 내렸어. 아주 파격적인 인사였지만, 종이 만드는 관청에서 조광조가 할 일은 마땅치 않았어. 그해 가을 조광조는 임금이 친히 베푼 알성시에 도전해서 2등으로 급제하여 성균관 전적이 되었어. 비로소 실력을 안팎으로 인정받고 요직을 차지하게 된 거야.

"이제 몸을 일으켜 뜻을 펴 보리라."

조광조는 지금껏 자신이 공부한 이상을 실현시키기 위해 생을 바치기로 작정했지. 과연 그의 꿈은 무엇이었을까?

당시 조선은 새로운 기대로 들떠 있었어. 세종에서 성종 간의 황금기 이후 연산조의 학정으로 나라가 매우 어지러워졌거든. 특히 사화가 두 번이나 일어나 선비들이 무고하게 많이 죽었지. 중종반정*으로 폭군을 몰아내기는 했지만, 여전히 반정공신인 훈구 대신들의 부정과 권력 다툼으로 나라는 중심을 잡지 못한 실정이었어. 이러한 때에 중종도 새 정치를 해 보려고 인재를 찾았고, 사림의 지지를 한몸에 받던 조광조가 조정에 들어오게 된 거야. 그해 알성시의 문제와 조광조의 답안을 보면 당시 중종의 고민과 조광조의 꿈을 알 수 있단다.

과거 문제도 역시 유학 안에 있었어.

공자는 3년이면 나라를 태평하게 만들 수 있다고 하였다. 나는 왕이 된 지 10년이 넘었건만 아직 아무것도 못하였다. 어떻게 하면 공자의 뜻을 이룰 수 있는가?

반정으로 왕이 된 중종은 제대로 뜻을 펼 수 없었어. 반정공신들이

＊중종반정＿ 1506년에 성희안, 박원종 등이 12년간 포악한 정치를 일삼은 조선 제10대 왕 연산군을 몰아내고 성종의 둘째 아들인 진성대군을 왕으로 추대한 사건이다.

권력을 잡고 위세를 부리니 언제 왕위를 잃을까 걱정할 정도였어. 그렇게 10여 년이 흘러 어느 정도 왕권이 안정되자 공신들의 손아귀에서 벗어나 제대로 정치를 하고 싶었던 참이야. 하지만 왕이 될 준비를 착실히 하지 않은 터라 방법도 몰랐고, 자신을 지지해 줄 세력도 없었어. 그래서 새로운 젊은 세대에 기대를 걸고 이런 문제를 냈던 거지. 조광조는 중종의 심중을 꿰뚫었지. 조광조의 답안을 볼까.

공자께서 말씀하시기를, 나라를 다스리는 것은 명도明道 즉 도를 밝히는 일이며, 학문을 하는 것은 근독勤獨 즉 홀로 있어도 속이지 않고 삼가는 것이라고 하였습니다.

정치란 바로 이 도를 밝히는 일에 다름 아닙니다. 그리고 도란 천성을 따르는 일을 말합니다. 예전에 어진 임금들과 성인들이 모두 이 도를 간직하고 있었기에 업적이 찬란하게 되었던 것입니다.

비유하자면 임금은 하늘이요 신하는 사계절과 같습니다. 하늘이 뜻을 품어도 계절이 제 구실을 못 하면 만물이 제대로 꽃피우고 열매 맺지 못합니다. 전하께서 굳이 정치를 하려 애쓰시지 말고 대신에게 맡기십시오. 단지 근독하시어 도를 밝히시는 태도로 중심을 잡아야 합니다. 그러면 조정의 법도가 바로 서고 나라의 기강이 절로 잡힐 것입니다.

왕은 왕답고 신하는 신하다워야 하는데, 그 방안으로 스스로 수양하고 공부하여 도를 밝히면 정치가 저절로 아름답게 이루어진다는 주장이야.

그런데 여기서 꼭 짚고 넘어가야 할 게 있어. 책문을 보면 거듭 도道라는 말이 나오는데, 좀 어렵지. 앞으로도 도라는 말이 자주 나올 건데, 이참에 용어 정리를 해 두는 게 좋겠구나.

유학은 주희 이후로 주자학이 되었다고 앞에서 말한 적 있지. 주자학을 성리학이라고 해. 성리를 중시하는 학문이라는 뜻이지. 성리는 성명의리性命義理의 준말이야. 그것은 각각 천성天性 : 본래 성품, 천명天命 : 개인의 목숨, 운명, 천의天義 : 본질적인 의로움, 선, 천리天理 : 우주 자연의 이치로 나눌 수 있어. 여기서 다시 하나 짚어둘 것은, 유학의 주요 논제인 이기설* 理氣說에서 이는 곧 성과 같고 도와 같다는 점이야. 그래서 도학을 이학이라고도 해. 뒤에 이황, 이이 편에서 또 나올 때 헷갈릴까 봐 얘기하니, 잊지 마.

성리학에서는 성명의리 가운데 근본이 되는 천성을 중시해. 천성을 밝히고 따르는 일을 도道라고 한단다. 그래서 성리학을 도학이라고도 해. 공부란 실로 이 도를 찾아 알고, 더욱 수양하여 도를 넓고 깊게 하는 것을 말해. 지식을 쌓는 것은 도를 알기 위한 방편에 지나지 않고, 그 실체인 도를 자기 속에 밝혀야 참공부라는 거지. 그 하나인 근본을 바르게 찾아서 내 안에 간직한 사람을 군자라고 하고, 성인이라고도 해. 그런 사람이 정치를 하는 걸 도학정치라고 하고, 왕이 그런 사람이 되어 정치를 하면 왕도정치가 되는 거야. 공부를 하지 않는 왕은 절대로 왕도정치를 할 수 없는 거지.

그러니까 조광조는 도학정치를 하고 싶었고, 그게 군주의 입장에서는 왕도정치가 되는 거지. 군주가 도를 가지면 신하가 따르고, 또한 백성들도 따르게 되어 천하가 도로 가득한 도의 나라가 되는 거야. 도가 바로 서면 저절로 덕이 흘러넘치고, 그것은 예절로 표현이 되지. 그러면 다툼 없는 평화로운 세상이 된다는 거야. 조선의 사림과 조광조의 꿈은 바로 그런 도덕과 예절이 올바로 선 나라를 만드는 것이었어.

이러한 조광조의 주장은 곧 성리학의 이상이기도 해. 그 뜻을 조광조는 힘 있는 문장으로 간절하게 표현했고, 중종은 기꺼이 받아들였어. 반정공신인 훈구 대신들에게 시달리던 중종이 가야 할 길을 보게 된 거지. 자신도 도를 밝히고 닦아 군자가 되어야겠다는 희망도 생겼겠지. 중종은 조광조를 사간원 정언으로 발탁하여 가까이 두고는 성리학을 배우기 시작했어.

조광조의 등장은 그 자체만으로도 혁명이나 다름없었어. 중종의 지지를 등에 업은 그는 과감한 개혁정책을 밀고 나갔어.

조광조는 기강을 세우기 위해 왕의 솔선수범을 요구했어. 연산군 이후 사라지다시피 한 경연*을 활발하게 열었어. 왕과 대신들에게도 도학정치를 가르친 거야. 미신을 없애도록 장려하고, 도교 사당인 소격서를 없애서 왕실이 모범을 보이게 했지.

한편 성리학의 정신을 대신과 사대부뿐만 아니라 민간에까지 퍼뜨렸어. 『소학』, 『삼강행실도』, 『주자가례』 등을 펴내 전국에 배포하고 가르쳤어. 그리고 향약을 실시하여 가르침을 지키도록 서로 권장하

*경연(經筵)_ 고려·조선시대에 임금이 학문을 닦기 위하여 학식과 덕망이 높은 신하를 불러 옛 성현들이 유교의 사상과 교리를 써 놓은 책 및 임금으로서 마땅히 지켜야 할 도리에 관하여 강론하게 하던 일을 말한다.

고 감시하기도 했지. 조선이 온전히 유교의 나라가 되는 기틀이 잡힌 건 바로 이 무렵부터야. 더불어 조광조는 백성의 삶을 세세히 살폈어. 공납*의 부담을 줄이고, 아무리 부자라도 땅을 갖는 크기를 제한하는 한전제를 실시했어. 춘궁기 때 곡식을 빌려 주었다가 가을에 이자와 함께 돌려받는 사창제도 만들었어.

조광조가 조정에 출사한 지 3년 만에 나라가 완전히 바뀌었어. 중종도 왕도정치를 해 보려고 애를 썼고, 대신들은 조광조의 감시가 무서워 함부로 부정을 못했어. 백성들은 남녀가 엄격해져서 서로 예의를 지키고, 가정에서는 예의 규범과 제례의식이 엄격해졌지. 대다수 백성들은 조광조의 정책을 지지하며 그의 이름을 칭송했지. 그동안 조광조는 빠른 승진을 하여 벼슬이 재상급인 대사헌이 되었어.

이렇게 기틀은 잡았지만 여전히 어려움은 남아 있었어. 도학정치를 실천할 인재가 너무 적었던 거야. 아무리 좋은 정책도 그것을 실행하는 사람이 없으면 소용없잖아.

"아무리 왕이 뜻을 세우고 군자가 좋은 사업을 벌여도 소인배가 끼여 있으면 일이 안 됩니다. 소인배는 오직 자기 잇속만 챙기기 때문이옵니다. 소인배와는 같이 일을 도모할 수 없습니다."

조광조는 자신의 정책을 늘 시기하고 가로막으려는 훈구 대신들을 소인배로 단정했어. 그리고 그 타개책으로 현량과를 실시할 것을 건의했어.

"전국에서 어질고 덕망 있는 선비를 두루 선발하여 나랏일을 맡기

시옵소서!"

현량과는 과거를 거치지 않고 인재를 선발하는 제도였어.

"말도 안 되는 주청이옵니다. 과거도 보지 않았는데 어찌 실력을 알 수 있을 것이며, 그를 시행하면 일시에 나라의 교육이 무너질 것입니다."

대신들의 반대 목소리가 빗발쳤어.

"그렇지 않습니다. 과거는 하루의 재주를 겨루고 그 문장만으로 가리니 그 내면을 알 길이 없습니다. 그러나 현량과는 그의 평소 일상과 주변의 평가를 아우르니 진정한 실력과 덕행을 지닌 자를 뽑을 수 있습니다."

조광조는 끝까지 뜻을 굽히지 않았어.

결국 중종은 조광조의 손을 들어주었지.

1519년, 젊은 선비들이 대거 조정으로 들어왔어. 박훈, 김식, 안처겸, 박상, 김구, 기준, 한충 등 28명으로 대부분 조광조를 지지하는 성리학자들이었지. 이렇게 세력을 불린 조광조는 조정의 요직을 차지하고 있는 훈구 대신들을 일거에 몰아낼 계책을 내놓았어.

"지금 조정에는 특별한 공로도 없이 공신이 되어 녹을 먹는 사람이 많습니다. 대개 이들은 반정공신과 친하거나 그 친척들입니다. 이들의 공신록을 삭제하고 내치셔야 합니다."

사림의 요구에 훈구 세력은 위기감을 느꼈겠지. 그들은 목숨을 걸고 반대했어.

"반정공신을 내치는 것은 전하의 반정 자체를 부인하는 것으로 역적이나 다름없습니다.”

중종도 공신들만큼은 지켜주려 했어. 그게 자신의 기반이니 자칫 그것을 허물었다가는 자기마저 무너질지 모른다는 생각을 한 거야. 하지만 공신에 엉터리가 많은 것은 사실이었어. 조광조와 사림이 하나하나 예를 들어 설명했어. 이 청을 들어주지 않으면 사직을 하겠다고 버티었지. 결국 중립을 지키던 영의정 정광필도 사림의 뜻에 동조하니 중종은 어쩔 수 없이 명했어.

“가짜를 찾아내 공훈을 삭제하라!”

조광조는 반정공신 107명 가운데 무려 76명의 공훈을 삭탈했어.

이렇게 훈구 대신들을 절반 이상이나 몰아내는 성과를 거두었으나, 그것은 독화살이 되어 사림에게로 돌아오게 된단다.

벌레가 갉아먹은 이상주의자의 꿈

“더 이상 밀리면 우리는 설 곳이 없소.”

훈구파는 조광조와 사림을 몰아낼 계책을 꾸미기에 이르렀어.

남양군 홍경주*가 앞장을 섰어. 먼저 그는 딸 희빈 홍씨를 사주하여 잠자리에서 중종에게 조광조를 헐뜯게 했어.

“세간에서는 이 나라가 조광조의 나라라고 합니다. 그가 조정에 나온 후 모든 것이 그의 뜻대로 되지 않았습니까. 백성들은 그를 임금처럼 여깁니다.”

중종도 조광조와 사림에 대해 버거움을 느낄 때였어. 아무리 공부를 해도 자신이 군자가 되기는 어렵고, 왕도정치는 멀게만 느껴졌거든. 게다가 소격서를 없앤 일도 매우 언짢았어. 소격서는 도교 사원이지만 천지신명에게 나라의 안녕을 빌고, 왕실이 기도하던 곳이었거든. 중종은 모친을 위해 기도하는 일조차 못하게 된 게 영 서운했어. 이런 차에 훈구파는 희빈을 통해 아주 야비

*홍경주_ 조선 중종 때의 문신이다. 중종반정에 가담하여 정국공신이 되었으며 도승지, 대사헌을 지내고 좌참찬이 되었으나 사림파 출신들의 탄핵으로 물러났다. 훈구파의 일원으로 남곤, 심정 등과 함께 기묘사화를 일으켜 조광조 등 사림파의 신진 세력을 자리에서 물러나게 했다.

한 짓을 벌였어.

"전하, 세상에 이런 변이 있습니까?"

희빈은 중종과 산책을 하는 도중에 주운 낙엽 한 장을 내밀었어. 낙엽엔 벌레들이 갉아먹은 자국이 뚜렷했는데, 놀랍게도 글씨가 새겨져 있었던 거야.

"주초위왕走肖爲王, 주와 초를 합하면 조趙가 되니, 조씨가 왕이 된다?"

"놀라운 일입니다, 전하. 지금 천하에 이름이 뜨르르한 자가 조광조 외에 또 누가 있겠습니까?"

중종은 애써 희빈의 말을 무시했어.

"벌레가 우연히 만들어 놓은 걸 어찌 믿을 수 있겠소."

하지만 그건 우연이 아니었어. 일부러 꿀로 잎사귀에 글자를 써서 벌레가 갉아먹게 한 거였거든. 중종은 조광조를 믿으려 했으나, 의심의 씨앗은 이미 자라기 시작했어.

그날 밤, 훈구파는 은밀히 작전을 펼쳤어. 공조판서 김전, 예조판서 남곤, 병조판서 이장곤, 화천군 심정 등이 합의하고, 대전과 경연청을 장악했어. 조광조 일파가 임금과 만나지 못하도록 방어막을 친 거지. 그리고 홍경주가 들어가 주청했어.

"조광조 등 사림은 붕당을 만들어 대신을 능멸하고 조정을 저들 마음대로 주무르려고 합니다. 지난날 공신을 무시하고 권세를 독점하고 기강을 어지럽히니 나라를 도적질하는 역모와 다름없습니다."

울고 싶은데 누가 건드려 주기라도 바란 것처럼, 중종은 훈구파의 뜻을 받아들이고 말았어. 『중종실록』 37권은 그날의 상황을 이렇게 기록해 놓았어.

중종 14년 11월 15일.
궁궐 안이 갑자기 소란스러워졌다. 굳게 닫혀 있어야 할 궁궐 서문이 활짝 열려 있고 군사들이 삼엄하게 지켰다. 근정전에는 군사들이 계단 양옆으로 늘어서 있고, 경연청 주변에는 불이 환히 켜져 있고, 병조판서 이장곤이 앉아 있었다. 승지 윤자임이 경연청에 들어가 왕을 만나려 하였으나 군사들이 막았다. 잠시 후, 경연청 안에서 어떤 자가 나왔다. 그의 손에는 의금부에 잡아 가둬야 할 자들의 이름이 적힌 두루마리가 들려 있었다. 그 두루마리에는 조광조와 윤자임, 자신의 이름도 포함되어 있었다.

두루마리를 든 자는 물론 홍경주였고, 그는 조광조 일파를 일거에 잡아 가두었어. 조광조는 중종을 만나게 해 줄 것을 청원했으나 결국 만나지 못했어. 아마도 중종은 조광조가 부담스러웠던가 봐. 이때 중종은 조광조를 바로 죽이려 했어.

"조광조와 김정은 사사하고, 김식과 김구 등은 먼 섬에 유배하는 게 어떠하오?"

영의정 정광필은 울면서 아뢰었어.

"아니 되옵니다. 그들은 비록 죄가 있으나 오직 나라를 위하여 한 것이지 간사한 무리는 아닙니다."

조광조가 구속되었다는 말을 들은 성균관 유생들은 수업을 거부하고 궁궐로 몰려와 통곡하며 항의했어. 훈구파는 그들마저 구속하고 억압했지. 결국 조광조는 전라도 능주로 유배를 떠났어.

그 후 곧 중종은 인사를 단행했지. 정광필을 밀어내고 김전을 영의정, 남곤을 좌의정으로 삼았어. 이렇게 다시 실권을 장악한 훈구파는 즉시 사약을 보내 조광조를 죽이기로 했어. 사약을 앞에 둔 조광조는 그저 담담하고 환한 얼굴이었어. 그리고 평소와 같은 태도로 절명시를 지었어.

임금을 어버이처럼 사랑하고

나랏일을 내 집안일처럼 근심하였네.

조광조가 사약을 받고 죽은 곳인 적려유허지

밝은 해가 세상을 내려다보니
나의 붉은 마음 환히 비추리라.

도학정치를 꿈꾸며 혜성처럼 나타난 이상주의자 조광조, 그는 38세 젊은 나이에 한순간 이슬처럼 사라졌어. 이때 그와 더불어 많은 젊은 선비가 죽거나 귀양을 갔지. 이해가 기묘년이었으므로 '기묘사화'라고 해.

조광조가 조정에서 일한 기간은 5년 남짓이었어. 짧은 기간이었지만 그는 많은 일을 해냈지. 그가 끼친 영향은 조정은 물론 백성들의 삶 전체에 남아 있었어. 우선 성리학이 조선 유학의 중심으로 확실하게 자리잡게 했지. 유학의 수준을 끌어올리고 넓게 퍼뜨린 거지.

백성들의 부담을 줄이고 생활의 표준점을 제시한 점도 높이 평가해야 할 부분이야. 실제로 백성들은 조광조를 높이 우러러보고 그 가르침을 잘 따랐어. 『대동기문』에는 그가 죽었을 때 일화 한 토막을 전하는데, 백성들의 마음을 잘 보여 준단다.

조광조의 동생 조숭조가 금부도사가 사약을 받들고 갔다는 말을 듣고 급히 전라도로 향했거든. 가는 도중에 형이 죽었다는 소식을 듣고는 길에서 목 놓아 울었어. 그때 산골짜기에서 한 노인이 나와서는 같이 우는 거야. 그러다가 노인이 물었어.

"나리께서는 왜 우십니까?"

"나는 형님을 잃어 울지마는 노인장은 왜 우는 것이오?"

노인이 대답했어.

"조정에서 조광조를 죽였다 합니다. 어진 분이 죽었으니 백성이 의지할 곳이 없어 웁니다."

백성들뿐만 아니라 선비들도 조광조의 죽음을 어버이의 죽음처럼 슬퍼했어. 그와 같은 군자를 죽이는 조정에서는 벼슬을 하지 않겠다고 작심한 선비들까지 있을 정도였지.

참으로 곧은 이상을 가지고 사심 없이 일을 했으나, 역시 조광조에게도 한계와 약점은 있었어. 도학정치를 하려면 군주가 그 자질이 군자에 가까워야 하는데, 반정으로 왕이 된 중종은 세종이나 성종처럼 준비가 되어 있지 않았거든. 게다가 수천 년 내려오는 민속을 미신으로 치부하여 없애려 한 것도 무리였어. 오직 성리학만이 진리라는 외골수적인 주장은 훈구 대신들을 소인배로 몰아 모두 적으로 돌려 버렸지. 그들도 역시 같은 백성이니 품에 안고 문제를 풀어나가려는 포용력과 융통성이 부족했어. 과유불급過猶不及, 지나치면 모자람만 못하다는 말을 좀 더 새겨 둘 필요가 있었지. 그를 존경하면서도 그의 실패를 안타까워한 율곡 이이의 평가는 엄정하고 날카로운 데가 있어. 율곡은 『석담일기』*에서 이렇게 평했어.

*『석담일기』_ 조선 명종과 선조 때의 17년간 율곡 이이가 경연에서 강론한 내용을 직접 적은 책이다. 당시의 주요 사건과 인물들에 관해 자세히 기록하고 있다.

그는 어질고 밝은 자질과 나라를 다스릴 재주를 타고났음에도 불구하고 학문이 채 이루어지기 전에 정치에 나섰다. 그리하여 위로는 왕의 잘못을 바로잡지 못하고, 아래로는 구세력의 비방도 막지 못하고 말았다.

경기도 용인시에 있는 심곡서원

그럼에도 조광조가 있어 조선 성리학이 더욱 깊고 풍요로워진 건 인정해야 해. 그 전까지 성리학은 경학 연구와 문장 짓기는 따라갔지만, 자기 수양을 통한 깊은 공부는 하지 못했거든. 그가 몸소 수양을 하고 도학정치를 실현하려고 한 노력은 후학들에게 큰 본이 되었어. 그 결과 앞으로 얘기할 서경덕, 이황 같은 뛰어난 학자가 나오게 되었지. 그리고 그들로 인해 조선 성리학은 독자성을 띠게 되었고 본토인 중국을 능가할 수준까지 발전하게 되거든.

뒷날 조광조는 신분이 회복되어 문정文正이란 시호를 받고 영의정에 추증되었어. 심곡서원을 비롯한 전국의 20여 개 서원에서 그의 가르침을 받들고 제사를 지냈으니, 그의 영향력이 오래도록 계속되었음을 알 수 있지.

제8장

신비한 숲 속의 철학자 서경덕

화담은 진실로 우리 동방의 호걸 인재이다.
도와 덕의 깊고 낮음을 함부로 논할 것은 아니지만,
참으로 도를 아는 사람이니 어찌 가볍게 여기겠는가.

– 홍인우 『자록』

혼자 공부하는 소년

아지랑이가 아롱아롱한 봄날이었어.

밭두렁에서 아이들이 봄나물을 캐고 있었어. 열 살 안팎의 동네 꼬맹이들이 재재거리며 씀바귀, 쑥, 냉이를 캐고 있었지. 그 가운데 한 소년이 갑자기 움직임을 멈추고 하늘을 쳐다보았어. 종달새들이 손에 잡힐 듯 낮게 나는 모습을 바라보는 거야.

"뭐 해. 나물 캐다 말고?"

한 친구가 툭 쳐도 그는 종달새에게서 눈길을 떼지 않았어.

"오늘은 종달새들이 어제보다 더 높이 나는구나. 왜 그럴까?"

소년의 눈은 수정처럼 맑고 깊은 우물처럼 고요했어. 종달새가 점점 멀어지자 소년은 마치 보이지 않는 끈에 묶인 듯 따라갔어. 새가 멈추면 멈추고 새가 가면 또 따라갔지. 그리고 다시 생각에 잠겨 고개를 갸웃거리는 거야.

그러는 사이 이미 친구들은 집으로 돌아가고, 해도 붉게 물들어 서산 위로 떨어지려는 참이야.

"이런, 벌써!"

그제야 소년은 나물바구니를 챙겨 집으로 돌아왔어.

"애개, 종일 뜯은 게 겨우 요거니?"

바구니를 받아든 어머니가 어이없다는 표정을 지었어. 나물이 채 한 줌도 되지 않았거든.

"들에 나가 무슨 일이 있었니?"

어머니는 나무라지 않고 다정하게 물었어.

"종달새가 날마다 나는 높이가 달라요. 그제는 한 치, 어제는 두 치 높이로 날더니, 오늘은 세 치 높이로 날았거든요. 왜 그럴까, 그 까닭을 생각하다가 그만 나물 캐는 걸 잊었습니다."

어머니의 얼굴에 흐뭇한 웃음이 떠올랐어.

"방 안에서 책만 보기에 나물이나 좀 캐 오랬더니, 거기서도 공부를 했구나. 종달새가 왜 낮게 나는지는 알아냈니?"

소년은 가볍게 고개를 흔들었어.

"아뇨."

다음 날도 그 다음 날도 소년은 바구니를 들고 나가서는 저녁에야 돌아왔어. 물론 나물은 늘 채 한 줌도 되지 않았지. 며칠 뒤 소년은 발그레 상기된 얼굴로 어머니한테 달려와 말했어.

"종달새가 날마다 나는 높이가 다른 까닭을 알았어요."

"그게 뭐니?"

"봄이 되니 온갖 조그만 벌레들이 아지랑이와 함께 날아오르는데, 따뜻해질수록 벌레들도 더 높이 날아올라요. 종달새들은 그걸 잡아먹느라 오르락내리락하는 것이었어요.”

어머니는 소년의 등을 사랑스레 어루만지며 말했어.

“기어이 까닭을 알아냈구나. 우리 가구(可久)는 틀림없이 공자님 같이 큰 학자가 되겠네.”

가구라는 아명을 가진 이 소년이 바로 서경덕이란다.

이 이야기는 『화담집』*에 나오는데, 여기서도 짐작할 수 있듯이 서경덕은 매우 특이한 학자야. 그는 공부하는 방식부터 남달랐어.

스승에게서 제자로 이어지는 도제식 수업 방법은 유학의 한 특징이고 전통이거든. 유학의 체계를 잡은 이는 공자야. 공자의 학통을 수제자 안회와 증삼을 비롯한 72제자가 이었고, 안회는 일찍 죽고 증삼이 제자 자사에게 학통을 전했는데, 자사는 바로 공자의 손자야. 자사는 유학의 도가 사라질까 염려하여 『중용』을 지어 그것을 맹자에게 전했고, 맹자가 다시 유학을 크게 부흥시켰지.

우리나라 유학은 최승로가 기틀을 잡았고, 최충이 체계화하여 널리 퍼뜨렸어. 그 후 안향이 성리학을 들여와 중흥시켰고, 학통은 이제현을 거쳐 이색에게 전해졌지. 이색의 학문은 정몽주, 길재를 통해 조선으로 이어졌어. 그 후 길재에게서 박서생, 김숙자가 나왔고, 김숙자의 아들 김종직이 대를 이었어. 김종직은 정여창과 김굉필을 가르쳤고, 김굉필은 조선 유학의 중시조로 불리는 조광조를 가르쳤지.

이처럼 유학은 사제 관계가 절대적이었어. 그 때문에 스승은 곧 아버지와 같다는 '군사부일체軍師父一體'라는 말은 상식처럼 통했지.

그런데 조선 중기에 접어들면서 이러한 흐름에 큰 변화가 생겼어. 스승 없이 학문의 큰 산을 이룬 대학자들이 나타나기 시작한 거야. 이는 조선의 학문이 그만큼 넓어지고 깊어졌다는 증거이며, 조선의 유학이 중국의 그늘에서 완전히 벗어났다는 뜻이기도 해. 이런 학자 가운데 첫 번째 봉우리가 바로 서경덕이란다.

서경덕은 1489년 고려의 수도인 송도개성 외곽 화정리에서 태어났어. 어머니 한씨가 공자의 사당에 들어가는 태몽을 꾸고 낳았대.

총명이 남달랐던 서경덕은 고작 7세에 벌써 예의를 알았다고 해. 그때 서당에서 배우는데 스승과 선배를 받들 줄 알고, 학문을 논하기 시작했어. 그런데 훈장 선생님이 어물어물 넘어가는 부분이 많았나 봐. 서경덕은 그걸 놓치지 않고 파고들었어. 훈장 선생님은 서경덕의 질문에 대답하느라 종종 진땀을 빼곤 했겠지. 그러다 14세 무렵부터는 서당에 나가지 않았어. 이미 서당 훈장의 학문을 넘어서 버렸거든. 그 후 서경덕은 홀로 학문을 연구하기 시작했어.

*격물치지(格物致知)_ 중국 사서(四書)의 하나인 『대학』에 나오는 말로, 실제 사물의 이치를 연구하여 지식을 완전하게 한다는 뜻이다.

"공부란 곧 격물치지*이니, 사물의 이치를 밝히는 데 있다."

어느 날 『대학』을 읽다가 격물치지라는 말에서 이런 깨달음을 얻은 서경덕은 깊은 사색을 통해 답을 찾아내는 공부를 해 갔어. 『대동기문』에는 그의 특이한 공부법에 대해 다음과 같이 설명해 놓았어.

그의 학문하는 방법은 오로지 이치를 깊이 연구하는 것을 일삼았다. 아무 말 없이 여러 날 동안 앉아 생각하는 것이었다. 만일 하늘의 이치를 깊이 연구하려면 천天 자를 벽에 써 붙여 놓고 깊이 연구하고, (그걸 알고 나면) 다시 다른 글자를 써서 깊이 연구하느라 밤이 새는지 해가 지는지도 몰랐다.

이렇게 공부한 탓에 그에게는 학문의 깊은 뜻을 전해 준 스승이 달리 존재하지 않았다는 거야. 유치원서부터 대학 박사 학위를 마칠 때까지 선생님의 가르침을 받는 요즘 학생과 비교하면 이해하기 어려운 일이지. 더구나 부모가 높은 학문을 지닌 분도 아님을 생각하면 그가 대학자가 된 것은 신비롭기만 해.

서경덕은 어찌 하여 스승도 없이 그처럼 높은 학문을 이루었을까?

그에겐 진짜 스승이 없었을까?

『동패낙송』*에 전하는 이야기는 그 궁금증을 어느 정도 풀어 준단다.

*『동패낙송』_ 잡록과 섞이지 않은 야담집으로, 조선 영·정조시대의 노명흠이 지은 책으로 알려져 있다.

구미호와 대결하다

서경덕이 서당을 그만둔 무렵이었을 거야. 어느 날 스님 한 분이 집으로 찾아왔어.

"경덕아, 너의 공부는 지금부터 내가 가르쳐 주마."

척 보기에도 보통 스님은 아닌 듯한 신승神僧 : 신비한 능력을 지닌 스님은 경덕을 데리고 산으로 들어갔어.

산속에서 한창 공부를 하던 어느 날 신승이 말했어.

"경덕아, 오늘 집으로 돌아가거라. 내일 손님이 올 것이니, 잘 대접하고 돌아오너라."

경덕은 영문도 모르고 집으로 돌아갔지.

이튿날 과연 한 손님이 찾아왔는데, 작은 나귀를 탄 도사 같은 사람이었어.

"동자의 재주가 뛰어나다기에 얘기 좀 나누러 왔다네."

경덕은 기꺼이 그를 맞아들여 얘기꽃을 피웠지. 손님의 학문은 이미 보통 선비의 수준을 뛰어넘은 듯했어. 천문, 지리, 복술, 신선술까지 모르는 게 없었거든. 경덕은 손님의 말을 재미있게 들었지.

"내가 뱉어 내는 대로 곧장 알아들으니 동자의 재주가 과연 비상하구려. 또 만날 때가 있을 것이네."

밤새 얘기를 나눈 손님은 이튿날 이렇게 말하고는 돌아갔어.

다시 산으로 돌아온 경덕은 있었던 일을 신승에게 낱낱이 아뢰었어. 신승은 묵묵히 고개를 끄덕이더니, 벽을 보고 앉아 눈을 감았어. 그러고는 꼼짝도 않다가 사흘이나 지나서야 눈을 떴어.

"날 따라오너라."

신승은 경덕을 데리고 뒷산 벼랑 위로 갔어.

"내 허리에 꼭 매달려라, 절대 눈을 뜨지 말고 손을 놓치면 안 된다."

경덕이 시키는 대로 하자, 신승은 허공으로 훌쩍 날아올랐어. 그러고는 바람을 헤치며 어디론가 끝없이 가는 거야.

"이제 눈을 떠도 되느니라."

오랜 시간 뒤에 도착한 곳은 생판 낯선 곳이었어. 경덕은 허기가 지고 어지러워 정신조차 가물가물거렸지. 신승이 표주박에 타 주는 가루약을 먹고 난 다음에야 겨우 정신이 들었어.

"와, 저게 뭐야!"

경덕은 고개를 치들고는 감탄을 멈추지 못했어. 거기는 울창한 숲 속인데, 그 가운데 끝이 보이지 않게 치솟은 거대한 나무가 하늘을 떠받친 채 우뚝 솟아 있지 뭐야.

신승은 칼로 거대한 나무에서 다섯 조각을 떼 바랑에 넣었어. 그리고 다시 경덕을 꿰차고 돌아왔는데, 와서 보니 6일이나 지났더래.

신승은 나뭇조각을 칼로 깎아 동자상을 만들었어. 그런 다음 완성된 다섯 개의 동자상에 각각 오방색*을 칠하고 방위에 맞게 책상 위에 진열해 놓고는 말했어.

"너는 내 등 뒤에 꼼짝 말고 숨어 있거라. 어떤 소란이 일더라도 여기서 나가면 안 된다."

엄한 명을 내린 신승은 동자상을 보고 주문을 외기 시작했어.

어느덧 해가 지고, 밤이 이슥해졌을 때였어.

갑자기 천지가 진동하더니 무언가 다가왔어.

"나가 싸워라!"

신승이 명을 내리니 먼저 동쪽의 푸른 동자상이 씩씩한 청년으로 변해 문을 열고 나갔어. 밖에서 싸우는 소리가 요란했어. 그 얼마 뒤 돌아온 청년은 쓰러져 다시 동자상으로 변해 버렸어.

신승은 다음 용사를 내보냈어. 남쪽의 붉은 동자상, 서쪽의 하얀 동자상, 북쪽의 검은 동자상이 차례로 나가 싸웠어. 결과는 모두 패배였어. 마지막으로 중앙의 노란 동자상이 밖으로 나갔어.

천둥 번개가 치고 세상이 뒤집히는 듯 요란한 싸움이 계속되었어. 그동안 경덕을 등 뒤로 보호한 신승은 땀을 흘리며 주문을 걸었지.

이윽고 먼동이 틀 무렵, 노란 동자상이 들어와 말했어.

"요괴를 물리쳤습니다."

그제야 신승은 경덕을 데리고 밖으로 나갔어.

“세상에!”

집에서 멀찍이 떨어진 공터에 널브러져 죽은 것은 꼬리가 아홉 개나 달린 여우였어.

“이 구미호가 바로 집으로 널 찾아왔던 손님이란다.”

경덕은 너무 놀라 입을 다물지 못했어.

“이 여우는 유소씨집 짓는 법을 가르쳐 준 전설적인 성인 때 태어나 온갖 조화를 익힌 요괴야. 이 요괴는 특별히 성정이 빼어난 젊은이의 정기와 오장을 먹고 살기 때문에 너를 찾아왔던 게야. 그를 물리칠 방법은 그가 태어나기 전에 있었던 물건을 써야 해. 그래서 그 전에 생겨난 나무를 찾아 그것으로 다섯 방위의 신장을 만들어 싸우게 한 거란다. 황색 동자마저 졌더라면 큰일날 뻔했구나.”

경덕이 오스스 몸을 떨며 물었어.

“그럼 집으로 찾아온 그날 왜 해치지 않았나요?”

“너는 하늘이 낸 인물이라 신명의 보호를 받는단다. 요괴라 해도 아무 때나 함부로 덤비면 천벌을 받지. 그래서 우선 너를 한 번 시험해 본 다음 하늘의 기운이 가장 약한 때를 골라 오늘 쳐들어온 거야. 이제 안심하고 들어가 푹 자려무나.”

경덕은 신승에게 큰절을 올리고는 방으로 들어가 깊은 잠을 잤지. 그리고 깨어나니 신승은 간 곳이 없고 책상 위에 편지만 덩그러니 놓여 있지 뭐야.

‘경덕아, 네게 이제 더 이상 재앙은 없을 것이다. 모름지기 너는 타고난 재질을 썩히지 말고 스스로 노력하여 큰 학문을 이루어야 한다.’

어때, 신기한 판타지 같지?

전설과 같은 위 이야기에서 우리는 몇 가지 추측을 할 수 있어. 경덕에게도 신승과 같은 스승이 존재했다는 거지.

아마도 신승은 부처님을 섬기는 보통 승려는 아닐 거야. 그가 경덕과 함께한 시간은 많지 않고 가르쳐 준 것도 많지 않아. 그는 오직 경덕의 목숨을 구해 주기 위해 찾아온 듯해. 공부는 경덕이 스스로 깨쳐 나갈 자질이 충분했으니까.

다만 신승이 보여 준 신비한 술법들은 경덕이 보다 넓고 깊은 학문의 세계로 가는 디딤돌이 되었을 수도 있어. 혼자 깊은 사색을 하는 그의 특이한 공부법도 신승에게서 배웠는지도 모르지. 훗날 서경덕이 이룬 학문은 전통적인 유학의 울타리을 뛰어넘었어. 도술을 부렸다는 신비한 행적이 많은 것도 신승의 영향인지 몰라. 일부에서는 도교의 영향을 받았다고 하지만, 그건 아닌 듯해. 어쩌면 서경덕은 산속에서 숨은 듯이 이어지던 우리 겨레의 전통 학문, 현묘지도를 익힌 사람이 아니었을까, 조심스럽게 추측해 보기도 해. 서경덕에게는 유교나 불교의 잣대로만 이해되지 않는 일이 많거든. 나중에 그가 도술을 부렸다는 이야기가 많이 전해지는데, 그런 얘기가 재미는 있지만 접어 둘게. 중요한 건 그런 게 아니라 그의 학문이잖아.

그럼 이제 서경덕이 어떤 공부를 했는지 살펴볼까?

우주의 원리를 발견하다

서경덕의 학문은 전통적인 유학과는 많이 달랐어. 대개 공부를 하는 이유를 입신양명立身揚名, 즉 자신을 바로 세우고 세상에 이름을 떨치는 것을 목표로 삼지. 유학자들 역시 실력을 길러 벼슬에 나가는 게 관행이었어. 학문을 익혀 그것으로 세상을 조화롭게 잘 다스리고자 하는 게 유학의 중요한 덕목이거든. 최충, 안향, 이색 등이 높은 벼슬에 오른 것은 그것을 잘 증명하지.

하지만 서경덕은 달랐어. 그는 벼슬에는 관심조차 없었어. 오로지 진리에 더욱 가까이 다가가고, 더욱 높은 세계를 탐구하고자 노력할 따름이었지. 그 결과 그는 이미 스무 살 이전에 유교 경전을 모두 해득했다고 해. 그런 다음에는 전라도와 경상도의 유명한 산을 찾아다니며 공부를 계속 했어.

'이 세상의 처음은 어떻게 시작되었는가?'

'이 세상을 있게 한 원소는 무엇인가?'

이러한 의문 속으로 파고들어 마침내 그는 우주의 원리를 헤아리기에 이르렀어. 그 깨달음을 노래한 시가 『화담집』에 나온단다.

봄이 돌아오면 어진 덕이 베풀어짐을 보고

가을이 되면 위세가 발휘됨을 알며

바람이 자면 달빛이 밝게 비치고

비 개인 뒷면 풀이 더욱 향기롭네

알고 보면 모두가 음양의 변화로 말미암은 것이며

물건과 물건들은 서로 의지하며 존재하네

오묘한 기밀을 꿰뚫어 알고 나서

고요한 빈 방에 앉아 있으니 광채 더욱 밝네

세상은 모두가 서로를 의지하며 존재한다고 하지. 그것의 근본은 음양이며, 음양의 실체는 바로 '기氣'라는 결론에 도달한 거야. 경덕은 기 이전의 상태를 '태허'라고 했어. 태허는 『도덕경』이나 『중용』, 『대학』 등 유교 경전에서 말하는 도와 같지만, 그것보다는 좀 더 구체적이지.

'우주는 태허에서 시작되었다.'

태허에서 기가 나오고, 기는 다시 음과 양으로 나뉜다. 음양은 서로 밀고 당기며 우주의 오대 원소인 오행*을 만들어 내고, 오행의 작용으로 세상은 점점 구체적인 모습을 갖추게 되었다는 거야. 이는 『화담집』「태허설」에 자세히 설명되어 있는데, 모호하기만 한 도道를 보다 구체적으로 밝힌 획

*오행(五行)_ 우주 만물을 이루는 다섯 가지 요소로, 금(金), 수(水), 목(木), 화(火), 토(土)를 이른다.

기적인 이론이었어.

태허의 맑고 형체가 없는 것, 이를 일컬어 선천先天 : 천지 만물이 생기기 전의 세계, 그 근원이라 한다. 그 크기는 한이 없고, 그에 앞서는 아무런 시작도 없었으며, 그 유래는 추궁할 수도 없다. 그 맑게 비고 고요한 것이 기의 근원이다.

모든 것의 근원은 태허이고, 태허에서 기가 나와 물질 세상을 이루었다는 거야. 우리가 사는 보이는 세상은 기로 이루어졌다는 말이지.
"모든 것은 기에서 시작된다. 사람과 귀신과 사물의 삶도 모두 기의 모임과 흩어짐일 뿐이다. 그러므로 생명은 그 껍질을 벗을 뿐 기는 그대로 존재한다."
이로써 서경덕은 한국 기철학의 시조로 우뚝 서게 되었어. 중국에서 건너온 도학성리학이 한 차원 높게 발전하여 고유성을 갖게 된 거야. 그의 주장은 우주의 에너지는 항상 일정하다는 현대 물리학의 이론과도 같다고 해. 기는 불변하는 에너지인 거지. 이러한 걸 분명하게 파악하지 못해서 학문이 오리무중으로 헤매고, 노자나 석가마저도 도를 제대로 알고 전하기 어려웠다고 비판했어.

노자는 허무를 말했고, 석가는 적멸을 말했는데, 이것이 이기理氣의 근원을 알지 못한 때문이니, 어찌 도를 알 수 있겠는가? -『화담집』「태허설」

서경덕의 깨달음이 얼마나 높은지 알려 주는 구절이지. 도를 깨닫기로는 노자나 석가를 비판할 정도니까.

서경덕은 생활도 특이했어. 그의 학문은 성리학에 가깝지만 생활은 현묘지도를 익힌 신선과도 같았거든. 다음 시는 그러한 생활을 잘 표현하고 있지.

화담의 한 간 초가

신선의 집인 양 맑고 깨끗하구나

창 열면 산들이 모여들고

베개 밑에는 샘물의 노랫소리

골이 깊으니 바람은 맑고

땅이 외지니 나무도 날아오르듯 가지를 펼쳤구나

그 가운데 고요히 노니는 사람이 있으니

맑은 아침에 글읽기를 좋아한다네

유학자들은 신선에 대해 말하는 걸 꺼리거든. 하지만 서경덕은 스스로 신선의 삶을 산다고 했어. 더욱 놀라운 것은 겉으로 드러난 삶만 그런 게 아니라, 실제로 그에게는 비상한 능력이 있었다는 거야.

서경덕은 여름에도 부채질을 하지 않고, 겨울에도 화롯불을 쬐지 않았다고 해. 며칠씩 굶어도 얼굴빛이 밝고 기운을 잃지 않았고. 조선 중기에 이르러 명망 높은 선비와 기이한 술법을 부리는 사람이 많이 나왔는데, 모두 서경덕보다 아래였다고 해. 심지어 도술가로 유명한 전

우치*가 술법을 부리다가 서경덕한테 혼이
난 이야기가 『동패낙송』과 『화헌파수록』에
전해 온다니까.

"기는 사라지지 않는 영원한 것이다. 그것
을 익힌다면 죽음까지도 초월할 수 있을 것이다. 생명은 죽는 것이 아
니라 기가 모였다가 흩어지는 것일 뿐이니, 다시 때를 만나 모일 수도
있는 법이다."

이러한 서경덕의 가르침을 배우고자 하는 무리가 화담에 넘쳐났어.
조정에까지 서경덕의 소문이 들어갔지. 중종 때 대제학으로서 개혁정
치를 이끌던 조광조는 현량과를 뽑을 때 120명을 추천하면서 1번으로
서경덕을 꼽았어.

그러나 서경덕은 완곡하게 사양했어. 그저 깊은 산속에 화담이라는
초가를 지어 놓고 찾아오는 제자들을 가르칠 뿐이었지. 세상은 그런
그를 화담 선생이라 부르기 시작했어.

"선비는 학문에 전념하다가 때를 얻으면 반드시 벼슬에 나가 백성을
보살펴야 하는데, 왜 선생님께서는 굳이 산속에만 머물고자 하십니
까?"

제자들이 물으면 서경덕은 이렇게 대답하곤 했어.

"선비가 벼슬을 하지 않는 데는 대개 세 가지 이유가 있다. 포부가
있어도 때를 얻지 못하면 벼슬에 나가지 않는 것이 첫째요, 때를 만나
도 역량이 부족하면 안 되는 게 둘째 이유다. 그리고 역량이 있고 때를
만나도 자연과 더불어 살기를 좋아한다면 역시 출사하지 않으니 이것

*전우치_ 조선 중종 때 서울에서 미관말직으로 지내다가 사직하고 송도에 은거하며 도술가로 널리 알려졌다. 백성을 현혹시켰다는 죄로 옥에 갇혀 있다가 죽었는데, 뒤에 친척들이 이장하려고 무덤을 파 보니 시체 없이 빈 관만 남아 있었다고 한다.

이 세 번째 이유가 된다."

아마도 서경덕은 실력은 충분하나 때를 얻지 못한 듯싶어. 조광조가 천거했으나 그 때가 좋지 않아 출사하지 않은 거지. 그리고 산수를 좋아하고 정치보다는 학문을 좋아하는 성정도 벼슬에 미련을 버리게 했을 거야.

중종 당시, 벼슬아치들은 훈구 대신들과 사림파로 나뉘어 심한 권력 다툼을 벌였잖아. 결국 훈구파의 계략으로 사림의 중심인 조광조가 죽는 기묘사화가 일어났지. 만일 서경덕이 조정에 들어갔더라면 그도 무사하기 어려웠을 거야. 어쩌면 그는 그런 앞날을 내다보고 피했는지도 모르지.

하지만 그런 아들의 행동이 부모는 이해되지 않았던가 봐. 수의부위라는 낮은 벼슬을 지낸 그의 아버지는 아들이 크게 출세하기를 바랐지. 누에치기와 농사로 겨우 살아가면서도 언젠가는 아들이 정승 판서가 되어 부모와 조상을 빛내리라고 기대했거든. 그런데 조정에서 불러도 가지 않고 벼슬을 내려도 사양하니 기가 막힐 지경이었지.

"대체 너는 학문을 해서 뭘 하자는 거냐. 학문을 익혀 자신을 바로 세운 다음에는 마땅히 세상에 나아가 부모의 이름을 빛내야 하느니라. 지금이라도 늦지 않았으니 과거를 보거라. 세상에서는 네가 이름만 높았지 실력이 없다는 소문까지 있단 말이다."

오래도록 기다리던 아버지가 엄명을 내렸어.

"소자 부모님의 뜻에 따라 과거를 보겠습니다. 하지만 벼슬에는 나가지 않겠습니다."

서경덕은 마흔이 넘은 나이에 지방 과거를 보았어. 물론 상대할 자가 없는 장원 급제였지. 실력을 증명한 서경덕은 다시 화담으로 돌아와 학문에만 전념했어.

그 후 조정에서 다시 서경덕에게 후릉 참봉 벼슬을 내렸어. 대학자에게 왕족의 무덤을 관리하는 직책이라니 참 어울리지 않지. 하지만 이는 조정에 나오지 않아도 월급을 주겠다는 말이었어. 서경덕은 이마저 사양했다니, 세속의 명예와 부귀는 이미 초월한 거지.

그저 마음이 편안할 뿐이다

서경덕이 살던 당시에 송도삼절이라는 게 있었어. 송도에서 유명한 세 가지인데, 사람들은 이렇게 말하곤 했어.

"송도의 삼절은 그 첫째가 박연폭포요, 둘째는 화담 선생 서경덕이며, 셋째는 기생 명월황진이로 친다."

이는 세간에 떠돌던 말이라는 설과 황진이가 스스로 지어낸 말이라는 설이 있어. 그 유래야 어찌되었든, 황진이로 인해 서경덕의 이름은 더욱 널리 알려지게 된단다.

송도의 기생 황진이는 당시 가장 유명한 시인이었어. 황진이의 시는 오늘날까지 전해져 중·고등학교의 국어 교과서에까지 실려 있을 정도니까. 물론 황진이는 기생이니 춤도 잘 추고 거문고도 잘 탔으며, 인물도 빼어났어. 얼마나 예뻤는지 화장을 하지 않아도 은은한 향기가 나고 선녀가 막 하강한 것 같다고 했어. 게다가 지조 높고 자존심도 아주 강했지. 어지간한 부자나 벼슬아치는 거들떠보지 않았어. 자신이 정말 좋아하거나, 학문과 인품이 높은 인물들하고만 시를 주고받으며 즐겼다고 해.

그런 한편 고상한 척 점잔을 떠는 사람은 두고 보지 못하는 성미였어. 자신의 미모와 재주로 유혹하여 넘어뜨리곤 했지. 허풍 세고 잰 체하기 좋아하는 남자들의 위선을 통쾌하게 깨부수었지.

이런 황진이가 같은 송도에 사는 서경덕을 그냥 놔둘 리가 없잖아.

"흥, 혼자 고상한 척 신선 흉내를 낸다지. 어디 나한테도 안 넘어가나 보자."

황진이는 예쁘게 치장을 하고 몸에 향낭을 품은 채 화담으로 갔어.

"선생님께 가르침을 받으러 왔습니다."

서경덕도 황진이에 대해선 웬만큼 알고 있었어. 자신을 유혹하기 위해 왔다는 걸 알고서는 태연하게 공부를 가르쳤지.

황진이는 공부하는 척하며 은근히 유혹해 봤으나 헛일이었어. 춤을 추고 술을 권하며 꼬드겨도 보았으나 역시 허탕이었지. 서경덕은 그저 미인을 꽃을 보듯 즐길 뿐, 품에 안을 생각은 없는 듯했어.

'흥, 그렇다고 내가 그냥 물러갈 줄 알면 오산이지. 잘난 척 뻐기던 왕족 벽계수랑 30년이나 토굴에서 수행한 지족 선사도 내 앞에 무릎을 꿇었는걸.'

며칠을 허탕 친 황진이는 최후의 방법을 쓰기로 작정했어.

"이제 그만 할까. 벌써 해가 졌구나."

서경덕이 책을 덮자 황진이는 갑자기 앞으로 고꾸라졌어.

"아이고, 배야!"

황진이는 데굴데굴 구르며 죽는 시늉을 하였어.

“선생님, 배 좀 주물러 주세요. 내장이 끊어지는 것 같아요!”

치마끈을 풀어 배를 드러낸 황진이가 엄살을 떨었지.

“그래, 어디 보자.”

서경덕은 태연히 황진이의 배를 쓸어 주었어. 그러면서도 얼굴빛 하나 변하지 않는 거야.

‘설마 밤이 깊으면 욕심이 생기겠지.’

황진이는 함께 밤을 샐 작정이었어. 이따금씩 몸을 뒤채며 맨살을 드러내거나 배를 쓸어 달라고 소리를 질러 댔지. 그러면 책을 읽고 있던 서경덕은 군소리 없이 원하는 대로 배를 만져 줄 뿐이야. 그러자 마침내 제풀에 지친 황진이는 잠에 빠지고 말았어.

어느덧 새벽 어스름이 밝았지. 정신이 든 황진이는 옷을 거의 벗다시피 한 자신을 발견했어. 깜짝 놀랐으나 이불이 고이 덮여 있을 뿐 아무 일도 없었어.

“일어났느냐?”

독서대 앞에 꼿꼿이 앉아 책을 읽고 있는 서경덕이 황진이의 눈에 태산처럼 크게 보였지.

“비천한 소녀가 감히 선생님을 시험하였습니다. 이미 높은 세계에 도달해 계신 분임을 몰라보았습니다. 용서하십시오.”

비로소 황진이는 서경덕의 학문과 인품을 인정하고 무릎을 꿇었어.

그 후 황진이는 기생 일을 그만두고 새로운 공부를 했다고 해. 예전에 서경덕이 그랬듯이 금강산을 비롯한 명산대천을 찾아다니며 공부를 했지. 서경덕을 평생의 스승으로 모셨다고도 해. 서경덕은 이처럼 모든 부귀, 명예, 욕망까지 초월한 진정한 선비였어.

　서경덕의 학문을 가장 잘 이해한 임금은 어쩌면 인종이었을 거야. 그는 왕세자 시절부터 성리학에 몰두했어. 8세에 성균관에 들어가 공부했는데, 항상 검소하게 자신을 수양하며 공부했어. 왕도정치를 할 준비를 착실히 닦은 거지. 그런 그가 임금이 되면 서경덕을 재상으로 삼을 생각까지 품고 있었다고 『금계필담』*은 전해.

　실제로 서경덕도 인종에게 관심이 많았나 봐. 중종이 벼슬을 내리고 조정으로 불러도 사양하더니, 인종이 임금이 되자 상소를 올려 올바른 임금이 되도록 간언했거든.

　그러나 보위에 오른 지 채 1년도 못 되어 인종은 31세로 세상을 떠나고 말았어. 인종의 승하는 조선 선비들에게 깊은 절망을 안겨 주었지. 정승들이 '이제 우리가 다시 크게 일어서기는 어렵게 되었도다!' 라고 한탄할 정도였어.

　아, 그런데 참으로 이상한 일이지 뭐야. 인종이 죽자 서경덕은 삶의 의욕을 잃고 자리를 보전하고 누웠어. 그런지 딱 일 년 만에 세상을 떠나게 된 거야.

　1546년 칠석날7월 7일이었어.

　서경덕은 개울로 가서 목욕을 하고 와서는 가족과 제자들을 불렀어.

　"이제 그만 인연이 다하였으니 이 세상을 떠나려 한다."

　그때 한 제자가 물었어.

"선생님, 지금 심정이 어떠하신지요?"

서경덕이 대답했지.

"삶과 죽음의 이치를 이미 오래 전에 알았으니 그저 마음이 편안할 뿐이다."

이 말을 남긴 서경덕이 자는 듯이 고요히 눈을 감으니, 향년 58세였어.

참 이상하지. 신선처럼 살던 그가 환갑도 못 넘기고 갑자기 죽다니. 하지만 보통 사람의 죽음과는 다른 무엇이 있을 것 같지. 어쩌면 할 일을 다 마쳐 육신의 껍질을 벗고 더 높은 세계로 간 것인지도 몰라.

서경덕은 화담 뒷산 양지 바른 곳에 묻혔어. 그의 비석에는 '생원 서

황해남도 개성시 송도 호숫가에 있는 서경덕의 묘

경덕의 묘'라고만 간단하게 새겨졌어. 훗날 선조는 그에게 우의정을 추증하고 '문강'이란 시호를 내렸어. 일개 생원에게 정승 벼슬을 내리다니, 그의 학문과 영향력이 얼마나 컸는지 알 만하지. 물론 그런 걸 화담 선생은 조금도 달가워하지 않겠지만 말이야.

한국의 학문을 한 차원 끌어올린 화담 선생 서경덕, 그는 사대주의에 젖은 고려와 조선의 유학을 '기철학'이라는 새로운 관점으로 정립했어. 그로부터 한국의 학문은 고유의 전통성을 되찾아 중국을 넘어서게 되었지. 후배인 이황과 이이가 성리학을 집대성한 것도 그의 터닦음에 힘입은 바가 크다. 성균관 교수였던 홍인우*가 이황에게 보낸 편지에 스승인 서경덕을 이렇게 평했어.

*홍인우_ 조선 전기의 성리학자이다. 서경덕과 이황의 문인이었으며, 사마시(생원과 진사를 뽑던 과거)에 합격하였으나 관직에 나가지 않고 학문에만 정진하였다. 지은 책으로 『치재유고』, 『관동일록』 등이 있다.

화담은 진실로 우리 동방의 호걸 인재이다. 도와 덕의 깊고 낮음을 함부로 논할 것은 아니지만, 참으로 도를 아는 사람이니 어찌 가볍게 여기겠는가. ─홍인우 『자록』

제9장 성리학의 집대성자 이황

선생이황은 우리나라에 성현의 도가 끊어진 뒤에 탄생하여
스승도 없이 초연히 도학을 이루었다.
그의 가르침은 백대 후에까지 영향을 끼칠 것이다.

― 정자중 「언행통술」

영남 공자와 문둥이 선녀

경상도 상주군 함창에 한 부자가 살았어. 그는 학식이 높고 성품까지 어질어서 사람들이 영남 공자라고 칭송했거든.

눈보라가 매섭게 몰아치는 겨울날, 누군가 대문을 두드렸어.

"문 좀 열어 주세요!"

하인이 대문을 여니 허름한 거지 여인이 바들바들 떨고 있거든.

"추운데 어서 들어오소."

주인을 닮아 하인들도 친절했지. 그런데 막상 집 안으로 들이고 보니 문제가 생겼어. 처음엔 천으로 둘둘 감아 몰랐는데, 감은 것을 풀고 보니 문둥이였던 거야. 일그러진 얼굴에 고름이 줄줄 흐르고 손발은 문드러져 고약한 냄새마저 풍겼어.

"에잇, 더러운 것 같으니. 썩 나가라!"

하인들이 고함을 지르며 여인을 쫓아내려 했지. 그때 주인 영남 공자가 나섰어.

"가만 두어라. 우리 집에서마저 쫓아낸다면 이 추운 겨울에 어찌 목숨을 부지하겠느냐. 부엌에서라도 자게 해 주어라.”

“예, 나리.”

하인들은 문둥이 여인에게 밥을 주고 잠자리를 마련해 주었어.

밤이 되자 문둥이 여인이 다시 문제를 일으켰어. 도무지 추워서 못 자겠다며 소리내어 우는 거야. 울음소리는 구슬프고 애절했어. 하지만 누가 문둥이랑 한방에서 자려고 하겠니. 그런데 또 영남 공자가 하인에게 명하는 거야.

“내 방으로 데리고 오너라.”

문둥이 여인은 사양하지 않고 방으로 들어와 윗목을 차지했어. 그러고는 드르렁 코를 골며 잠에 빠져들었지.

“엉!”

깊은 밤, 영남 공자는 잠에서 퍼뜩 깨어났어. 문둥이 여인이 따뜻한 아랫목으로 굴러와 주인의 이불 속으로 파고들지 뭐야. 남녀가 유별한 세상인데, 여인이 이불 속으로 들어오다니!

하지만 영남 공자는 놀라지 않고 가만히 문둥이 여인의 다리를 이불 밖으로 밀어냈어. 그런데 다시 잠이 들 만하면 또 문둥이 여인이 파고 들었어. 그때마다 영남 공자는 조용히 여인을 밀쳐 낼 뿐이었어.

그렇게 하룻밤을 지낸 문둥이 여인은 날이 밝자 고맙다는 말도 없이 사라져 버렸어. 영남 공자는 아무 말도 안 했지만 하인들은 욕을 해 댔어.

“천하에 고약한 것 같으니. 그렇게 고마움을 모르니 하늘이 문둥병을 내리지.”

그런데 며칠 뒤 그 문둥이 여인이 다시 찾아왔어. 늦은 밤에 와서는 마치 자기 집인 듯 주인 방으로 썩 들어가서는 그전처럼 자는 거야. 영남 공자는 내쫓지 않고 그대로 두고 보았어. 이런 일이 몇 번이나 되풀이되었거든.

"아유, 저러다가 우리 나리도 문둥병에 걸리실 텐데."

온 집안 식구의 걱정이 태산이었지.

그러나 정작 영남 공자는 아무 일 없는 듯이 담담하기만 했어.

그렇게 겨울이 지나고 봄이 되었어.

"그간 안녕하셨습니까?"

꽃들도 화창한 날, 눈부시게 어여쁜 여인이 찾아와 영남 공자에게 다소곳이 인사를 하지 않겠어. 차림새나 걸음걸이, 말씨며 풍기는 향기가 세상 사람 같지 않았어.

"누구신지……?"

영남 공자가 의아해하자 여인은 다짜고짜 큰절을 올렸어.

"지난 겨울 여러 차례 한방에서 지냈는데 벌써 잊으셨습니까?"

그녀는 바로 문둥이 여인이었던 거야.

"세상에, 환골탈태라더니. 애벌레가 나비가 된 것만 같아 몰라보았소. 대체 이게 어찌 된 일이오?"

여인은 비로소 속내를 털어놓았어.

"실은 저는 선계의 선녀입니다. 나리께서 덕이 높다기에 시험해 보았는데, 과연 헛말이 아니더군요."

선녀는 크게 감사를 표한 후 돌아갈 때 이상한 말을 남겼어.

"안뜰에 집 한 칸을 정결하게 지어 산실_{産室} : 아이 낳는 방로 쓰되, 반드시 생원님과 성이 같은 사람이 사용하게 하십시오."

영남 공자는 선녀가 지시한 대로 위치와 방향을 맞게 하여 산실을 지었어. 자신의 집에서 귀한 아이가 태어날 걸로 믿었지. 하지만 산실로 들어간 며느리들은 고통만 겪다가 아이도 못 낳고 나오곤 하는 거야.

그러던 어느 날, 시집간 딸이 가마에 실려 들이닥쳤어.

"장인어른, 집사람이 아이를 낳을 때가 되었는데 온몸에 두드러기가 나고 먹지도 못합니다. 이러다가 죽을지도 모르겠다며 친정으로 가자고 보채는 통에 데리고 왔습니다."

사위의 말을 듣고서야 영남 공자는 퍼뜩 떠오르는 게 있었어.

'아, 나와 성이 같은 사람이라면 바로 내 딸이 아니겠는가!'

영남 공자는 즉시 산실을 열고 딸을 들여보냈지.

희한하게 딸은 금세 곧 안정을 찾았어. 두드러기도 사라지고 밥도 잘 먹는 거야. 그리고 며칠 후, 사내아기가 우렁찬 고고를 터뜨렸어.

"오, 이 방은 너를 위해 지어진 것이로구나!"

영남 공자는 외손자를 안고 덩실덩실 춤을 추었어. 이날 태어난 아이가 바로 이황이란다.

자가 경호인 이황은 1501년 경상도 예안에서 태어난 걸로 되어 있어. 지금의 안동시 도산면 온혜리인데, 바로 도산 서원이 있는 근처야. 고향이 그곳이긴 하지만, 거기는 부친의 고향일 테지. 위 『청구야담』*

*『청구야담』_ 조선 후기의 민담과 야담을 한문으로 기록한 소설집이다. 조선 후기의 사회를 사실적으로 그려 당시 풍속, 언어, 관습 등을 알 수 있다. 작가와 연대는 알려지지 않는다.

의 이야기대로라면 실제로 태어난 곳은 외가인 함창임을 알 수 있지. 예전엔 외가에서 나고 자라는 게 일반적이었거든.

이황은 7남 1녀 가운데 막내였어. 이황의 아버지 이식은 학문이 높았으나 초시에 합격하고는 대과를 보지 않았어. 그런데 이황이 태어난 지 7개월 만에 숨을 거두고 말았어. 그럼에도 이황은 어머니 박씨 부인의 자애로운 보살핌으로 공부에 전념할 수 있었지. 숙부 이우 역시 뛰어난 학자여서 이황은 주로 숙부에게 학문을 익혔어. 그의 총명함은 자주 숙부를 놀라게 했는데, 18세에 지은 시를 보면 이황의 성정이 아주 잘 드러나.

곱디고운 이슬에 젖은 풀잎
푸른 언덕을 둘렀고
작은 연못은 모래도 없이 맑아
구름이 날고 새가 지나가는 것을
그대로 비추어 주는데, 다만
이따금씩 제비가 물결을 찰까 걱정이구나

집에서 가까운 연못을 보고 읊은 시야. 그의 성정이 물처럼 맑음을 알 수 있지. 또한 그 맑음을 방해받고 싶지 않은 도학자의 일면도 엿보여. 제비가 물결을 차도 운치가 있을 텐데, 그것보다는 더욱 고요히 학문에 몰두하고 싶은 게지. 훗날 조정에서 누차 불러도 자꾸만 고향으로 돌아가 학문에 전념한 그의 삶도 이런 마음에서 비롯되었을 거야.

서울살이는 멍에를 쓴 것 같아

　조선 중기는 사림의 부흥기이면서도 시련기였어. 조광조 이후 성리학의 열풍으로 삼천리 방방곡곡에 책 읽고 수양하는 선비가 많아졌지. 그런데 그들이 벼슬길로 나갔다가 어이 없이 떼죽음을 당하는 사건이 잇따라 터졌어.

　연산군이 일으킨 무오사화와 갑자사화, 중종 때 조광조가 희생된 기묘사화는 선비들을 죽음의 골짜기로 몰아넣었지. 그 때문에 선비들은 벼슬을 멀리하고 향리에 몸을 숨긴 채 학문에 전념하는 일이 많아졌어. 이황의 부친과 숙부가 대과에 응시하지 않은 것도 이런 배경이 있었던 거지.

　하지만 젊은 이황의 생각은 달랐어.

　"선비가 바른 도를 배워 정치를 하지 않는다면 나라가 어찌 되겠는가. 조정은 간신들만 들끓을 것이고 백성은 그 등쌀에 허리 펼 날이 없을 것이다. 마땅히 올곧은 선비가 조정에 진출하여 바른 도를 펼쳐야 한다."

『어유야담』과 『금계필담』에는 이황의 그러한 생각을 잘 드러낸 일
화가 있어.

젊은 시절 이황은 여행을 매우 좋아했어. 공부로 흐트러진 건강을
추스리고 산천의 아름다움을 마음껏 느끼기 위해서였지.

그런 어느 날, 이황이 깊은 산속의 절에 이르렀을 때야. 그가 밤에
달빛 아래서 『주역』을 읽는데, 막히는 부분이 있었어. 그런데 왠 늙은
중이 그것을 자세히 풀어주는 거야.

'아, 이 분은 바로 허암 선생이 아닌가!'

허암 정희량은 연산군시대에 가장 뛰어난 학자였어. 당시 벼슬살이
를 하던 그는 사화가 닥칠 걸 알고 산속으로 숨어 버렸거든. 아버지의
상을 치르러 고향에 내려왔다가 무오사화가 일어나기 전날 강에 빠져
죽은 척하고 도망친 거야. 그 뒤 중종반정으로 연산군이 쫓겨나고 조
정에서 그를 백방으로 찾았지만 나타나지 않았거든. 그런데 이황이 애
기를 해 보니 높은 학식과 읊어대는 시가 영락없는 정희량이지 뭐야.

"지금 새 임금이 보위에 올라 어진 선비들이 조정에 나왔는데, 오매
불망 찾는 허암 선생은 오히려 몸을 감추고 나타나지 않으니 그것은
잘못된 것이 아닐까요?"

이황이 중의 마음을 떠보려 말했어. 때는 조광조가 신진 사림과 더
불어 개혁 정치를 하는 중이니 허암 같은 학자가 가서 이끌어 주어야
한다는 뜻이었지. 하지만 늙은 중은 끝내 자신의 정체를 밝히지 않고
서 허암을 비판했어.

"허암은 선비로서 세 가지 잘못을 저질렀으니 세상에 다시 나와서

는 안 될 것입니다."

"세 가지 잘못이라니요?"

"첫째는 부모님 상조차 마저 치르지 않고 숨었으니 불효를 한 것이요, 많은 동료 선비들이 비바람에 떨어진 꽃잎처럼 죽어 갔는데 홀로 살아 의리를 저버렸으니 두 번째 잘못입니다. 그리고 신하된 자로서 죽은 체하고 숨어서 임금을 속인 건 불충에 해당하니 세 번째 잘못이지요. 이런 자가 세상에 나선다면 어찌 올바른 도가 펼쳐지겠습니까?"

말을 마친 중은 문을 나서더니 훌쩍 어디론가 떠나 버렸어.

"아, 스스로 자신의 잘못을 깨닫고 꾸짖고 벌을 받으니 참선비로다!"

이황은 그 뒤로도 정희량을 두고두고 존경했대. 하지만 젊은 이황은 정희량과 달리 포부가 있었어. 자신의 학문과 덕성으로 정치를 해 보고 싶었던 거지.

"내 이제 잠시 세상으로 나가 업적을 쌓아 보리라."

27세에 진사가 된 이황은 서울로 가 성균관에 들어갔어. 거기서 김인후*, 김안국* 등과 교류하며 학문의 깊이를 더했지. 그리고 34세인 1534년에 대과에 급제하여 승문원 부정자가 되어 본격 벼슬길에 나섰어. 그 후 홍문관 수찬, 성균관 대사성 등 학사직을 맡아 일하였어. 그의 학문이 널리 알려지게 된

*김인후(1510~1560)_ 조선 중기의 문신이다. 1540년(중종 35)에 문과에 급제하고, 세자였던 인종을 가르쳤다. 인종이 즉위하여 8개월 만에 사망하고 을사사화가 일어나자 고향으로 돌아가 성리학 연구에 전념하였다.

*김안국(1478~1543)_ 조선 전기의 문신이자 학자이다. 대사간, 경상도관찰사, 예조판서 등을 지내며 성리학의 실천과 보급에 온 힘을 기울였다. 지은 책으로 『모재집』, 『이륜행실록』, 『동몽선습』 등이 있다.

건 이때의 활동을 통해서일 거야.

하지만 오래지 않아 이황은 벼슬살이가 싫어졌어. 사람이 많은 서울이 답답했고, 온갖 나쁜 꿍꿍이가 오가는 정치에 염증을 느낀 거지.

"왜 사람들은 배운 대로 행동하지 않는 것인가?"

올바른 정치는 뒷전이고 이익을 챙기려는 벼슬아치들의 태도에 무척 실망했지. 그는 기회만 되면 벼슬을 내놓고 서울을 떠났어. 그가 서울살이를 얼마나 싫어했는지 잘 보여 주는 시가 있어.

삼 년 동안 서울에서 맞은 봄은

말이 멍에를 쓴 것 같았네

따져 보매 무슨 유익이 있었나

밤낮으로 임금의 은혜만 부끄러웠네

내 집은 낙동강 윗줄기

기쁘고 즐겁고 한가한 곳이라네

이웃 사람들은 농사를 짓고

닭과 개는 울타리를 지키고

고요한 서재의 책상에는 책들이 가득하다네

푸른 연기 붉은 노을 개울에 비치고

물속에 물고기 흥겹게 나는 새들

소나무 아래엔 학과 아이들이 노니네

즐거워라 산속에 사는 사람

돌아가 술이나 빚을까 하노라

서울 용산구 남산공원에 있는
이황 동상

이황의 소원은 고향으로 돌아가 자연 속에서 공부하며 사는 거였어. 애초 제비가 연못의 물을 차서 소란스럽게 할까 봐 염려하던 그의 본성이 정치에 맞지 않았던 거지. 그는 여러 번 벼슬을 내놓으려 했으나 중종 임금은 그를 놔주지 않았어. 그 때문에 이황은 병을 핑계로 물러나기도 하고, 사가독서를 명받아 집에서 공부하기도 했지.

임금은 이황을 기어이 잡아두려 했어. 그럼에도 이황이 고집을 꺾지 않자 고향 근처의 수령으로 임명했어. 나라 안의 대학자가 단양 군수, 풍기 군수를 역임한 건 그 때문이야.

이황이 벼슬에서 완전히 물러나기로 작정한 것은 을사사화*로 인해서였어. 조정은 윤원형 일파의 차지였고, 그의 일족이 어린 왕을 마음대로 주무르며 정치를 좌지우지했지.

"아, 저 기묘년에 이미 정암조광조 선생이 간신들에게 당한 걸 보았을 때 벼슬에 나오지 말았어야 했을 것을!"

고향으로 돌아온 이황은 토계라는 곳에 암자를 짓고 공부에 빠져들었어. 이때 그는 토계를 퇴계退溪라 고치고 호로 삼았는데, 골짜기 개울로 물러났다는 뜻이야.

젊은 명종은 이황을 다시 조정으로 불렀으나 이황은 가지 않았어. 그러자 명종은 이황

*을사사화_ 조선 명종 즉위년(1545)에 일어난 사화이다. 인종이 죽자 새로 즉위한 명종의 외척인 윤원형이 인종의 외척인 윤임 일파를 몰아내는 과정에서 사림이 크게 화를 입었다.

이 사는 도산으로 화원을 보내 그곳의 풍경을 그려 오게 했어. 그리고 그림으로 병풍을 만들어 두고 보며 늘 이황의 가르침을 생각했대.

명종의 뒤를 이은 선조도 이황을 스승으로 섬겼어. 이때 이황은 간청에 의해 잠시 조정에 나갔는데, 임금이 나라를 다스릴 방안을 적은 『성학십도』*를 지어 바치고는 다시 고향으로 돌아왔단다.

*『성학십도』_ 1568년(선조 1)에 유학자 이황이 성학(聖學)과 심법(心法)의 요점을 설명하기 위하여 여러 성리학자들이 그린 그림과 자신의 의견을 더하여 만든 책이다.

사람이 말보다 중요하다

　　이황을 일컬어 성리학의 완성자라고 평가해. 중국에서 발생한 유학이 송나라 시절 주자에 의해 성리학으로 부흥했거든. 그러한 성리학을 완성한 사람은 중국 학자가 아니라 조선의 이황이었어. 이는 중국인과 일본인이 모두 인정한 사실이야.

　　이황의 학문이 과연 어떤 것일까 궁금하지?

　　서경덕이 우주의 기원과 운행이 기에서 비롯되었다고 했지. 퇴계는 이를 좀 더 자세히 밝혀 이理와 기氣로 나누어 설명했어.

　　이라는 것은 완전히 순순한 것으로 하늘로부터 받은 성性 : 성품에서 나온다고 해. 맹자는 일찍이 인간의 성정을 사단칠정四端七情으로 정의했거든. 그 가운데 사단은 이로 말미암아 생기고, 칠정은 기로 말미암아 생긴다고 해. 그런데 기 속에도 이가 있다고 이황은 주장했어.

　　좀 어렵지. 하지만 유학의 가장 중요한 알짜이므로 그냥 지나칠 수는 없어. 깊이 이해하기는 어렵더라도 그 얼개라도 알아두면 나중에라도 도움이 될 거야.

자, 좀 쉽게 설명해 볼게.

사단칠정에서 사단은 네 가지 타고난 성품을 말해. 첫째 측은지심惻隱之心은 만물을 불쌍하게 여기는 마음이니 인仁 : 어진 마음에서 나오고, 둘째 수오지심羞惡之心은 악을 미워하는 마음이니 의義 : 착함, 의로움에서 나오지. 셋째 사양지심辭讓之心은 양보하는 마음이니 예禮 : 예의에서 나오고, 넷째 시비지심是非之心은 옳고 그름을 가리는 마음이니 지智 : 지혜, 깨달음에서 나온다는 거야.

이러한 사단은 모두 올바르고 착한 것이지. 이는 하늘로부터 받은 인간의 본성이므로 악한 부분이 없어. 그래서 맹자는 성선설을 주장한 거야. 이황은 이 사단을 움직이는 근원이 바로 이라고 주장한 거야.

칠정은 하늘로부터 받은 게 아닌 인간이 땅의 육신으로 존재하면서 생긴 일곱 가지 마음이야. 희喜 : 기쁨 로怒 : 성냄 애哀 : 슬픔 구懼 : 두려움 애愛 : 집착, 사랑 오惡 : 미움 욕欲 : 욕심으로 풀이할 수 있어.

칠정을 기의 움직임으로 보고 기질이라고도 해. 사단이 순수하고 좋은 것인데 비해 칠정은 좋을 수도 있고 나쁠 수도 있어서 순수하지 않아. 그리고 칠정은 외부의 충격에 의해 여러 가지 상황으로 변화되어 일어나. 사랑이 지나치면 간섭과 집착이 되는 것처럼 칠정이 지나치면 마음과 육신을 해롭게 해. 그리고 내부에서 본래 존재하는 게 아니라 외부의 영향으로 생긴다는 점이 사단과는 다르단다.

이러한 이황의 사상은 기대승*과 주고받은 편지에 잘 나타나 있어. 이황은 제자나 다름

*기대승(1527~1572)_ 조선 중기 선조 때의 성리학자이다. 벼슬이 대사간에 이르러 정치를 개혁하고자 하였으나 뜻을 이루지 못하고 벼슬을 그만두었다. 32세에 이황의 제자가 되어 이황과 사단칠정을 주제로 12년 동안 편지를 주고받았다. 지은 책으로 『주자문록』, 『고봉집』 등이 있다.

없는 기대승을 명언明彦 : 밝고 큰 선비이라 부르며 자신의 학술을 강의하였고, 기대승은 반론을 펼치면서 더 깊은 공부를 했지. 그 편지가 『퇴계집』에 전하는데, 조금 살펴볼까.

먼저 기대승이 물었어.

천지의 성性은 비유하면 하늘의 달이고, 기질의 성은 물속의 달에 비유됩니다. 달이 비록 하늘에 있고 물속에 있어 서로 다른 듯하지만, 그것이 달인 점에서는 한가지입니다.

그런데 칠정의 밝고 흐림은 물의 청탁 때문이지만, 사단의 절도에 맞지 아니한 것은 비록 빛은 밝지만 물결의 움직임을 면할 수 없기 때문입니다. 바라옵건대, 이 도리로써 다시 생각하여 보심이 어떠하실지요?

기대승은 사단보다는 기질인 칠정을 중시했어. 그래서 후세가 주기학파로 분류했지. 반면에 이를 중시한 이황은 주리학파가 되었는데, 이 편지에서 서로의 관점 차이가 딱 드러나지. 그럼 이황의 답변을 볼까.

하늘이든 물속이든 비록 같은 하나의 달이라 하더라도 하늘의 것은 '진짜'이지만 물속의 것은 특히 '빛그림자'일 뿐입니다. 그러므로 하늘의 달을 가리키면 실상을 얻지만 물속의 달을 잡으면 얻지 못합니다.

보이는 현상은 달이 물결에 좌우되지만, 도를 닦을 때는 그 실상을 얻기 위해서 진짜를 바로 알고 가져야 한다는 뜻이지. 또한 물속의 달은 물의 상황에 따라 언제든지 변화되고 없어질 수 있지만 하늘의 달은 언제나 변함없잖아. 진리인 사단도 그렇게 변함이 없다는 거지. 그러므로 칠정보다는 사단이 중요하다는 주장이야.

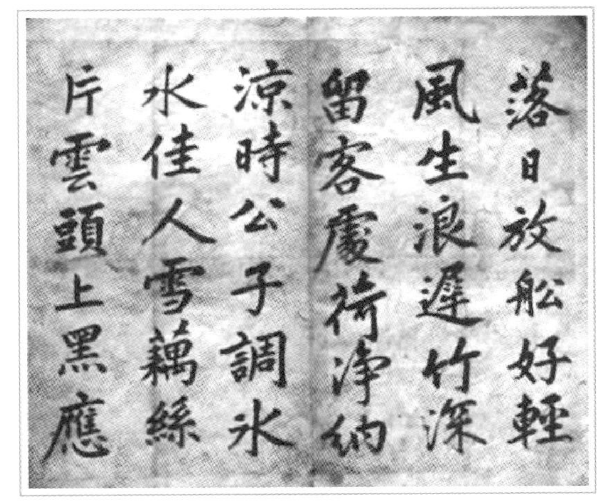

퇴계 이황이 제자 천호문에게 써 준 글

편지로서 이렇게 깊은 철학을 논의하는 건 선비들의 멋이기도 했어. 젊은 시절의 이황은 논쟁을 좋아하여 다른 사람을 이기려는 뜻이 강했어. 그런 그가 나이 50이 되어서야 비로소 학문의 참맛을 알았다고 해. 젊은 혈기와 욕망을 모두 접은 다음에야 온전히 마음을 비워 학문의 길을 갈 수 있었다는 말이야. 그래서 한참 어린 후배 학자에게도 친절하게 설명하는 편지를 주고받을 수 있었던 거지.

이황은 주리파로서 이를 중시하였지만, 그렇다고 기를 무시하는 건 아니었어. 사단에서 이가 일어나면 기가 따라서 움직이고, 칠정의 기 속에는 이도 포함되어 있다고 했거든. 좀 더 쉽게 비유를 들어 설명하기도 했어.

"옛사람이 비유로 잘 말하였도다. 이와 기의 관계는 사람이 말을 탄 것과 같다. 즉 사람은 이라 할 수 있고 말은 기라 할 수 있다. 사람이 말보다 중요하며 사람이 말을 부리는 것이다. 말이 마음대로 하려 하면 사람이 통제하여 바른 길로 이끈다. 마찬가지로 사람은 칠정의 넘침으로 잘못을 저지르려 하면 즉시 사단에 마음을 모아 이겨 내야 하는 것이다."

말이 움직이는 것 같지만 실은 사람이 조종하잖아. 그처럼 기가 직접적으로 표현된다 하더라도 그 안에서 이가 작용하여 움직인다는 거지. 이러한 이론을 이가 발하면, 기운이 따른다는 뜻으로, '이발기수理發氣隨'라고 하고, 기가 발하면 마음이 올라타고 조종한다는 뜻으로 '기발이승氣發理乘'이라고 해. 이렇게 이도 발하고 기도 발한다는 게 주리론의 핵심인 '이기호발설理氣互發說'이야. 이와 기가 서로 다르니 '이기이원론理氣二元論'이라고도 해.

이러한 이황의 이기이원론은 나중에 율곡의 이기일원론과 대립이 돼. 이이가 이와 기는 나눌 수 없는 것이고, 기 속에도 이가 있어 기와 이가 동시에 발한다는 '기발이승일도설'을 주장하거든. 이건 매우 중요하고도 어려운 이론이니까 여기서 미리 한번 새겨 두자. 좀 쉽게 말하면, 이황의 사상은 행위보다는 마음과 이론에 중점을 둔 것이라 생각하면 돼. 그것이 실행을 중시하는 이이의 학설과 다르다는 것을 알아 두렴.

매화에 물을 주어라

이황의 학문은 도산에 터를 잡으면서 더욱 깊어졌어. 여기서 그는 마음껏 공부하고 수양하고 제자들을 길렀어. 그가 처음 도산에 터를 잡은 것은 대사성에서 물러난 57세 때야.

"오, 비로소 내가 의탁할 곳을 얻었도다!"

그는 이렇게 기뻐하면서 도산을 떠나지 않았어. 그 후 이황은 더욱 자연을 사랑하고 너그러워져서 도인과 같은 생활을 즐겼어. 실제로 그는 그다지 건장한 사람은 아니었어. 게다가 젊은 시절에 지나치게 공부에 몰두하다가 건강을 해치기도 해서 약한 편이었거든. 그래서 『활인심방』이라는 책을 지었는데, 도인 체조로서 건강을 지키는 방법이 자세히 나와. 그 방법대로 생활하여 그는 칠순에 이르도록 건강하게 살았어. 그의 죽음에 얽힌 일화는 마치 도학자의 죽음이 어떠해야 하는지 잘 보여 준단다.

1570년 겨울 끝 무렵이었어.

노환으로 누워 있던 이황은 자리를 털고 일어나 서당으로 나왔어.

곧 임종할 것을 짐작한 가족들이 조심조심 뒤를 따랐지. 서당에는 매화 화분이 있었는데, 막 꽃이 벙글어 은은한 향기를 풍겼어.

“애, 저 매화에 물을 좀 주어야겠구나.”

이황의 말에 자손 중 하나가 화분에 물을 주었어. 그러자 돌아가 자리에 누웠어.

매화는 선비를 상징하는 꽃이야. 마지막으로 한 일이 그 꽃나무에 물을 주는 일이었어. 참 소탈하고 멋있잖아. 물론 그 속엔 깊은 뜻이 담겨 있었을 거야. 장차 피어날 꽃인 후학들을 가르치고 싶은 소망 말이야.

그날 저녁, 이황의 마지막 지시가 떨어졌어.

“나를 일으켜 다오.”

누워 있던 이황은 자손들의 부축을 받아 일어나 반듯하게 앉았어. 그리고 꿇어 엎드린 자식들과 제자들을 한번 둘러본 다음 스르르 눈을 감았대. 책을 읽듯이 앉은 채로 숨을 거둔 거야. 죽음 앞에서도 정신만큼은 또렷했던 거지.

이황의 죽음은 온 조정과 선비들을 슬픔의 늪으로 몰아넣었어. 선조는 사흘 동안 나랏일을 보지 않았고, 영의정의 장례와 품격을 같이하라는 명을 내렸어.

하지만 이황의 장례는 아주 검소했어. 그의 관에는 영의정이 아닌 벼슬을 하지 않고 초야에 묻혀 살던 선비를 뜻하는 ‘처사’라고만 씌어졌고, 비석에도 역시 ‘퇴도만성이공지묘’라고만 새겼어. 벼슬이 대제학과 판서에까지 이르렀지만 그 모든 허울을 벗고 오로지 학자로 남고 싶었던 거지.

이러한 이황을 제자 정자중은 『언행통술』에서 다음과 같이 평가했어.

선생이황은 우리나라에 성현의 도가 끊어진 뒤에 탄생하여 스승도 없이 초연히 도학을 이루었다. 그의 가르침은 백대 후에까지 영향을 끼칠 것이다.

정자중의 평은 옳았어. 이황이 죽은 4년 뒤 서당 자리에 서원이 세워졌어. 이 서원이 오늘날까지 전해지는 학문의 요람 '도산서원'이란다. 여기서 이황의 학문은 더욱 깊이 연구되고 널리 퍼져 갔어. 그의 학문은 유성룡, 김성일, 정탁, 기대승, 황준량 같은 수재들에게로 이어졌고, 장차 그들이 영남학파라는 학문의 큰 강줄기를 이루게 되었어.

퇴계의 학문은 그 옛날 왕인 박사가 그랬듯이 일본으로 건너가 크게 영향을 미쳤어. 일본 유학의 두 산맥인 기몬학파와 구마모토학파가 모두 이황의 가르침을 받들거든. 기몬학파의 창시자 야마사키는 이황을 '주자의 직계 제자'라며 존중했어. 그의 수제자 사토는 '이황은 원나라, 명나라의 선비와는 비교조차 할 수 없을 정도로 월등히 높

경상북도 안동시에 있는 도산서원

함경도
북청
노덕서원
평안도
황해도
봉양서원
장연
해주
배천
개성
문회서원
숭양서원
김화
충렬서원
동 해
강원도
경기도
해주 향약
이 이
소수서원
풍기
도산서원
청주
예안
예안 향약
이 황
충청도
화양서원
경상도
황 해
전라도
월성
옥산서원
장성
필암서원
제주도
● 대표적 서원
대표적 향약

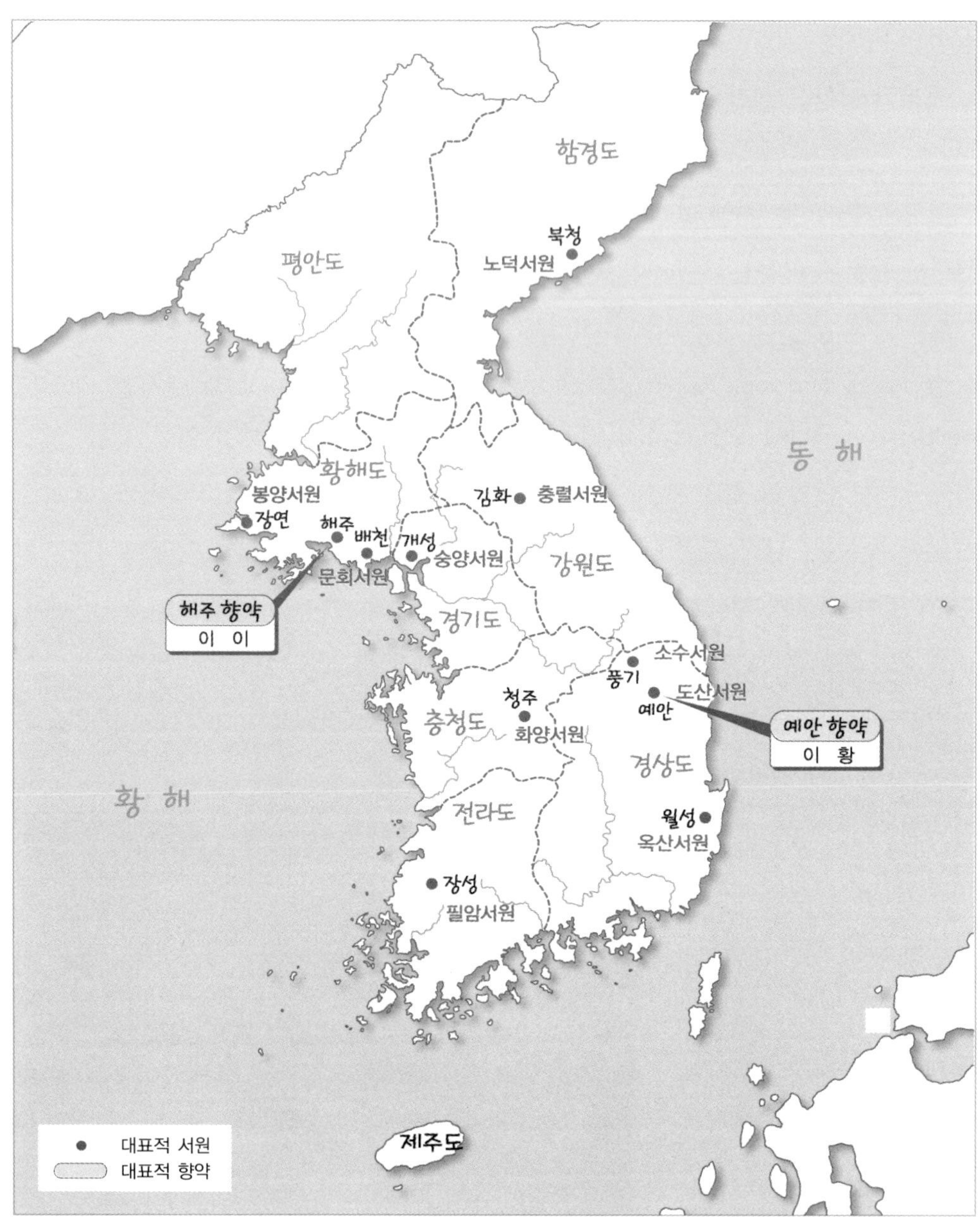

조선시대의 대표적 서원

다’고 우러러보기도 했었지. 또 구마모토학파의 시조 오츠카는 ‘이황이 없었다면 주자도 사라져 버렸을 것’이라고 평했어.

중국 학자들도 이황의 학문에 놀라움을 감추지 못했어. 그들은 이황이 지은 『성학십도』를 새긴 병풍을 만들어 널리 팔기까지 했어. 중국 학자 량계초는 ‘아득하셔라, 이부자李夫子님이시여!’ 하고 공부자공자처럼 찬양할 정도였지.

조선시대에는 도산서원과 소수서원을 비롯한 40여 개의 서원에서 이황을 제향하며 그의 학문을 연구했어. 그리고 오늘날에는 ‘퇴계학’이란 말까지 생겼고, 〈퇴계연구소〉, 〈국제퇴계학회〉 등에서 그의 깊고 높은 학문을 밝히기에 힘쓰고 있지. 여기에는 미국, 일본, 중국, 독일 학자들까지 있으니 이황의 학문은 세계적이라 할 만하잖아. 가히 성리학의 최고봉이라 할 만하지. 그의 제자 조호익의 평가는 이런 훗날을 환히 내다본 것처럼 정확해.

주자가 죽은 뒤 도의 정맥은 이미 중국에서 끊어져 버렸다. 퇴계는 한결같이 성인의 배움으로 나아가 순수하고 올바르게 주자의 도를 전하였다. 우리나라에서 비교할 만한 사람이 없을 뿐 아니라, 중국에서 이만한 인물을 볼 수 없다. 실로 주자 이후 제일인자이다.

이쯤에서 퇴계 선생이 남긴 시조 한 수를 감상하면서 이야기를 마무리하는 게 좋겠구나. 우리가 공부를 어떤 자세로 해야 할지 잘 타일러 주는 시란다. 흐르는 물처럼 줄기차게 새롭게…….

청산은 어찌하여 만고에 푸르르며

유수는 어찌하여 주야에 그치지 않는고

우리도 그치지 말아 만고상청*하리라

***만고상청(萬古常靑)**_ 긴 세월에도 변함없이
푸르름.

제10장 하늘도 시샘한 조선의 별 이이

선생이 세상을 떠난 뒤 해주 사람들은 매번 기일이 되면
어버이의 기일을 받드는 것처럼 하였다. 이날은 부녀자들까지
고기를 입에 대지 않았고, 혼례도 하지 않았다.
세월이 오래 지났는데도 그렇게 하고 있으니
이는 옛날 성현에게도 없던 일이었다.

－『대동기문』

율곡리의 신동

중종 말기인 1536년, 강릉에서 한 아이가 태어났어. 모친이 바다에서 검은 용이 치솟아 품으로 들어오는 꿈을 꾸고 낳았다고 하여 이름을 현룡 見龍이라 했지. 그의 모친은 사임당 신씨였고, 현룡은 바로 이황과 쌍벽을 이루는 대학자 율곡 이이 선생이야.

이황보다 35년 늦게 태어난 율곡은 외가인 강릉에서 어린 시절을 보냈어. 학문과 예술은 물론 도학자의 면모까지 갖춘 사임당의 가르침을 받으며 총명함을 더해 갔지. 하루는 외할머니가 잘 익어 껍질이 벌어진 석류를 가리키며 물었어.

"용아, 저게 뭐 같으냐?"

율곡은 아무 망설임 없이 가지런한 이를 반짝이며 대답했어.

"석류 껍질 속에 붉은 구슬이 부서져 있네."

고작 다섯 살 아이의 입에서 한 줄의 시구가 흘러나온 거야. 깜짝 놀란 외할머니는 온 식구들을 불렀고, 율곡은 다시 그 시를 낭랑하게 되풀이했어. 율곡이 태어나기 딱 100년 전에도 강릉에서 한 천재가 태어났는데, 누군지 알겠니? 세조의 왕위 찬탈을 한탄하여 중이 되어 버린 김시습＊이야. 김시습은 5세에 시를 지어 별명이 오세가 되었는데, 율곡 역시 그에 못지않은 천재성을 지녔던 거지.

6세에 강릉을 떠난 율곡은 서울로 가서 살다가, 아버지 이원수의 터전인 파주 율곡리로 들어갔어. 율곡이란 호도 여기서 얻었는데, 밤나무가 울창한 그 동네 이름을 호로 삼은 거란다.

율곡리에서 북쪽 언덕에 올라서면 굽이쳐 흐르는 임진강이 보여. 그 너머로 북쪽 들판과 산들이 첩첩이 늘어선 풍경이 그만이지. 이 언덕 위에는 율곡의 5대 선조가 지은 화석정이란 멋드러진 정자가 있어. 율곡은 자주 거기로 가서 책을 읽거나 시를 짓곤 했지. 율곡이 거기서 여덟 살에 지은 시가 지금도 화석정에 걸려 있는데, 한번 읊어 볼까.

숲 속 정자에는 가을이 깊었는데

시인의 마음은 끝간 데가 없어라

먼 물빛 하늘에 잇닿아 파랗고

서리 맞은 단풍잎은 햇살에 빨갛구나

산이 외로운 둥근 해를 토해 내니

강은 바람을 머금고 만 리를 흘러가고

찬 기운에 놀란 기러기 어디로 가는지

기럭기럭 울음소리 저무는 구름 속으로 사라지네

화석정의 가을 풍경이 그림처럼 그려졌지. 시 속에는 알 수 없는 세계에 대한 그리움이 가득해. 저 강이 흘러가는 끝이 궁금하고, 기러기가 날아가는 곳이 궁금한 거지. 그 허전함은 학문의 봉우리까지 올라가고 싶은 열정으로 작용하게 돼. 이러한 율곡의 천재성은 머지않아 세상에 그 빛을 드러내게 돼.

1548년, 날씨도 화창한 봄날 파주 관아에서 향시_{지방 과거}를 치렀어. 이러구러 해가 저물어 심사도 거의 끝날 무렵이었지.

"이번 과거에서는 이 문장이 단연 으뜸인 듯한데 다른 의견이 있습니까?"

심사위원장의 말에 모두들 옳다며 고개를 끄덕거렸지.

"우리 파주에 이렇게 훌륭한 선비가 있다니 장차 나라의 큰 기둥이 되겠소이다그려."

"어느 집안의 자제인지 어서 답안지와 작성자의 신상을 맞춰 봅시다."

심사위원들은 이구동성으로 장원으로 뽑힌 글을 칭찬하며 그 지은 이를 찾아냈어.

"덕수 이씨 원수의 아들 이이라. 음……."

답안지와 신상을 맞춰 보던 심사위원장은 깜짝 놀라 자리에서 벌떡 일어났어.

"아니, 이런! 이거 뭐가 잘못된 것 아닐까요?"

심사위원장의 말에 모두들 머리를 디밀고 신상을 확인했지. 그러고는 고개를 절레절레 흔들었어.

"여기 적힌 게 사실이라면 고작 열세 살 어린아이인데, 이런 글을 쓸 수 있을까요?"

"누군가 시제과거 시험의 제목를 가르쳐 주어 미리 글을 지어 외게 하여 과장에 내보낸 게 아닐까요?"

"그게 아니라면 나이를 잘못 적었겠지요."

논의 끝에 심사위원장이 말했어.

"아무래도 이 아이에게 그냥 장원을 줄 수는 없습니다. 그랬다가는 부정이 있었다는 오해를 살 게 뻔합니다. 먼저 시험을 해 본 다음에 결정하도록 합시다."

심사위원들은 율곡을 은밀히 불렀어.

"이 답안을 정말 네가 지은 것이냐?"

댕기머리를 딴 율곡이 초롱초롱한 눈을 빛내며 대답했지.

"나라에서 감독하는 시험에 어찌 거짓이 있을 수 있겠습니까. 또한 글이란 타고난 성정과 애써 이룬 학문의 결과인데 어찌 남을 흉내 내거나 속일 수가 있겠습니까?"

심사위원들은 그저 감탄할 뿐이었지.

"네가 하는 말로 보아 이미 경전을 훤히 아는 듯하구나."

"어찌 사서삼경의 오묘한 뜻을 다 헤아리겠습니까마는 대략 읽을 줄은 압니다."

"누구에게서 배웠느냐?"

"어머니한테 배웠습니다."

심사위원들은 가소롭다는 듯 헛웃음을 터뜨렸어.

"네 어머니가 누구신데?"

"당호가 사임당입니다."

그제야 심사위원들은 "아하!" 하면서 무릎을 쳤어. 사임당의 학문과 예술적 재능에 대한 소문을 그들도 알고 있었거든. 그럼에도 심사위원들은 경전의 구절을 들먹이며 풀이하라고 했어. 물론 율곡은 막힘없이 읽고 풀어냈지.

"틀림없는 장원감이오. 사임당 신씨의 학문이 높다는 말만 들었는데 오늘에야 비로소 그 일각을 보는구려."

마침내 심사위원장이 확정을 했고, 아무도 반대하지 않았어. 이리하여 율곡은 고작 13세에 진사가 된 거야. 그 소문은 파주를 떠들썩하게 했고, 서울까지 퍼져 갔어.

진사가 된 율곡의 학문은 하루가 다르게 깊어졌어. 그러던 중 청천벽력과 같은 소식이 전해진 것은 그가 16세가 되던 해 5월이었어.

이때 율곡의 아버지 이원수는 수운판관으로서 평안도까지 출장을 갔어. 세금으로 내는 곡식을 거두어 싣고 오기 위해서였지. 율곡은 형과 더불어 아버지를 돕고자 따라다녔거든. 평안도 일을 마치고 강원도 평창, 영월, 제천 지역의 공물을 모아 서울 서강 나루에 도착했을 때였어.

"나리!"

집안 종 하나가 나루터에서 발을 동동 구르며 이원수를 애타게 불렀어.

"무슨 일이냐?"

이원수의 물음에 종은 땅에 엎드려 통곡을 하며 말했어.

"마님께서 그만……."

사임당 신씨가 숨을 거두었다는 비보였어.

"하, 관서로 보낸 편지에 눈물로 쓴 자국이 선연하더니, 그예 이런 일이 터지고 말았구나!"

이원수는 흐르는 눈물을 주체하지 못했고, 아들들도 통곡을 하면서 삼청동으로 달려갔지. 이미 사임당의 몸은 싸늘하게 식어 있었어. 서울 수진방에서 살다가 삼청동으로 이사한 지 얼마 되지 않은 때였어. 출장을 떠날 때도 크게 아픈 기색이 없었는데, 자리에 누운 지 사흘 만에 숨을 거두었다는 거야.

신사임당은 파주 두문리 자하산에 묻혔어. 율곡은 거기에 초막을 짓고 삼년상을 치르는 예의를 다하였어. 스승과 같던 어머니의 죽음은 소년 율곡에게 인생의 허무함을 일깨워 준 커다란 사건이었지.

"사람이 태어나고 늙고 병들어 죽는 것은 정해진 일이지만, 하늘이 어찌 이토록 갑작스럽게 사람의 목숨을 거두어 간단 말인가? 내 삶과 죽음의 비밀을 풀어보리라."

율곡은 행장을 꾸려 금강산으로 들어가 중이 되었어. 법명을 의암으로 한 그는 마하연이란 폭포 근처를 떠나지 않고 수련에 몰두했어. 그 결과 꼬박 1년 만에 큰 깨달음에 도달했어.

"오호라, 생명은 사라지는 게 아니다. 이 진리는 유교나 불교나 매

한가지다. 그러나 유가에서는 온갖 설명으로 그 도를 밝히려 하고, 불가는 말없이 그것을 이루려고 하는 점이 다를 뿐이다."

이것은 곧 서경덕이 깨달은 바, 기는 우주의 원소이며 그 근본은 항상 변하지도 않고 그대로 존재한다는 것과 비슷하지. 불교를 통해 새로운 깨달음을 이루려 하였으나 그 둘이 결국 한가지 도라는 걸 알게 된 거야. 율곡은 자리를 털고 일어났어.

"내 어찌 세상 사람들을 버리고 중이 되어 산속에서만 머물겠는가. 마땅히 세상으로 나가 배운 바를 펼치는 것이 선비의 올바른 도리인 것을."

율곡은 외가인 강릉 오죽헌으로 나와서 새로이 공부의 지침이 되는 글을 지었어. 일종의 좌우명 같은 건데, 자신을 스스로 경계시키는 「자경문」이 바로 그것이야. 원래 자경문은 불가에서 승려가 되려는 사람이 지켜야 할 도리를 적은 글이거든. 아마도 율곡이 금강산에서 수도하며 그것을 알고 유교 도학자로서 지킬 도리의 기준을 제시해 본 것일 거야. 「자경문」은 모두 11조로 되어 좀 긴데, 그 핵심을 간추리면 다음과 같아.

1. 뜻을 크게 품어 성인에 이르기까지 노력하라.

2. 마음의 안정은 말을 줄이는 것으로 시작된다.

3. 무엇에든 지나친 집착을 버려라.

4. 홀로 있을 때도 잡념과 삿된 생각을 하지 않는다.

5. 글을 읽는 까닭은 옳고 그름을 분간하여 일에 적용하기 위함이다.

강원도 강릉시에 있는 오죽헌

6. 부귀영화와 편안함을 추구하는 것은 이익을 탐하는 것이다.

7. 해야 할 일은 정성을 다해 하고, 하지 않아야 할 일은 완전히 끊어라.

8. 무고와 불의로 이익을 구하여서는 안 된다.

9. 나에게 해를 끼치는 사람이 있다면 나를 돌아봐야 하고, 한집안 사람
들이 착하게 되지 않는 것은 나의 성의가 부족함을 돌아보아야 한다.

10. 밤에 잠을 자거나 몸에 질병이 있는 경우가 아니면 눕지 말아야 한다.

11. 빠른 성취나 성공을 바라는 것도 이익을 탐하는 것이다.

나는 5번과 9번이 마음에 딱 와 닿는데, 너는 어떤 게 좋아?
절반이라도 실행할 수 있다면 좋을 텐데, 그치?

구도장원공, 하늘의 도를 말하다

율곡이 다시 서울에 나타난 때는 1556년 봄이야. 금강산에서 나와 강릉 외가의 오죽헌에서 휴식을 가진 다음, 서울로 돌아와 과거에 도전했어. 국가 운영의 대책을 묻는 시험이었는데, 서울에 사는 선비들만 참가하는 한성시였어.

여기서 율곡은 당당히 장원으로 급제했어. 이로 인해 서울의 선비와 정치가들이 율곡에게 큰 관심을 갖게 되었지. 그해 가을에 성주 목사 노경린의 딸을 아내로 맞아들인 그는 안정된 가정을 이루고 더욱 공부에 열중했어.

2년 뒤, 율곡은 자신의 학문을 점검하고 싶었어. 이번엔 과거에 도전하는 게 아니었어. 당대의 최고 학자인 이황을 만나 보고 싶었던 거야.

율곡은 안동으로 향했어. 지금의 도산서원의 풍경은 청년 율곡의 마음을 일시에 사로잡았어. 우거진 숲과 햇살 바른 계곡, 조용히 흐르는 물줄기, 학이 구름처럼 날다가 사뿐 내려앉은 듯한 정자. 거기서 수염과 머리카락이 허옇게 된 이황이 신선처럼 살고 있었거든. 이에 감동하여 훗날 율곡 역시 해주의 고산에 집을 짓고 학문을 벗삼아 살게 되었는지도 몰라.

"과연 선생님께서 벼슬을 마다하고 머물 만한 곳입니다. 공자께서 제자들을 가르치던 주천이나 주자가 학문을 이룬 무이산도 이곳만은 못할 것입니다."

율곡은 도산의 풍경과 이황의 학문과 덕을 찬양하는 시를 지었어. 23세의 청년 율곡과 58세의 노학자 퇴계 이황은 이렇게 처음 만났어.

두 사람은 나이를 떠나 친숙하게 학문을 논했어. 주로 율곡이 궁금한 것을 묻고 퇴계는 대답을 하는 형식이었지. 율곡은 그렇게 자신이 홀로 공부한 바를 확인해 보았어.

"선생님의 학문 가운데 '말을 탄 사람'의 비유가 가장 중요한 듯싶습니다. 즉 기가 생겨 움직이면 이가 올라타서 함께 나타난다는 '기발이승'의 설은 천지 운행의 오묘한 이치에 대한 절묘한 표현으로, 저 역시 그와 같은 생각입니다. 그런데 이가 발하면 기가 따른다는 '이발기수'의 설은 문제가 있습니다. 이와 기가 분명 달리 존재하나 발하는 것은 오직 기이며, 또한 발하였을 때는 이와 기가 함께 움직입니다. 기 속에는 반드시 이가 있기 때문이지요. 선생님께서는 이와 기를 굳이 나누어 설명하시나, 그것은 이론상 그럴 뿐 그 실행은 언제나 하나로 봅니다."

퇴계는 너무 놀라 잠시 입을 다물지 못했어. 한참 어린 청년이 자신의 학설을 환히 이해하고 문제점을 짚어 내니 말이야. 게다가 이황이 이론에 치우친 데 비해 율곡은 실행에 중심을 두니 더 구체적이고 현실적이었거든. 이러한 율곡의 생각은 장차 이기일원론과 기발이승일도설이 되어 주기학파의 핵심 이론이 된단다.

'어허, 이렇게 빨리 알아듣다니!'

훗날 퇴계는 이러한 율곡을 두고 다음과 같이 말했어.

"아, 진정 공부하는 자는 겸손해야 할 것이다. 옛 성인께서 후생가외後生可畏 : 후배는 그 잠재력을 헤아릴 수 없으니 마땅히 두려워해야 함라고 했으니, 바로 율곡과 같은 선비를 두고 이름이 아니겠는가!"

도산에 다녀온 그해 겨울, 조정에서는 과거를 시행했어.

〈천도(天道)〉

이런 제목과 더불어 문제에 대한 설명이 길고 어렵게 적혀 있었어. 과거 책임자는 시인으로 이름이 높은 정사룡*과 양응정*이었거든. 그들은 문제를 작성하는 데만 꼬박 사흘이 걸렸는데, 문제가 길기도 하거니와 문제를 풀이하는 것조차 여간 어렵지가 않았어. 『율곡집』에 전하는 그 문제를 쉽게 간추려 볼게.

*정사룡(1491~1570)_ 조선 명종 때의 문신이다. 시문에 능하였고, 중국 명나라와의 문화 교류에 힘썼다. 대제학이 되었으나 과거의 시험 문제를 응시자 신사헌에게 누설한 죄로 파직되었다. 그러나 중추부판사로 복직하고, 공조판서가 되었다. 지은 책으로 『호음잡고』가 있다.

*양응정_ 조선 명종 때의 문인이다. 시문에 뛰어났고, 공조 참판을 거쳐 진주목사, 대사성을 지냈다. 지은 책으로 『송천유집』, 『용성창수록』 등이 있다.

천도는 알기도 어렵거니와 말하기도 어렵다. 하늘에 해와 달이 걸려 있어서 낮과 밤이 있고, 그 길이가 날마다 달라진다. 이것은 누가 시키는 것인가? 달은 커졌다가 작아지고, 일식이 생기기도 하는 건 왜인가? 바람은 어디서 일어나서 어디로 불어 가는가? 왜 세상은 기후가 고르지 않고 올바르지 않은 일들이 생기는가?

인간 세상은 물론 우주의 이치를 구체적으로 설명하라는 문제였어. 이는 오늘날 과학자들도 감히 설명하기 어려운 문제지. 더구나 참고 자료도 없이 그것을 논술로만 풀어 가야 했으니. 과장의 선비들은 절레절레 고개를 흔들거나 혀를 내둘렀어. 아예 포기하고 일어서는 사람이 부지기수였지. 그러나 율곡은 그때까지 이룬 학문으로 유창하게 답을 적어 나갔어. 그럼 율곡이 써낸 답안 「천도책」을 살펴볼까.

아, 한 가지 기운이 운행하고 조화하여 흩어져서 만 가지 형상이 된다. 나누어 말하자면 천 가지 만 가지 형상이 각각 한 기운이지만, 합해서 말하면 만 가지 형상이 모두 같은 하나의 기氣에서 비롯됨이다.

오행의 바른 기운이 모인 것이 해와 달과 별이요, 천지의 어그러진 기운을 받은 음은 흙과 비가 되고, 안개는 우박이 되며, 두 기가 서로 부딪치는 데서 천둥, 번개, 벼락이 생기고, 두 기가 서로 합하는 데서 바람, 구름, 비, 이슬이 생기니, 그 구분은 각각 다르나 이처럼 모두 하나의 기에서 비롯된다.

율곡은 비나 바람이 생기고 없어지는 건 때와 장소가 정해진 것이 아니며, 신의 조화도 아니고, 오직 기가 모여 응결되거나 흩어지는 데서 일어날 뿐이라고 하였어. 바람이 부는 것도 기가 부딪쳐 생기는 자연 현상이며, 기가 안정되면 바람도 멈춘다고 했어. 또 기를 움직이는 것을 양이라고 하고 정지한 것은 음이라 하였는데, 이 음양이 조화롭게 되어야 천지 기후가 순조롭게 된다고 설명했어. 그 원리에 따라 일식과 월식이 생기고, 자연의 재해도 온다는 거지. 그것은 신과 같은 누군가가 부리거나 시키는 게 아니라 자연이 스스로 조절한다고 했으니 매우 과학적인 인식이지.

그렇다면 어떻게 자연의 기를 조화롭게 할 수 있을까?

그에 대한 대답을 왕도정치에서 찾았어. 음양의 기운을 조화롭게 하는 것은 첫째는 임금의 마음과 행실에 달려 있다고 했어. 임금이 올곧아야 신하와 관리의 기가 바로 되며, 이렇게 될 때 백성의 마음이 바르게 되어 천하가 태평하게 되는 법이라는 거야.

하늘은 비와 햇빛과 더운 것과 추운 것과 바람으로써 만물을 낳고 키웁니다. 임금은 공경하고, 다스리고, 밝고, 계획하고, 신성한 것으로써 하늘의 도리에 응해야 하는 것입니다. 하늘이 제때 비를 내리는 것은 공경하는 데 응한 것이며, 제때 더운 것은 밝은 데 응한 것이고, 제때 추운 것은 계획에 맞게 응한 것이며, 제때 바람이 부는 것은 신성한 데 응한 것입니다. 이로써 본다면 천지가 안정되고 만물이 자라는 것이 어찌 임금 한 사람이 덕을 닦는 데 달렸다고 하지 않겠습니까?

임금이 백성의 어버이로서 먼저 스스로를 밝히고 계획을 세워 나라를 다스린다면 천지도 조화롭게 될 거라는 건 왕도정치의 핵심이야. 그 순리가 지켜지지 않을 때 음양의 조화가 어그러져서 전쟁, 가뭄, 홍수,

흉년이 오니, 임금이 천하의 근본이 되는 건 바로 이런 까닭이라는 거지. 이런 주장을 매우 구체적이고 굳센 문장으로 간절하게 풀어나갔지.

당당히 장원으로 뽑힌 율곡의 이 답안에 시험관조차도 고개를 숙였대.

"우리는 며칠을 걸려 이 문제를 짜냈는데, 단 몇 시간 만에 이토록 훌륭한 답안을 써내다니, 이 선비는 진정 하늘이 낸 재목이로다!"

율곡은 상대가 없는 장원으로 급제하였어. 율곡의 명답안 「천도책」은 삽시간에 조선 팔도로 퍼져 나갔고, 그 소문이 중국까지 퍼졌어. 훗날 중국 사신들이 와서 율곡을 만나 보고는 "이 분이 바로 그 유명한 「천도책」을 지은 분이군요." 하고 우러러보았으니 말이야.

이후에도 율곡은 여러 차례 과거에 응시했는데 매번 1등이었어. 아홉 번 본 과거에서 모두 장원을 차지했다 하여 '구도장원공'이라는 별명까지 붙었지. 율곡이 말을 타고 대궐을 드나들 때면 백성들은 이렇게 소리쳤대.

"저기 우리의 구도장원공 이이 선생께서 오신다!"

당파 분쟁의 회오리 속에서

율곡은 29세에 호조좌랑을 시작으로 본격적인 벼슬살이를 시작했어. 그 후 예조와 이조의 좌랑에 이어 춘추편수관을 맡아 『명종실록』을 펴냈고, 임금에게 학문을 가르치는 경연관으로 이름을 드날렸어.

명종을 이어 보위에 오른 선조는 율곡을 스승으로 여겼어. 율곡은 임금 앞에서 수차례 강의를 하였고, 자신의 학문을 문답식으로 기록한 『동호문답』을 지어 바쳤지. 『동호문답』은 율곡이 34세 되던 9월에 휴가를 얻어 한강변 동호독서당에서 공부하면서 왕에게 지어 바친 책이야. 이 책에서 율곡은 임금의 도리와 신하의 도리를 논하면서 바른 정치를 실현하는 길을 모색했지.

십 년간 정치를 해 본 율곡은 그만 자연으로 돌아가고 싶었어. 마침 해주 석담에 기거할 만한 곳을 봐 두었거든. 결국 율곡은 선조의 허락을 받아 벼슬을 내놓고 석담으로 들어갔어. 그때 한 친구가 그를 붙들고 말렸어.

"실력 있는 사람마다 물러나기를 바라면 이 나라는 누가 지킨단 말이오?"

율곡이 웃으며 대답했어.

"만일 위로 장관부터 아래의 하급 관리까지 다 물러갈 뜻을 가진다면 자연히 국가의 도덕이 높아질 테니 그건 걱정할 게 아니라오. 그리고 정치만이 백성을 위한 선비의 도리가 아니라오."

나라가 위태롭게 되는 건 사람들의 욕심 탓이란 말이지. 그리고 정치가 아닌 다른 일도 해야 한다는 얘기야. 이러한 율곡의 사상은 『동호문답』에서도 잘 나타나 있어.

참된 선비는 (벼슬에) 나아가서는 도를 행하여 백성들로 하여금 태평을 누리게 하고, 물러서서는 온 세상에 교화를 일으켜 학자들로 하여금 큰 잠에서 깨어나게 하는 것입니다.

정치적으로 백성을 잘 살게 하는 것 못지않게 백성들을 가르치는 일도 중요하다는 뜻이야. 그래서 석담에 돌아온 율곡은 청계당을 짓고 제자들을 가르쳤어.

하지만 율곡은 소망처럼 학문에만 열중할 수가 없었어. 성균관에도 이미 그의 학문을 따르는 사람이 많았고, 임금도 너무 오래 떨어져 지내기 싫어했거든.

1575년 율곡은 우부승지가 되어 조정으로 돌아왔어. 조선 조정에 먹구름이 짙어지기 시작한 것은 이 무렵부터야. 영의정을 지낸 이준경*이 '장차 조정이 둘로 갈라지리라.'는 유언을 남겼는데, 그것이 사실로 드러났거든. 대신들이 동인과 서인 두 파로 갈라지니 이른바 붕당정치와 동서 당쟁이 시작된 거야.

김효원을 중심으로 한 동인은 주로 영남학파 출신이었고, 심의겸을 중심으로 한 서인은 서울 근교와 호남에 근거지를 둔 기호학파였어. 두 파는 학문적으로도 견해가 사뭇 달랐어. 이황과 조식의 학통을 이어받은 동인은 주리학파였고, 서인은 주기학파가 주류였거든. 두 파는 먼저 조정에서 좋은 자리를 차지하기 위해 다투었고, 나중에는 감정싸움이 되어 사사건건 서로 반대하는 지경에까지 이르렀어.

율곡은 이들을 화해시키느라 애를 썼으나 어느새 그도 서인으로 굳어져 있었어. 율곡은 주기론자들의 주장인 데다, 성혼*과 송익필*을 비롯한 친한 벗들이 서인이었거든. 유성룡 같은 인물도 율곡과 같은 생각으로 당쟁을 막으려 했으나 학맥에 따라 동인의 중심이 돼 버린 것과 같은 경우였지.

율곡은 조정을 떠나 외직으로 나갔어. 황해도 관찰사가 되었지. 여기서 율곡은 자신의 학문적 이상을 시험해 보려 했어. 조광조가 시행했으나 제대로 되지 않았던 향약을 실시한 거야. 향약은 민주주의의 근본인 지방자치제도와도 그 정신이 같은데, 잘 시행되지는 않았거든. 그런데 이이가 시행한 다음부터 크게 유행하여 오늘날까지 그 풍습이 남아 있게 되

*이준경(1499~1572)_ 조선 중종, 명종, 선조 때의 문신이다. 벼슬은 우의정, 좌의정, 영의정 및 영중추부사에 이르렀다. 1555년 도순찰사로 호남 지방에 침입한 왜구를 물리쳤으며, 죽을 때 붕당이 있을 것을 예언하였다. 지은 책으로 『동고유고』, 『조선풍속』 등이 있다.

*성혼(1535~1598)_ 조선 선조 때의 문신이다. 성리학의 대가로 이이와 함께 기호학파의 이론적 근거를 닦았다. 지은 책으로 『우계집』 등이 있다.

*송익필(1534~1599)_ 조선 선조 때의 학자이다. 성리학과 예학에 능하였고, 후진양성에 힘써 문하에서 김장생·김집 등 많은 학자를 배출시켰다. 지은 책으로 『귀봉집』이 있다.

율곡 이이

었지.

이처럼 율곡의 학문은 항상 실천에 중점을 두었어. 그러한 학문적 사상은 훗날 실학자들의 정신적 모태가 되었지.

그럼에도 조정은 여전히 당파 싸움으로 어지러웠어. 율곡은 벼슬을 내놓고 다시 석담으로 돌아가려 했어. 오랜 벗인 송강 정철*이 율곡을 찾아가 말렸지.

"이 어지러움을 바로잡을 사람은 숙헌율곡의 자뿐이오. 이대로 두면 나라가 망하고 말 것입니다."

『토정비결』을 쓴 학자 이지함도 말했어.

"지금 사태는 사람의 원기가 다하여 약을 급히 쓰지 않으면 죽을 지경입니다. 이를 구할 수 있는 방법은 오로지 숙헌께서 일어나 갈라진 조정을 꿰매는 것뿐입니다."

율곡은 고개를 흔들었어.

"송강, 그대가 조정을 화평하게 하시구려."

이 말을 남긴 율곡은 눈물을 머금고 다시 해주로 돌아가고 말았어. 석담에서 율곡은 제자들을 가르치며 아이들이 학문을 시작할 때 필요한 길잡이 책을 썼는데, 바로 오늘날 전하는 『격몽요결』이야. 이 책에 공부하는 사람의 마음가짐에 대해 가르치는 것이 있는데, 새겨 둘 만해.

항상 온화하고 공경스럽고 자애로우며, 남에게 은혜를 베풀고 남을 도와주고자 하는 마음을 가져야 하며, 남을 핍박하거나 해치고자 하는 마음은 털끝만큼도 가져서는 안 된다. 무릇 사람들은 자기에게 이롭게 하고자 하므로 반드시 남이나 사물을 해치게 된다.

사람뿐만 아니라 자연 사물에 대해서조차 자애로운 마음을 가지라는 거지. 오늘날 부대낀 환경오염 문제를 생각해 보렴. 율곡의 가르침은 참으로 높고 크다고 할 만하지.

율곡이 다시 조정에 나온 것은 1580년이었어. 선조의 거듭된 명으로 사간원의 수장인 대사간을 맡은 거야. 이때 선조는 스승 율곡에게 뭔가 가르침을 주기를 청했어. 율곡의 대답은 왕도정치의 실천이었어.

"임금이 어질고 재능 있는 사람을 쓰려면 먼저 자기 몸을 닦아야 합니다. 임금이 수양을 하지 않으면 조정은 이익을 구하는 무리로 가득 차게 되는 법입니다."

율곡은 우선 경연을 강화하여 왕도교육을 정착시키려 했어. 대제학이 되어 경연을 펼치며 『경연일기』을 쓴 것도 이 무렵이야. 조정을 붕당정치로부터 구하기 위해 개혁을 시도하기도 했지. 1582년에는 이조판서·형조판서를 맡았어. 이해에 유명한 『인심도심설』과 『김시습전』

을 지었어. 『학교모범』을 지어 교육의 체계를 잡으려는 시도도 했지. 원접사가 되어 명나라 사신을 상대했고, 「만언소」를 올려 어지러운 정치를 바로잡고 개혁을 시도하려 했어. 학문에 전념하려 했던 그가 이 시기에는 가장 정열적으로 나랏일에 관여했어. 하지만 당파의 이익에 급급한 조정 대신들은 개혁에 협조하지 않았어.

율곡이 병조판서로 있던 1583년 기어이 난리가 터졌어. 두만강 언저리에 살던 여진족 추장 이탕개가 반란을 일으킨 거야. 조선으로 귀화하여 벼슬까지 받은 그가 동족을 선동하여 삽시간에 몇 개의 성을 차지했어. 경원부사 김수가 진압에 나섰으나 패하고 말았지.

조정은 급히 8천 군사를 일으켜 출동시켰고, 후원군까지 보냈어. 그 결과 빼앗긴 성을 되찾았고, 여진족은 두만강 너머로 쫓아 버렸어.

"바야흐로 더 큰 위험이 닥쳐오리라."

이탕개의 난은 진압되었지만 율곡의 걱정은 더 커졌어. 장차 닥쳐올 재난을 내다본 것이지. 율곡이 경연장에서 임금에게 주청했어.

"예로부터 한 번 크게 군사를 일으키면 전쟁이 좀체 그치지 않는 법입니다. 지금까지 100여 년이나 평화로웠는데 이제 외적의 난이 시작되었으니 머지않아 더 큰 병화가 닥칠 것입니다. 청하옵건대 8도에서 미리 정예병사 10만을 뽑아 재난에 대비하소서. 그렇지 아니 하면 큰 비에 흙벽이 무너지는 듯한 재앙을 피할 수 없을 것입니다."

10만 양병설, 10만 군사를 길러 서울에 2만, 각 도에 1만씩 두어 훈련시키자는 주장이었어. 그러나 유성룡을 비롯한 동인들이 반대하고 나섰어.

"평화 시에 대군을 일으키는 것은 백성들에게 너무 큰 부담이 될 뿐만 아니라, 오히려 나라에 근심을 키우는 일입니다. 다만 국경의 성을 보수하고 노략질을 일삼는 오랑캐 무리를 막으면 될 것입니다."

경연을 마친 후에 율곡은 유성룡을 불러내어 슬픈 표정으로 꾸짖었어.

"시세를 모르는 속된 선비라면 모르지만 서애 유성룡의 호 마저 그런 말을 하면 장차 이 나라가 어찌 되겠소? 지금 나라가 계란을 포개 놓은 듯이 위태로우니 당장 대비하지 않으면 뒷날 후회하여도 대책이 없을 것이오."

당시 유성룡은 율곡의 말을 받아들이지 않았어. 9년 후 임진왜란 같은 7년 대전쟁이 터지리라고는 상상도 못했으니까. 그는 전쟁이 나기 2년 전에야 낌새를 알아채고 전쟁 준비를 서둘렀지만 너무 늦었지. 기어이 전쟁이 터지자 유성룡은 크게 한탄했어. 그 모습이 『징비록』에 자세히 나와.

아, 율곡이 10만 양병을 주장했을 때 지나치다 여기고 반대하였으니 나는 후세에 소인이라는 말을 면하지 못할 것이다. 지금 당하고 보니 율곡이야말로 참성인이다.

1584년, 율곡은 삼사의 탄핵을 받아 벼슬에서 물러났어. 율곡이 병조판서로서 전쟁 준비를 하는 것을 못마땅하게 여긴 동인 측에서 딴죽을 건 거야.

“아, 진정코 소인배들과는 함께 일을 할 수가 없구나.”

한강으로 나간 율곡은 배를 타고 파주로 가며 한 편의 시를 읊었어.

사방을 둘러보니 검은 구름 떠도는데
밝은 해는 중천에 떠 있구나
외로운 신하는 한 줄기 눈물을
서울을 향하여 뿌리고 가노라

파주로 갔던 율곡은 곧 서울 대사동 집으로 돌아왔어. 그리고 앓아 눕더니 동생 이우에게 말했어.

“지금 내가 꼭 해야 할 일이 있으나 기운이 없으니 부르는 대로 받아 적어라.”

이우가 붓을 들자 율곡은 전쟁을 대비한 방책을 술술 풀어놓았어. 이른바 「육조방략」을 구술로 지은 거야. 그 내용 역시 전쟁을 대비한 것이었는데, 요약하면 다음과 같아.

1. 임금은 덕을 앞세워 오랑캐들을 감복시켜야 한다.
2. 오랑캐는 애써 토멸하려 하지 말고 노약자를 볼모로 삼아 항복을 받는 게 좋다.
3. 변방 백성의 괴로움을 알아주고 현지 장수를 잘 예우해야 한다.
4. 현지 고을의 인재들을 잘 파악하여 적재적소에 배치해야 한다.
5. 현지 지휘관들 사이에 불화가 없도록 잘 살펴야 한다.

6. 변방 장수들의 재주와 능력을 미리 파악해 놓아야 한다.

이렇게 간신히 「육조방략」을 지어 전하게 한 후, 율곡이 숨을 거두니 모친 사임당보다 한 살 많은 49세 때였어. 이로써 조선의 성리학을 다시 한 단계 발전시킨 대학자이자 조선을 전쟁의 회오리에서 구하려 했던 선각자는 사라지고 만 거야.

방금 **별**이 떨어졌습니다

율곡의 죽음은 자못 이해하기 힘들어. 49세면 아직 한창 일할 나이이고, 평소에 지병이 있지도 않았거든. 그런데 그렇게 갑작스레 가 버리다니, 마치 이제 할 일이 없으니 미련 없이 세상을 떠나 버린 도인 같잖아. 사실 서경덕처럼 율곡에게도 도인적인 면모가 없지 않았어. 화석정 일화도 율곡의 그러한 신비한 능력과 선견지명을 잘 보여 주지.

율곡은 화석정 기둥에 기름을 잔뜩 먹여 놓았다고 해. 집안 후손들이 그 까닭을 물었지만 글을 써서 봉투에 담아 화석정에 보관하라고만 했지. 그 후 임진왜란이 터져 선조가 밤에 부랴부랴 피난차 임진강에 이르렀거든. 비바람이 몰아치는 밤이라 아무것도 보이지 않아 강을 건널 수가 없었어. 이때 율곡의 후손 중 하나가 화석정으로 달려가 그 봉투를 열어 본 거야.

'火 불 화.'

거기엔 단 한 글자만 씌어 있었는데, 곧 불을 지르라는 뜻이었어. 부싯돌과 종이도 준비되어 있었고. 그제야 후손들은 율곡이 미리 정자

기둥에 기름을 잔뜩 먹여 놓은 까닭을 알고는 불을 질렀어. 빗속에서도 불길은 환하게 타올랐고, 그 덕분에 선조는 무사히 임진강을 건널 수 있었대.

그리고 의문스런 율곡의 죽음에 대한 비밀을 풀어주는 이야기도 있어.『대동기문』과『청구야담』에서는 그의 죽음에 대해 아주 신비한 이야기를 전해.

서울의 한 선비가 강릉으로 가는 길에 강원도 깊은 산에서 밤을 맞았어. 삽시간에 어둠이 몰려오니 선비가 어찌 할 바를 몰라 헤매다가 불빛 한 점을 발견했지.

"이리 오너라!"

간신히 그 불빛이 새어나오는 곳에 도착한 선비가 주인을 불렀어.

"무슨 일이시온지요?"

곧 열두어 살 남짓한 소년이 사립문을 열고 나와서 맞이하였어.

"산속에서 졸지에 길을 잃어 그러니 하룻밤 묵어 가게 해 주게."

"잠시 기다리십시오."

소년은 방으로 들어가 어른에게 아뢰었어. 얼마 뒤 환갑이 지난 듯한 노인장이 지팡이를 짚고 나와 공손하게 선비를 맞았어.

"오늘은 중요한 일이 있어 손님을 모시기가 실로 어렵습니다."

선비는 가슴이 철렁 내려앉았지. 때는 정월이니 아직 한겨울인 데다 거기는 강원도 깊은 골짜기였거든. 그대로 물러나면 얼어죽거나 짐승밥이 되기 십상이었지. 선비가 놀란 표정을 짓자 노인장은 덧붙여 말

했어.

"하지만 산골에 날이 저물었으니 어쩌겠습니까. 다만 손님께서는 오늘 밤 벌어지는 일에 대해 묻지도 마시고 끼어들지도 마시기 바랍니다."

이렇게 하여 선비는 간신히 방 안으로 들어가게 되었거든.

단칸방이라 주인과 손님이 함께 지내야 했어. 손님에게 구석 자리를 내어 준 주인은 심각한 표정으로 눈을 감고 있었어. 소년은 누군가를 기다리는 듯 문 밖에서 서성거렸고.

"아직 안 보이느냐?"

노인장이 눈을 감은 채 바깥에 선 소년에게 물었어.

곧 소년이 들어와 대답했어.

"지금 막 골짜기의 개울을 건너셨습니다."

선비는 깜짝 놀랐어. 달도 없는 밤이라 캄캄하기만 한데 골짜기의 개울이 보인단 말인가. 아무래도 노인과 소년이 예사롭지가 않았어.

잠시 후 발소리가 나더니 두 사람이 쓱 들어섰어. 스님과 나이 많은 선비였어. 그들은 집주인과 심각하게 이야기를 주고받더니 소년에게 뭔가를 준비하라고 일렀어.

소년은 곧 정화수를 떠놓고 향을 피웠어. 세 사람은 기도를 하기 시작했어. 이상하게도 선비는 그들의 말을 한마디도 알아들을 수가 없었어. 아무 참견 말라는 주인의 명이 있었으니 물어볼 수도 없어 답답하기 짝이 없었지.

한참 만에 기도 소리가 멎자 노인이 말했어.

“하늘을 살펴보고 오너라.”

소년이 나갔다 와서는 아뢰었어.

“방금 별 하나가 동쪽으로 떨어졌는데, 아직도 그 빛이 환합니다.”

밤새 기도했던 세 사람은 크게 실망하여 고개를 떨어뜨렸어.

“하늘의 뜻이니 이제 돌이킬 수가 없게 되었습니다.”

잠시 후 스님과 늙은 선비는 매우 슬픈 표정으로 떠났어. 노인장과 소년 역시 매우 실망한 표정이었고.

“대체 무슨 일입니까?”

기어이 선비가 더 참지 못하고 말문을 열었어.

고개를 든 노인장이 담담한 목소리로 그 까닭을 일러 주었어.

“장차 이 나라를 난리에서 구할 인물이 죽으려 하므로 우리가 기도하여 그 목숨을 연장시키려 한 것입니다.”

“그 인물이 누구입니까?”

“이율곡이오.”

선비는 깜짝 놀라 자기가 아는 대로 말했어.

“아니, 제가 서울을 떠나올 때만 하더라도 그분은 병조판서를 맡은 채 아무 질병이 없이 나랏일을 돌보았는데 그게 무슨 말입니까?”

“하늘이 하신 일입니다. 그가 있으면 간신히 난리를 면할 수 있는데 기어이 별이 지고 말았으니 명이 다하고 만 것입니다. 7, 8년 후 동으로부터 왜구가 쳐들어올 것인데, 이 나라가 온통 어육의 신세를 면할 길이 없게 되었습니다.”

선비는 썩 믿어지지는 않았지만 혹시나 하는 심정으로 난리를 피할 방법을 물었어. 그리고 서울로 돌아와 알아보니 과연 별이 떨어진 그 시간에 율곡이 숨을 거두었다지 뭐야. 산골에서 밤새 기도하던 세 사람이 도인들이었던 거야. 그제야 선비는 노인장이 가르쳐 준 곳으로 가족을 데리고 피했는데, 그 덕에 임진왜란이 터졌을 때 아무 피해도 입지 않았다고 해.

조선의 별 율곡은 파주 자운산에 묻혔어. 율곡을 잃은 조선은 큰 슬픔에 빠졌지. 두루 존경 받던 그가 이리 갑작스레 갈 줄은 아무도 몰랐거든. 친구이자 학문의 동반자이던 성혼은 부고를 듣고 땅을 치며 통곡했어.

"율곡은 대도를 통한 성인이다. 아, 하늘이 이러한 나의 스승을 데려가니 내가 이 땅에서 위로 받을 곳이 없도다!"

선조도 율곡의 부음을 듣고 사흘 동안 조회를 하지 않았어. 백성들도 안타까워 땅을 치고 울었어. 특히 율곡이 살았던 파주와 해주 사람들은 부모를 잃은 듯 슬퍼했어. 『대동기문』은 당시 백성들이 율곡을 얼마나 존경했는지 잘 보여 준단다.

선생이 세상을 떠난 뒤 해주 사람들은 매번 기일이 되면 어버이의 기일을 받드는 것처럼 하였다. 이날은 부녀자들까지 고기를 입에 대지 않았고, 혼례도 하지 않았다. 세월이 오래 지났는데도 그렇게 하고 있으니 이는 옛날 성현에게도 없던 일이었다.

서경덕에서 시작된 한국적 성리학인 기철학, 그것을 이황이 학문적 체계를 이루었다면, 이이는 실천을 통해 한 차원 더 높이 이끌었어. 학문적으로 이황이 더욱 높아 보이지만 일반 백성들의 삶에 끼친 영향은 이이가 더 컸다고

경기도 파주시에 있는 자운서원

볼 수 있어. 향약의 실행이나 사창제도[*] 정치와 교육에 관한 일들 모두 매우 구체적이고 현실적이었거든. 그러니 막상 임진왜란을 당했을 때는 그의 가르침과 경계를 듣지 않은 게 더욱 아쉬웠겠지.

그 후 나라에서는 율곡에게 문성文成이란 시호를 내렸는데, 학문을 완성했다는 의미가 되겠지. 파주의 자운서원을 비롯한 여러 서원에서 오늘날까지 그의 가르침을 받들고 있단다.

*사창제도_ 조선시대에, 곡식을 사창에 저장하였다가 백성들에게 봄에 꾸어 주고 가을에 이자를 붙여 거두던 일을 말한다.

제11장
실학의 선구자 이수광

백성을 어리석다 하여 속이는 것은 옳지 못하며,
백성이 비천하다 하여 억압하는 것도 옳지 못한 일이다.
임금이 백성을 얻으면 천자가 되고,
백성을 잃으면 보통 사람인 까닭이다.
그러므로 백성이야말로 임금의 하늘인 것이다.

— 『지봉유설』

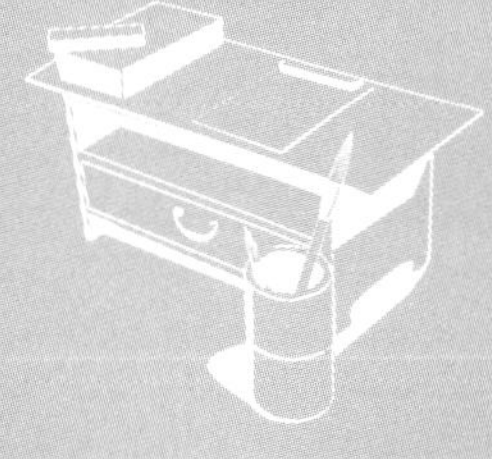

추풍령을 지켜라

선조 25년1592 4월 13일 초여름, 조선에 무슨 일이 터졌겠니?

그래, 맞아. 임진왜란이야. 기회를 노리던 일본이 기어이 20만 대군을 몰고 조선으로 쳐들어온 거야.

부산과 동래를 하루 만에 점령한 일본군은 3조로 나누어 서울을 향해 진군했어. 미처 전쟁 준비가 되지 않은 조선군은 제대로 싸워 보지도 않고 줄행랑을 놓았지. 일본군은 파죽지세破竹之勢 : 대쪽으로 가르는 기세로 거침없이 조선 땅을 누볐어. 그들이 지나가는 곳은 양식과 가축이 거덜나고 불바다로 변했어.

이때 서울 경복궁은 어땠을까?

이율곡의 10만 양병설을 무시했던 선조와 대신들은 우왕좌왕하며 갈피조차 잡지 못했어. 다만 전쟁 낌새를 알아챘던 유성룡만이 간신히 방어책을 제시할 뿐이었어.

"이미 영남은 지키기가 어렵게 되었으니 요소를 방어하여 왜적들이 더 이상 서울을 향해 진격하지 못하도록 해야 합니다. 그러기 위해서는 험악한 산세를 이용하여 방어하되, 죽령과 조령 그리고 추풍령에 진지를 구축하면 적들이 감히 서울을 넘볼 수 없을 것입니다."

백두대간의 험준한 지형을 이용하여 싸우자는 방책이었지. 거기는 모두 서울로 통하는 교통로이며 한 사람이 백 명을 막을 수 있는 요새였거든. 이 방어선이 무너지면 서울까지는 사흘이면 밀어닥칠 테니 반드시 사수해야 한다고 했어.

유성룡의 주도로 조정은 다급히 방어사를 임명했어. 죽령은 조방장 변기, 조령은 조방장 유극량, 추풍령은 조경에게 맡긴 거야. 그리고 순변사 이일은 방어선 너머 상주에서 적을 막으라고 했어.

이렇게 유성룡이 방어책을 냈으나 정작 작전을 시작하려 하니 군사가 없었어. 조정의 대신들마저 슬금슬금 눈치를 보며 도망쳤고, 군사들은 지레 겁을 먹고 뿔뿔이 흩어져 버린 뒤였거든. 장수들은 수하 몇 명만 거느리고 출전하여 전쟁터에서 군대를 만들 수밖에 없었어. 그래도 하는 수 없이 다급히 장수들을 내려 보냈지.

순변사 이일이 상주에 도착했을 때는 이미 대구가 점령된 다음이었어. 상주 백성들은 산속으로 숨어 버려 군대를 만들기조차 힘들게 된 거야. 창고의 쌀을 꺼내 풀자 산으로 숨었던 사람들이 조금 모였어. 그 덕에 상주판관 권길과 더불어 겨우 800명의 군사를 모집했어. 그러나 이일은 작전을 짜지 않고 거짓으로 백성을 안심시키려 하였어. 그의 한심한 태도를 이수광은 『지봉유설』에서 다음과 같이 고발했어.

이일은 적이 가까이 왔다고 보고하는 사람을, 백성을 불안하게 한다는 죄목으로 목을 베어 사람들에게 본보기로 보였다. 그래서 적이 코앞까지 들어 왔어도 감히 보고하는 자가 없었다. 이일은 총소리를 듣고서야 비로소 성 밖에 나와 진을 쳤으나 적병은 이미 들에 가득 들어차 있었다. 군사들은 놀 라서 산산이 흩어져 달아나고 죽은 자의 시체가 산처럼 쌓였다. 이일은 겨 우 달아나 죽음을 면했다.

이제 추풍령, 조령, 죽령 세 고개를 잇는 방어선만 무너지면 서울이 왜군의 깃발 아래 떨어지는 건 시간문제야.

"아, 대구와 상주가 벌써 떨어졌으니 사태가 몹시 어렵게 되었구나."

추풍령 너머 거창에 도착한 조경*은 난감 했어. 이일이 상주에서 시간을 벌어 줘야 추 풍령에 요새를 만들 텐데, 그럴 겨를이 없었 거든. 조경의 부대는 거창에 진을 쳤는데, 도 착하자마자 왜군이 조총을 콩 볶듯 쏘아 대며 밀려드는 거야.

> *조경(1586~1669)_ 조선 인조와 효종 때의 문신이다. 병자호란이 일어났을 때 척화를 주 장했고, 이듬해 일본에 청병하여 청군을 격퇴 하자고 상소했으나 채택되지 않았다. 지은 책 으로 『용주집』이 있다.

"종사관, 이를 어찌 하면 좋겠소?"

조경이 다급히 물었어.

종사관은 장수의 보좌관으로 두 명에서 여섯 명 정도야. 대부분 무 관인데 한 명은 반드시 문관이 맡게 되어 있었어. 용맹을 앞세운 무관 들이 섣부른 판단을 내릴까 봐 문관을 붙인 거지. 문관 종사관은 주로 병사와 백성의 사기를 북돋우고 군량을 조달하는 일을 맡았어. 작전 명령서나 장계_{보고서}를 만드는 일도 중요한 일이었고.

"도망치기에도 늦었습니다. 이곳을 내어 주면 안 되니 목숨을 걸고 싸워야 합니다. 보십시오. 우리의 돌격대장 정기룡*의 위세에 저들은 기가 꺾이고 있습니다.”

젊은 두 종사관이 목에 핏대를 올렸어.

조경의 비장 정기룡은 진주 관노 출신 용장이야. 원래 이름이 무수였는데, 용력이 빼어나 노비에서 풀려났어. 그리고 무과에 합격하자 선조가 직접 정기룡이란 이름을 지어 주었어. 그가 돌격대장이 되어 적토마를 타고 달려 나가니 왜군들이 기세에 눌려 감히 덤벼들지 못하고 멀리서 조총만 쏘아 댔어. 그에 종사관들이 정기룡을 앞세워 왜군의 진영을 깨부수자고 큰소리를 치는 참이야.

그때 호리호리한 종사관이 황급히 손사래를 쳤어.

“안 됩니다. 지금 우리와 싸우는 저들은 선발대에 지나지 않습니다. 곧 본대가 밀어닥치면 졸지에 우리는 그물에 갇힌 꼴이 되고 말 것입니다. 속히 후퇴해 보다 안전한 곳에서 전선을 구축해야 합니다.”

다급한 상황 속에서도 침착한 판단을 내리는 종사관은 이수광이었어. 그는 23세에 대과에 급제하여 승문원 부정자로 벼슬살이를 시작한 문관이었지만 병조판서를 지낸 이희검의 아들답게 병법에도 밝았어.

“지금 전쟁 초기이니 무엇보다도 사기가 중요합니다. 그런데 싸워 보지도 않고 후퇴부터 한다면 앞으로 전세를 돌이키기 어려울 것입니다. 싸워야 합니다!”

젊은 무장들은 후퇴에 동조하지 않았어.

조경이 선뜻 결정을 못 내리자 이수광이 덧붙여 말했어.

"병법에도 아군의 수가 많으면 공격을 하고 적으면 방어를 해야 한다고 했습니다. 또 우리가 다급히 서울에서 여기까지 내려온 것은 반드시 이기기 위해서만은 아닙니다. 왜적들의 진격을 하루라도 늦추어야 조정에서도 여유를 갖고 방책을 세울 것입니다. 우리가 추풍령을 지키면 조령과 죽령을 잇는 방어선에 힘이 실려 왜적들도 함부로 덤비지 못할 것입니다."

조경 역시 학식이 깊은 무관이었거든.

"이 종사관의 의견이 옳다. 즉시 후퇴하여 추풍령에 방어진을 갖추어라!"

추풍령은 충청도와 경상도의 경계를 이루는 곳으로 해발 221미터인 고개야. 그 언저리에 삼도봉이란 높은 산이 있는데 경상도, 전라도, 충청도가 만나는 곳이라는 뜻이거든. 추풍령은 바로 그 고갯길로 오래전부터 교통의 요충지로서 역과 봉수대가 있었어. 이곳이 뚫리면 대전과 청주로 통하고 서울까지 평탄한 길이니 절대로 양보할 수 없는 곳이었지.

조경은 추풍령으로 가서 경상도 관찰사 윤선각*과 전력을 모았어. 거기에는 조방장 양사준과 의병장 장지현이 있어 군사가 2천 명 정도 되니 해 볼 만했지.

"우리는 여기서 뼈를 묻을지언정 물러날 수 없다!"

정기룡이 앞장선 추풍령의 조선군은 결의를 다졌어. 파죽지세로 진격하던 일본군이 밀

*윤선각_ 조선 중기의 문신이다. 1568년(선조 1) 별시문과에 급제하여 좌승지 등을 지냈다. 1592년 충청도 관찰사가 되고, 임진왜란이 일어나자 왜적을 맞아 싸우다가 패전하여 삭직되었다. 그러나 충청도 순변사, 중추부동지사 등을 거쳐 비변사 당상이 되어 임진왜란 뒤의 혼란을 수습했다.

리기 시작했지. 조선군은 더욱 사기를 북돋우며 밀어부쳤어. 어쩌면 조선군에게 첫 승리를 가져다 줄 것도 같은 상황이 된 거야.

하지만 그런 상황은 오래가지 않았어. 일본군 본대가 들이닥친 거야. 전력이 강화된 일본군의 공격은 태풍처럼 거셌어.

"장군, 적이 금산 쪽에서도 밀고 들어옵니다."

협공이었어. 김천 쪽을 막는 사이 일본군 일부가 금산 쪽으로 돌아와 친 거야. 졸지에 의병장 장지현이 죽고 방어사 조경은 포위되어 포로가 되고 말았어.

"하아!"

이때 한 장수가 흙먼지를 일구며 홀로 적진으로 말을 달렸어. 적토마의 우렁찬 함성이 울려 퍼졌고, 창칼이 햇살에 휘번득거리자 왜적들이 가을 낙엽처럼 나뒹굴었어. 돌격대장 정기룡이 홀로 적의 방어선을 무너뜨리며 진지 속으로 파고든 거야. 그는 신기에 가까운 솜씨로 적군 백여 명을 해치우고 방어사 일행을 구해 냈어.

하지만 대세는 이미 돌이킬 수 없었어. 조선군의 수는 줄어들고, 왜군의 포위망은 점점 좁혀들었거든.

"이 종사관."

조경이 다급히 이수광을 불렀어.

"공은 말을 잘 타오?"

"물론입니다."

"그럼 단기로 이곳을 벗어나 조정에 형세를 전해 주시오. 우리는 이곳을 사수하다가 퇴각하여 황간에서 다시 한 번 적을 막을 것이오. 시간이 없으니 장계는 가는 길에 공이 알아서 작성해서 올리도록 하시오.”

명을 받은 이수광은 날렵하게 말에 올라타 북쪽 길로 내달렸어.

“아아, 이 나라가 장차 어찌 될 것인가?”

서울로 가는 길에 이수광이 틈틈이 전해들
은 건 패전 소식뿐이었어. 특히 부원수 신립*
의 패전 소식은 충격적이었지. 상주에서 패한
이일은 충주로 가서 신립 아래로 들어갔거든.

그런데 이상하게도 신립은 죽령과 조령의 방어선을 포기하고 탄금대
에 배수진을 쳤어. 종사관 김여물이 새재에 진을 칠 것을 주장했지만
기마 전술에 익숙한 그는 말을 듣지 않았어. 그 결과 참패하였고, 신립
은 스스로 달래강에 뛰어들어 목숨을 끊었어. 이수광은 『지봉유설』에
서 그러한 이일과 신립에 대하여 ‘두 사람은 명장이었으나 막상 전투
에 임해서는 전술을 잘못 썼다’고 비판했지.

서울은 텅 비어 있었어. 탄금대의 패전 소식이 전해지자마자 선조는
부랴부랴 몽진을 떠났거든. 억수같이 비가 쏟아지는 밤에 임진강을 건
넌 거야. 조정 대신들과 왕을 버리고 도망친 자가 태반이었고, 백성들
도 보따리를 싸서는 깊은 산골로 숨고 없었어.

이수광은 임금이 계신 곳을 향해 말을 몰았어. 그가 개성에 도달하
니 임금은 평양으로 갔다고 하였고, 평양에 가니 의주로 갔다고 했어.
그만큼 왜군의 진격은 빨랐고, 피난도 다급했던 거지.

마침내 의주에 다다른 이수광은 장계를 전하고는 쓰러져 버렸어.

전란 속의 선비

1593년, 해가 바뀌면서 일본군이 밀리기 시작했어. 조선 전국에서 의병이 일어나고, 명나라 이여송이 이끄는 응원군이 왔으며, 조선군도 전세를 가다듬었거든. 특히 바다에서 이순신이 이끄는 수군이 일본의 보급로를 막은 게 치명적이었지.

임금을 호종하던 이수광은 북도선유어사가 되었어. 주로 백성들을 안정시켜 생업에 종사하게 하고, 의병을 모집하고 사기를 돋우는 일이었어. 이수광은 이 일을 잘해 내어 백성들 사이에 이름이 자자하게 되었어. 그 덕에 훗날 안변 부사, 홍주 목사 직도 훌륭하게 수행할 수 있었지.

마침내 왜군을 몰아내고 서울로 돌아온 선조는 이수광을 동부승지로 삼아 곁에 두었어. 이어 성균관의 수장인 대사성이 되었으니 그의 학문도 인정을 받은 셈이었지.

이수광은 전란 중에도 학문을 탐구하고 장려하기를 소홀히 하지 않았어. 어디를 가든지 책을 모으고 특이한 것은 반드시 기록하는 습관이 있었거든. 사신이 되어 명나라로 가서는 다른 나라의 여러 사신과 대화하고 그들이 가진 정보도 기록을 했어.

1598년, 결국 일본군이 패주함으로써 7년 대전쟁은 막을 내렸어. 하지만 전쟁이 끝나도 나라는 안정되지 않았어. 전쟁의 책임을 묻는 다툼이 당파 싸움으로 이어졌거든. 선조를 이어 즉위한 광해군은 실권을 쥔 대북파와 더불어 폭력적인 정치를 하였어.

이렇게 어지러운 세월 속에서도 이수광은 학자의 태도를 잃지 않았어. 1614년, 조선 최초의 백과사전이라 할 만한 대작 『지봉유설』을 펴낸 거야. 늘 기록하고 연구하는 그의 자세가 일군 빛나는 업적이었지.

이수광은 자기 주장을 요란하게 내세우기 보다는 행동으로 실천하는 선비였어. 이이첨을 비롯한 대북파는 영창대군을 죽이고, 광해군의 서모인 인목대비를 서궁에 유폐시키는 일까지 벌였어. 이에 이수광은 지방 군수를 자청하여 전라도 순천으로 떠났어. 그 후에도 광해군의 독단적인 정치가 계속되자 그는 벼슬을 내놓고 수원 집에 틀어박혀 학문에만 몰두했어.

이수광이 다시 벼슬길에 나온 것은 인조반정* 이후야. 보위에 오른 인조는 즉시 이수광을 도승지 겸 대제학에 임명했어. 이수광의 인품과 학문이 이미 나라 안에서 최고 수준이었음을 알 수 있지.

나라가 태평스러웠다면 이수광은 훨씬 더 높은 학문의 탑을 쌓았을 거야. 그러나 그의

*인조반정_ 1623년 서인 세력인 이귀, 김유 일파가 광해군을 몰아내고 능양군 종(인조)을 왕으로 세운 사건이다. 이로 인해 청에 우호적이던 이이첨, 정인홍을 비롯한 대북파가 제거되고 친명 세력이 집권하여 장차 병자호란의 빌미가 되고, 반정 후 상벌이 공평하지 못하여 이괄의 난을 초래하여 임진왜란으로 허물어진 조선의 내외정을 더욱 어렵게 한다.

시대는 연속적인 전쟁의 소용돌이 속이었어. 1624년, 평안도 병마사 이괄*이 반란을 일으켰어. 반정공신 이괄은 자신의 공로에 비해 상이 적다고 불평을 하다가 마침내 1만 군사를 동원하여 서울로 쳐들어왔어.

이괄의 군대는 당시 조선군의 핵심이었거든. 반군은 삽시간에 관군을 무찌르며 서울을 차지해 버렸어. 반란군에게 도성을 빼앗기기는 조선 역사상 처음이었지.

도승지 이수광은 인조를 모시고 공주로 피난을 갔어. 그리고 다시 군사를 모아 반군을 치게 했지. 정충신*과 임경업의 맹활약으로 결국 반군은 참패하였고, 이괄은 부하들의 손에 의해 죽음으로써 반란은 끝났어.

조선의 병화는 여기서도 그치지 않았어. 1627년, 이번엔 북쪽 여진족이 쳐들어오니 바로 정묘호란이야.

이수광은 다시 왕을 모시고 강화도로 피했어. 여기서 인조는 이수광에게 이조판서를 내렸으나,

이수광의 묘

거듭되는 난리에 지친 그는 곧 숨을 거두고 말았어. 인조는 그에게 영
의정을 추증하였고, 문간이라는 시호를 내렸어. 오늘날은 수원의 청수
서원에서 그의 학문과 업적을 기리고 제사를 지내고 있단다.

백성은 임금의 하늘이다

수많은 전쟁 통 속에서도 학문적 업적을 쌓은 이수광의 태도는 놀랍기조차 해. 그럼 이제 그의 학문에 대해 알아봐야겠지. 하지만 그 전에 조선 성리학의 흐름을 파악해 두는 게 도움이 될 거야.

서경덕으로 인해 독자성을 갖기 시작한 조선 성리학은 이황과 이이로 인해 더욱 넓고 깊어졌어. 이때 이미 성리학의 본국인 중국을 넘어섰다고 볼 수 있어. 퇴계와 율곡은 영남학파와 기호학파를 형성하면서 두 개의 큰 강이 되어 흘렀어. 하지만 학문적 흐름이 정치적 당파를 형성하면서 학문의 발전에는 큰 장애가 되고 말았어.

영남학파는 동인인 유성룡, 김성일 등에게로 이어지고, 뒤에는 허목*과 채제공* 같은 남인 학자가 이어받아. 기호학파는 성혼 등 서인을 중심으로 흐르다가 노론과 소론으로 갈라지는데 노론의 송시열*에게서 다시 한 번 큰 산을 이루지. 송시열이야말로 율곡 이

후에 가장 큰 선비라 할 수 있는데, 율곡을 넘어서서 새로운 걸 창안하지는 못했어. 그리고 지나친 정치 바람 때문에 제대로 평가를 받지 못한 점도 있어.

하여튼, 성리학의 중심인 두 학파는 지나친 경쟁과 정치 투쟁 그리고 관념적 철학에 머물렀어. 특히 임진왜란과 병자호란을 겪으면서 그것은 실효성을 의심받기에 이르렀지. 그 틈새에 성장한 유학의 한 갈래가 있었으니 바로 양명학이야.

양명학은 명나라 왕수인*의 학설을 주조로 해. 왕수인은 주자의 관념적 철학에 회의를 느끼고 지행합일을 외치며 실천할 수 있는 현실적인 유학을 추구했어. 임진왜란 이후에 성행하여 장유, 최명길, 정제두 같은 학자가 나왔지. 성리학자들이 대개 명분을 중시하여 중화인 명나라를 떠받들고 청나라를 오랑캐로 여기는 데 반해, 양명학자들은 현실적인 강자인 청나라를 대국으로 인정하는 태도를 보였어. 그러니 당연히 정치적으로도 대립각을 세웠지.

이렇게 조선의 성리학이 세 갈래로 갈라져 다툴 때, 그 다툼과 동떨어진 채로 또 하나의 학풍이 일어났어. 성리학이 혹독한 전쟁 중에 탁상공론으로 다툴 때 회의를 느끼고 백성의 삶에 보다 직접적으로 다가가려 한 시도였지. 이는 훗날 모든 걸 물질적으로 증명하려고 시도한 고증학*에 힘입어 실학이란 큰 흐름을 형성하게 돼.

***송시열**(1607~1689)_ 조선 숙종 때의 문신이다. 주자학의 대가로서 이이의 학통을 계승하여 기호학파의 주류를 이루었으며, 기발이승일도설을 지지하였다. 지은 책으로 『우암집』, 『송자대전』 등이 있다.

***왕수인**(1472~1528)_ 중국 명나라의 유학자이다. 호는 양명. 지행합일론(知行合一論)과 심즉이설(心卽理說) 및 치양지설(致良知說)을 주장하였다. 각처에 학교를 설치하여 교육에 힘썼다. 지은 책으로 『왕문성전서』, 『전습록』 등이 있다.

***고증학**_ 중국 명나라 말에서 청나라 초기에 일어나 발전한 학문이다. 옛 문헌에서 확실한 증거를 찾아 경서(經書 : 옛 성현들이 유교의 사상과 교리를 써 놓은 책)를 설명하려고 하였다.

하지만 실학은 당시에 붙여진 이름이 아님을 꼭 알아둬야 해. 실학은 20세기 들어서 조선사를 연구하면서 생긴 학파거든. 그 당시에는 그저 유학의 한 갈래이면서 크게 두드러지지 않았는데, 많은 세월이 지난 후에야 그런 흐름이 있었다는 것을 알게 된 거야. 그 원천에 이수광이 있었고, 『지봉유설』이란 백과사전이 있었어. 그리고 그 흐름이 조선 후기의 문화를 주도했기 때문에 송시열이나 허목 같은 대학자를 다루지 않고 실학자를 조명하는 거란다.

그럼 이제 본격적으로 이수광의 학문을 알아볼까.

이수광도 분명 성리학자였어. 하지만 주리학파나 주기학파 모두를 받아들이되 어느 쪽 편도 들지 않았어. 양명학까지 받아들였으나 학문으로 정치적 당파를 만들지 않았지. 모든 걸 받아들이되 그 어떤 것도 교조적으로 신봉하지는 않았던 거야. 그는 후배와 자손들에게 한결같이 강조했어.

"학문을 하는 자는 잡스런 일에 마음을 두지 말고, 잡스런 책에 눈을 주지 말며, 잡스런 말을 입에 담지 말아야 한다. 하루라도 배우지 아니하면 죽을 때까지 부끄러움이요, 한 가지라도 어긋나면 평생의 후회가 되는 법이다."

그의 학문은 책상에서 머리로 하는, 이론을 앞세워 논쟁을 일삼는 게 아니었어. 그의 시대는 전쟁의 시대였고, 전쟁은 책상에서 머리나 말로 하는 게 아니잖아. 그것은 처참한 현실이었고, 학문은 마땅히 그런 현실을 극복할 도구 같은 것이 되어야 한다고 생각했어. 뜬구름 같은 이론을 탐구하는 것이 아니라 실제 삶에 도움이 되는 것을 추구하는 건 당연한 일이었지. 성리학 이후 많은 사람이 도학자를 자처하며 도를 논했으나, 이수광의 도는 그들의 도와 사뭇 달랐어.

"도는 백성들의 삶에서 흔히 사용하는 것에 있다. 주릴 때 먹게 하고 목마를 때 마시게 하는 것이 바로 도다. 이것을 무시하고는 도를 말할 수 없다."

학문의 목적을 이렇게 정한 그는 그에 따른 실천적인 삶을 살았어. 언제나 생활은 검소하여 비단옷을 입지 않았고, 외투 한 벌을 15년이나 입었대. 선비란 모름지기 고요히 검소하게 살되 항상 만족하여야 한다며 말이야. 또한 당파를 싫어한 그는 권력자와 친하려 들지 않았고, 누구의 편도 들지 않는 중도를 지켰어. 그런 이수광의 학문과 정치의 중심은 언제나 백성이었어. 백성이야말로 그에게 하늘이며 도였던 거야. 『지봉유설』에 남긴 그의 주장을 볼까.

백성을 어리석다 하여 속이는 것은 옳지 못하며, 백성이 비천하다 하여 억압하는 것도 옳지 못한 일이다. 임금이 백성을 얻으면 천자가 되고, 백성을 잃으면 보통 사람인 까닭이다. 그러므로 백성이야말로 임금의 하늘인 것이다.

그는 백성이 임금보다도 높다고 여겼어. 그러니 백성을 지배하지 않고 받들면서 정치를 했지. 그가 가는 곳에 백성들의 칭송이 자자한 건 당연한 일 아니겠니. 이긍익의 『연려실기술』은 이수광의 업적에 대해 다음과 같은 이야기를 전해.

안변에는 본래 연蓮이 없었는데, 양사언이 부사로 와서 연못을 파고 연을 심은 것이 처음이다. 그러나 그 후 수십 년간 연이 없어졌는데, 이수광이 부임하자 다시 살아났다. 고을 백성들은 이를 두고 이수광이 어진 정치를 베푼 덕이라고 기뻐하였다.

이수광의 학문의 목적은 언제나 백성이었고, 그것은 위에서 보듯이 실천으로 나타냈어. 이런 학덕과 행동의 바탕 위에서 이수광은 실학이라는 새로운 학문의 길을 발견한 거야. 그는 『지봉유설』이라는 백과사전을 남김으로써 그 길의 물꼬를 텄어. 후학들에게 갈 길을 일러 준 셈이지. 퇴계와 율곡 이후에 주자학이 사상 논쟁으로 당파 싸움을 되풀이한 데 비추어 보면 이수광의 발견은 학문적 혁명이라 할 만해. 과연 실학의 선구자라 할 만하지.

최초의 백과사전 『지봉유설』

이수광의 학문은 『지봉유설』이라는 백과사전을 통해 정리되었어. 모두 20권 10책으로 된 이 두꺼운 책은 광해군 시절인 1614년에 처음 엮어졌는데, 그가 죽고 난 다음 1634년에야 인쇄되어 세상에 알려졌어.

여기에는 총 3435조목이 25개의 분야로 나뉘어 기록되어 있어. 자신이 읽은 책의 느낌, 문집에 대한 비평, 세상 일에 대한 소감, 역사 인물들의 이야기, 정치와 경제에 관한 견해, 식물과 동물에 대한 이야기, 희귀한 이야기 등등 읽을거리가 가득해. 그때까지 선비학자들이 많은 책을 남기기는 하였지만 이처럼 광범위한 분야를 다룬 것은 처음이었지. 그러므로 『지봉유설』을 최초의 백과사전이라 하는 거란다.

이수광의 이러한 학문적 성취는 뒷날 많은 실학자들에게로 이어졌어. 유형원*의 『반계수록』에서부터 이익의 『성호사설』, 그리고 정

*유형원(1622~1673)_ 조선 효종 때의 실학자이다. 진사시에 합격하였으나 벼슬에 뜻이 없어 학문을 연구하며 농촌에서 농민을 지도하였다. 지은 책으로 중농사상의 입장에서 제도개편의 의견을 담은 『반계수록』이 있다.

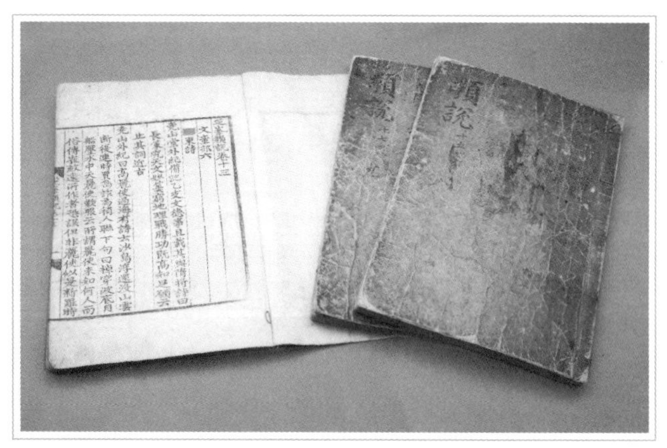

『지봉유설』

약용의 『여유당전서』도 그를 본받아 이루어진 성과란다. 그 밖에 이덕무를 비롯한 조선 후기의 학자들이 백과사전 같은 책을 펴내게 된 것도 그를 본받아 이루어진 거야.

그럼 이제 그 『지봉유설』의 속을 좀 들여다볼까. 3천여 가지 이야기 가운데서 특별히 기억할 만한 것들을 솎아내 볼게.

나라를 부유하게 하는 방법은 돈을 사용하는 것이고, 언제나 군사의 숫자를 적절히 유지하는 방법으로는 호패제도*가 있다.

돈을 널리 쓰면 나라의 살림이 넉넉해지고 호패법이 시행되면 군대 안 가는 백성이 없어지므로 나라에 크게 이익이다.

그런데 선왕선조 말년에 돈을 사용하자는 논의가 있어 모두 시행하는 게 좋겠다고 했는데 곧 중단되어 버렸다. 또 몇 년 전에 호패를 다루는 관청을 설치하고 모두 호패를 만들어 차고 다니더니 두어 달 만에 폐지해 버렸다.

오래 참고 견디지 못하는 것이 우리나라의 습속인지 참으로 안타까운 일이다. 일을 경영하는

*호패제도_ 조선시대에 신분을 나타내기 위하여 16세 이상의 남자에게 호패를 가지고 다니게 하던 제도이다. 태종 때 처음 시행하였으나 한동안 없앴다가 세조 때 다시 시행하여 조선 후기까지 계속되었다.

사람은 깨닫고 생각하는 것이 어려운 게 아니라 오래 밀고 나아가는 것이 극히 어려운 것임을 알아야 한다.

　이수광은 여기서 경제와 국방 문제를 말하고 있어. 당시에는 물물 교환 형태로 매매가 이루어지는 것이 대부분이었는데, 쌀과 베가 주로 돈 역할을 했거든. 그러자니 그 부피와 무게가 감당하기 어려워 경제 가 빠르게 운행되지 않는 단점을 고치자는 주장이야.
　또 호패법을 강력하게 실시하면 국방이 안정될 거라고 했어. 호패를 통해 신분과 나이를 잘 관리하면 백성의 수도 정확하게 알게 되고 군 사의 수를 미리 예측하여 군대를 만들 수 있거든. 또 그를 통해 군대를 가지 않으려는 사람도 막을 수 있지.
　다음은 정치에 대한 그의 견해를 보여 주는 부분이야.

　옛날에는 임금에게 간언을 드리는 관리가 따로 없었다. 누구나 의견이 있 으면 다 간언을 할 수 있었다. 그러나 모두들 두렵고 어렵게 여겨서 말을 못 할까 봐 상을 내리는 제도를 만들면서까지 간언을 권장했다.
　그러나 후세에 와서는 간언을 싫어하는 임금이 충직한 간언자에게 상을 주기는커녕 형벌을 내리는 것으로 굳어졌다. 이는 임금 스스로 귀와 눈을 막아 버리는 것이니 결국 나라가 어지러워지고 망하게 되는 것이다.

　여기서 우리는 두 가지를 볼 수 있어. 신하는 나랏일을 함에 있어서 욕심과 두려움이 없어야 하고, 임금은 신하의 말을 언제나 곧이들어야 한다는 거야. 그런데 신하들은 자기 이익을 챙기려고 말을 하고, 임금은 자기 권위를 내세우다 보니 나라는 망하게 된다는 거지.

고대의 영웅 치우에 관한 얘기도 있어.

『여씨춘추』*에 이르기를, '황제와 싸웠던 치우가 다섯 가지 무기를 만들었다.'고 하였다. 이는 곧 창, 극, 수, 추모, 이모를 일컫는다.

또 『관자』에는 '갈노산에서 황금이 발굴되어 치우가 투구를 만들었다. 이것이 무기, 갑옷, 투구의 시초였다.'고 하였다.

한나라 고조유방가 군사를 일으키려 할 때 뜰에서 치우를 모시는 제사를 하였다고 한다. 아마 그것은 치우가 처음으로 무기를 제작해서 그런지도 모르겠다.

치우가 모든 무기를 개발한 전쟁의 신임을 알겠지. 이수광은 치우가 어떤 사람인지에 대해서는 밝히지 못했지만, 중국 역사책을 인용하여 그 실체를 알리고자 했어. 대개 치우는 황제의 적인 오랑캐나 괴물로 알고 있지만, 실은 우리 겨레의 영웅임을 더 많은 세월이 지나서야 알게 되었지.

화약과 대포에 관한 이야기도 있어.

우리나라 화포는 고려 말에 시작되었는데, 최무선*이 원나라의 염초장에게 배웠다고 한다.

예전에 화포장 지수라는 사람이 있었는데, 경

*『여씨춘추』_ 중국 진나라의 여불위가 학자들에게 편찬하게 한 책이다. 유가를 주로 하고 도가와 묵가의 설을 다루었으며, 그 시대의 일들도 담고 있다. 20권.

*최무선_ 고려 말기에서 조선 전기의 장군이자 무기 발명가이다. 중국 원나라 염초장에게서 화약 제조법을 배워 화통도감을 설치하고 화약과 무기 등을 만들었으며, 이를 이용하여 진포에 침입한 왜구를 크게 무찔렀다.

원의 성이 함락되었을 때 오랑캐일본에게 포로가 되었다. 이때 오랑캐들은 그에게 포 쏘는 방법을 배우고자 직접 해 보라고 시켰다.

지수는 그들을 한쪽에 모여 서게 하고는 그들을 향해 포를 쏘았다. 이에 오랑캐들이 화를 내어 그의 사지를 찢어 죽였다. 슬프고도 장렬한 죽음이다.

이순신과 거북선에 대한 이야기를 들어 보렴.

우리나라의 전함은 매우 훌륭하다. '왜군의 배 수십 척이 우리나라 배 한 척을 못 당한다.'는 말이 있을 정도다.

이순신이 전라 좌수사가 되었을 때 새로운 배를 만들었는데, 그 모습이 마치 거북이가 엎드린 것처럼 보여서 거북선이라고 했다. 임진란 때에 이 거북선이 큰 승리를 가져다주었다.

그러나 원균이 좌수사가 되자 100여 척의 전함이 다 부서지고 패하여 남은 게 없었다. 이순신이 다시 좌수사가 되어서는 전함 13척을 가지고 바다를 가득 덮은 600여 척의 적선을 깨뜨렸다. 역시 장수는 훌륭한 사람을 뽑아야 한다.

무기의 우수성도 중요하지만 그것을 잘 다스리는 사람이 더 중요하다는 말이지.

이수광은 우리나라의 역사도 남다른 관점으로 바라보았어. 우리나라가 결코 작은 나라가 아니라는 주장이야.

『사기』에 무제가 조선을 평정하여 진번, 임둔, 낙랑, 현도의 한사군을 설치했다고 하나, 실제에 있어서 한나라가 평정한 것은 위만이 점령한 땅이고 우리나라 전체가 아니었다.

『수서』에 '고려 땅은 고죽국이니 주나라가 기자를 그곳에 봉했다.'고 하나, 이 말의 근거를 알 수가 없다. 그런데 『여지승람』에서 이첨이 말하기를 '고죽국은 해주다.' 했으나, 실제로 중국 영평부에 고죽고성이 있다. 왜 이첨이 해주를 고죽이라고 했는지 알 수 없으나, 해주에 수양산이 있으므로 억지로 갖다붙인 게 아닌지 모르겠다.

우리나라가 한반도뿐만 아니라 나라 전체를 한나라에 뺏긴 적이 없다는 거야. 사대주의자들이 들으면 호통을 칠 일이지. 이러한 시각으로 훗날 이긍익, 안정복, 한치윤 등이 우리 역사를 새롭게 조명했으니, 이수광의 가르침 덕이라 할 수 있겠지.

이수광은 우리나라의 국토에 많은 애정을 보였어. 백두산에서부터 지리산까지 명산들에 대해 소개했는가 하면, 울릉도와 독도_{삼봉도라고 되어 있음}에 대해서도 우리 영토임을 분명히 밝히고 있어. 이러한 사상이 훗날 이중환의 『택리지』를 탄생하게 했을 거야.

『지봉유설』은 백과사전답게 세계의 여러 나라에 대해서도 소개해.

불랑기국_{불란서, 프랑스}은 서양의 큰 나라이다. 그 나라의 무기를 불랑기라 부르며 지금 군대에서 쓰인다. 또 서양포라는 베는 몹시 가볍고 대단히 가늘어서 마치 매미의 날개와 같다.

영길리국영국은 육지 서쪽 끝 먼 바다에 있다. 낮은 매우 길고 밤은 짧아서 겨우 4시간 정도면 날이 샌다. 그들은 오직 보릿가루를 먹고 가죽옷을 입고 배에서 산다.

프랑스와 영국에 대해서 설명했다는 것 자체가 당시로서는 놀라운 일이지. 이수광은 유럽 지도와 아시아 지도까지 갖고 있었대. 그것을 통해 세상의 생김새와 넓음을 깨달았던 거지.
성경과 기독교에 대해서도 이수광이 가장 먼저 소개했어.

구라파국은 대서국로마, 이탈리아이라고도 부른다. 이마두마테오 리치라는 사람은 8년간이나 바다를 항해해 8만 리를 헤치고 중원에 와서 십여 년을 살았다. 그는 『천주실의』*라는 두 권짜리 책을 썼다.
이 책을 보면 첫머리에 천주하나님가 처음으로 천지를 창조하고 평화로운 낙원을 만들었다고 한다. 그러고 나서 사람의 영혼은 죽지 않으며 짐승과는 다르다고 논하였다.

이수광은 명나라에 가서 『천주실의』를 구해 와서 읽고 이런 글을 썼던 거야. 이렇게 다양한 지식을 추구했으니 그의 학문이 성리학

*『천주실의』_ 1603년에 이탈리아의 예수회 소속 신부인 마테오 리치가 중국에 들어가서 한문으로 쓴 천주교 교리서이다. 서양 교주와의 문답형으로 가톨릭교 신학을 서술하였다.

의 벽에 갇히지 않았지.

이 밖에도 이수광은 시를 논하고, 음악을 논하고, 음식과 세시 풍속에 대해서도 기록했어. 의술과 식물과 동물에까지 그의 관심은 확대되었어. 이 정도면 당시로서는 백과사전이라고 하기에 조금도 부족함이 없겠지.

또한 『지봉유설』에는 재미있는 이야기도 많아. 그 가운데 우스꽝스러운 것 하나를 들려주며 조선 최초의 백과사전을 들춰보는 재미를 접을까 해.

옛날에 부인의 말이라면 꼼짝도 못하는 공처가 장수가 있었는데, 자신이 부인에 대한 정절을 가장 잘 지킨다고 여겼어. 그런 그가 어느 날 군사들에게 과연 누가 가장 공처가인지(정절을 잘 지키는지) 시험을 해 보기로 했어.

장수는 들판에 파란 깃발과 하얀 깃발을 꽂아 놓고 명령했지.

"정절을 잘 지키는 남자라면 파란 깃발로 가고, 그 반대이면 하얀 깃발로 가서 서라!"

말하자면 누가 아내의 말을 가장 잘 듣느냐는 것이었어. 남자들은 서로 자신은 공처가가 아님을 자신하며 하얀 깃발로 모였어. 이미 공처가임이 드러난 몇몇은 파란 깃발 아래 서 있었고. 더러는 정절을 잘 지킨다는 명목으로 파란 깃발로 갔어. 그런데 한 사람은 오도가도 못하고 가운데 서 있는 거야.

"너는 왜 아무 데도 가지 않느냐?"

장수가 물으니 그 병사가 대답했어.

"제 아내의 말이, 사내들은 모이기만 하면 여색에 대해 떠드니 그들이 모이는 곳에는 아예 가지 말라고 했기 때문에 홀로 여기 서 있는 것입니다."

장수가 웃음을 터뜨리며 말했어.

"그래, 네가 가장 정절을 잘 지키는 사람이다. 오늘 하루는 네가 장군을 해라."

제12장
별들이 모인 큰 호수
이익

성호 선생의 저작은 근 100권에 가깝다. 스스로 생각해 보건대,
우리들이 천지의 넓고 큼과 해와 달의 밝음을
알 수 있게 된 것은 모두 이 선생의 힘이었다.

— 정약용 「여유당전서」

[illegible]

유배지에서 태어난 아이

이수광에서 시작된 실학의 물결은 어디로 흘러갈까?

그 물결을 이어받은 이는 유형원이었어. 전형적인 서울의 사대부 가문 출신인 그는 어려서 부친을 여의고 외삼촌 이원진과 고모부 김세렴에게 학문을 배웠어. 그는 벼슬에 미련을 접고는 전라도 부안 우반동 골짜기에 자리를 잡고 손수 농사를 연구했어. 그의 호 반계는 우반동 골짜기란 뜻이야. 삼십대 초반 이후로 이곳을 벗어난 적이 없는 그는 여기서 또 하나의 걸작인 『반계수록』을 펴냈어.

이수광의 『지봉유설』은 다양한 정보를 모으기는 했으나 다소 산만하여 일정한 체계가 없고 깊이도 얕은 편이야. 이에 반해 『반계수록』은 실학이라 부르기에 합당한 내용과 체계가 갖추어져 있어. 『지봉유설』이 백과사전이라면 『반계수록』은 전문 연구서인 셈이지. 또 이수광이 튼 물꼬를 이어받아 비로소 골짜기를 벗어나 강으로 나왔다고 하면 적절한 비유가 될 거야.

『반계수록』은 조선의 정치, 경제, 문화, 군사 등 모든 사회제도에 대해 연구했어. 유형원의 이 업적으로 인해 실학은 실사구시* 정신을 확립하고, 비로소 학문적 위치와 분명한 흐름을 갖게 되었어. 하지만 안타깝게도 그는 자신의 이상이 실현되는 걸 보지 못했어. 갓 쉰이 넘은 나이에 죽음을 맞았거든. 그의 제자들은 『반계수록』을 조정에 바치고는 채택해 줄 것을 건의했지만 당파 싸움에 여념이 없는 성리학자들은 받아 주지 않았거든.

하지만 반계의 꿈은 그대로 잠들지 않았어. 탕평책*으로 당파 싸움을 진정시킨 영조가 그 가치를 발견한 거야. 영조는 『반계수록』을 편찬하여 조선 팔도의 모든 관아에 배포했어. 그 영향으로 실학은 영·정조시대에 전성기를 맞게 되고, 조선 학문의 큰 흐름으로 주도하게 된단다.

이수광이 물꼬를 트고 반계가 체계를 잡은 실학의 큰 흐름은 어디로 흘러갈까?

17세기까지 조선 학문의 주류는 역시 성리학이었어. 물론 그 바탕은 사서삼경을 토대로 삼은 유학이지. 그런데 유학은 성리학과 양명학 고증학 등 여러 학파와 흐름이 있었어. 게다가 그 틈새에서 흘러나온 조선 특유의 학문인 실학도 당당히 한 흐름을 차지하고 있었지. 이 모든 흐름을 큰 호수로 받아들여 학문을 크게 일으킨 이가 바로 성호 이익이란다.

성호星湖는 경기도 안산에 있던 호수인데, 이익이 안산에 살면서 그것을 호로 삼았지. 별들이 모인 호수라는 뜻을 가진 이름처럼 이 호수로 학문의 물줄기와 인재들이 모여들었어. 성호는 제자들을 많이 길러 내어 성호학파를 형성할 정도가 되었어. 그리하여 실학은 조선 학문의 중심이 되었고, 조선 후기의 문예부흥을 주도하게 된단다.

자, 실학의 흐름이 이해가 되니? 그렇다면 이제 성호 이익의 삶과 학문에 얽힌 이야기를 들을 준비가 된 거야.

때는 숙종 6년인 1680년 말을 탄 금부도사와 포졸들이 흙먼지를 일구며 솟을대문이 우뚝한 집으로 들이닥쳤어.

"죄인 이하진은 속히 나와 어명을 받들라!"

난데없는 금부도사의 고함에 집안이 발칵 뒤집혔지.

방에서 책을 보고 있던 이하진은 버선발로 달려 나와 무릎을 꿇었어.

"부당한 상소로 조정을 어지럽게 한 이하진을 평안도 운산으로 부초한다!"

마른하늘에 날벼락 같은 소식이었지. 전직 대사헌 이하진은 이미 봄에 한 차례 벌을 받았어. 그해 봄, 서인 당파는 남인을 몰아내기 위해 역적모의를 했다며 몰아세웠어. 이때 남인의 영수 영의정 허적을 비롯한 많은 사람이 죽었지. 이하진은 이 일이 근거가 분명하지 않아 부당하다는 상소를 올렸다가 진주 목사로 좌천되었어. 그랬다가 아예 벼슬을 내놓고 집에서 쉬고 있던 참에 날벼락을 맞은 거야.

"이미 한 번 벌을 받아 관직까지 내놓았거늘 어찌하여 또 벌을 내린단 말이오?"

집안 식구들이 금부도사에게 따지자 이하진이 담담히 말했어.

"소란스럽게 하지 마라. 세상이 서인들의 것이고 나의 벗들이 이미 죽었는데 어찌 나만 무사하겠느냐. 아, 가득한 구름이 하늘을 가리고 있으니 어찌 벼락과 비가 없겠느냐. 부인, 준비해 주시오."

이미 오십줄에 들어선 이하진이 스무 살이나 어린 아내 권씨에게 말했어. 권씨는 이하진의 두 번째 부인이었어. 첫 번째 부인은 3남 2녀를 낳고 숨을 거두어 다시 아내를 맞은 거지. 젊은 아내는 말없이 방으로 들어가 귀양살이를 떠날 채비를 하였어.

"아니, 어머니!"

귀양살이를 떠날 즈음 이하진의 가족들은 또 한 번 놀랐어. 권씨가 보따리를 챙겨 함께 따라나섰거든.

"자네들이 이미 장성하여 성가하였으니 집안을 이끌어 가게. 난 어르신을 따라가 모셔야겠네."

이미 굳은 결심을 한 권씨를 아무도 말리지 못했지.

평안도 운산은 1천 미터 안팎의 험한 산들로 둘러싸인 오지야. 권씨는 천 리가 넘는 그곳까지 이하진을 따라가 살림을 맡았어.

이하진의 귀양살이는 쓸쓸하기 짝이 없었어. 동료들은 사약을 받거나 사형을 당했고, 더러는 관직에서 쫓겨나거나 귀양살이 중이니 찾아올 사람 하나 없었지. 둘러보면 첩첩이 가로막힌 산뿐인 곳에서 산밭을 일구며 살아야 했어. 대사성, 대사헌을 지낸 학자요 고관이었던 그의 말년이 너무도 고달프게 된 셈이지. 이런 와중에 전혀 뜻밖의 경사가 생겼어.

1681년 이른 봄날, 이하진이 고개를 갸웃거리며 물었어.

"부인, 내가 기이한 꿈을 꾸었는데 혹 무슨 일이 없소?"

"무슨 꿈이온지요?"

"별들이 내 품으로 와락 쏟아져 들어오지 않았겠소."

권씨는 얼굴을 붉히며 고개를 돌렸어.

"태몽인가 봅니다. 실은 지금 임신을 하였답니다."

이하진은 권씨의 손을 잡고 함박웃음을 터뜨렸어.

"오, 내 나이 쉰이 넘어 이런 경사를 누리다니. 고맙소, 부인. 아무쪼록 무리하지 말고 태교에 애를 쓰도록 하오."

그해 겨울 초입, 유배지 운산의 산골짜기에서 우렁찬 아이의 울음소리가 터졌어. 눈이 별처럼 영롱한 사내아이였어. 시도 잘 짓고 명필이었던 이하진이 아이 이름을 써서 내밀었어.

"내가 다 못 이룬 학문과 부인의 어진 사랑이 아이에게 스며들어 장차 큰 그릇이 되라는 뜻으로 이름을 익瀷: 스며들다는 뜻으로 지었다오."

권씨는 흡족한 웃음을 띠고 아이를 바라보았지.

이하진은 늦둥이 익과 권씨와 더불어 나름대로 행복한 귀양살이를 했어. 그러나 그 행복은 오래가지 않았어.

"부인, 부디 이 아이를 잘 가르치시오."

익이 채 돌을 맞기도 전에 이하진이 숨을 거두고 만 거야.

권씨는 갓난아이를 업은 채 남편의 관을 실은 수레를 앞세우고 선산이 있는 안산 첨성리를 향해 걷고 또 걸었어.

별이 모이는 호수로 돌아가다

익은 체구가 작고 호리호리한 편이었어. 유배지의 매서운 겨울에 태어나 충분히 먹지도 못해 썩 건강하지도 않았지.

그럼에도 불구하고 그의 총명함은 어려서부터 집안을 종종 놀라게 했어. 형들이 공부하는 소릴 듣고 웅얼웅얼 따라 외는가 하면, 글씨를 땅에 휘적휘적 갈기기도 했거든. 학자가 될 조짐을 보였던 거지. 그러나 막상 무얼 좀 가르치려고 불러 앉히면 고개를 푹 꺾으며 쓰러지듯 눕고 말았어.

"막내에게 영특함은 있으나 몹시 병약하니 공부보다는 우선 건강을 다져야겠습니다. 공부는 언제든 시작할 수 있는 것이지만 건강은 어려서부터 다져 놓지 않으면 평생 제 몸 하나 추스리기도 바쁠 것입니다. 밥맛을 돋우어 주고 자주 바깥으로 나가 뛰놀도록 하는 것이 좋겠습니다."

익을 가르쳐 보려던 둘째 형 잠이 말했어.

"귀양살이 중에 태어났으니 변변히 먹이지 못한 탓인 게지."

권씨는 파리한 늦둥이 아들을 애처롭게 바라보았지.

당시 사대부의 자제들은 예닐곱 살이 되면 천자문을 익히는 것을 시작으로 학문의 길로 들어섰어. 그런데 익은 열 살이 되도록 그 길에 발을 내딛지 못했어. 그저 건강을 다지기 위해 들판과 산을 누비며 시간을 보낼 뿐이야.

첨성리에는 얕은 산과 들의 작은 물줄기들이 모여들어 이룬 호수가 있었어. 익은 그 호숫가의 갈대밭을 거닐기를 좋아했어. 드문드문 둘러 선 소나무 그늘에서 앉아 쉬기도 하고, 납작한 돌멩이를 던져 물수제비뜨기도 하면서.

홍시 같은 해가 얕은 산 위로 넘어갈 때면 호수는 황금빛 잔물결을 일렁거렸어. 그 풍경 속에서 익은 들판 건너 얕은 산 너머의 바다를 생각했어. 어서 건강해져 바다까지 달려가 보고 싶었거든.

해가 지면 어둡기도 전에 서쪽 하늘에 개밥바라기 별이 떠올랐어. 그리고 차차 어두워지면서 별들이 하나 둘 나타나 빛을 터뜨리는 거지. 별들을 헤아리다 보면 어느새 하늘은 별들로 가득 차곤 했지. 그것들은 검푸른 호수 속으로 몰려들어 하늘과 마주보고 반짝거렸어. 때문에 호수는 성호라는 이름으로 불린 거야.

익은 하늘의 별들이 몽땅 몰려든 것만 같은 성호를 좋아했어. 그 별들을 헤아리며 막연히 공부라는 건 별처럼 아득한 일이라고 생각했지. 어쩌면 그는 그때 이미 그 호수를 자신의 호로 점찍었는지도 몰라. 그런 그가 공부를 시작한 건 열 살이 훌쩍 지난 때였어.

그의 공부 환경은 매우 좋은 편이었어. 아버지 하진의 학문을 이어

받은 형들이 있었고, 무엇보다도 책이 많았거든. 언젠가 사신이 되어 명나라로 갔던 익의 아버지는 황제에게 은을 선물로 받은 적이 있었어. 그때 은으로 몽땅 책을 사서 수레에 싣고 왔는데, 무려 천 권이 넘었대. 첨성리 집에는 이 책과 더불어 조상 때부터 내려온 책이 서재 가득 쌓여 있어 마치 도서관 같았어.

"와, 책이 별들만큼이나 많구나!"

익의 감탄에 권씨는 다정스런 표정으로 말했어.

"전에는 별들을 그리 좋아하더니 이제 책이 더 좋으냐?"

"예, 어머니. 반드시 이 책들을 다 읽고 저도 책을 지어 볼래요."

야무진 결심을 밝히는 익의 눈이 별처럼 빛났지.

어머니 권씨는 익을 서울 둘째 형 잠의 집으로 보냈어. 잠은 일찌감치 벼슬길에 나가 있었는데, 문장력이 아주 뛰어났어. 익의 재능을 일찍이 간파한 잠은 열성적으로 아우를 가르쳤어.

익이 공부하는 속도는 놀라웠어. 여느 아이들보다 오륙 년이나 늦게 시작했으나 3년여 만에 기초 학문을 떼고 성리학의 깊이를 들여다보게 된 거야. 특히 암기력이 뛰어나 대부분의 책들을 줄줄 외다시피 하였어.

"이제 내가 더 가르칠 게 없다. 지금부터는 스스로 책을 통해 스승을 만나도록 하거라."

잠은 놀라워하며 아우를 격려해 주었지.

1706년, 한창 공부에 전념하던 청년 이익의 인생에 큰 변화가 찾아왔어. 둘째 형 잠이 집권 노론당을 공격하는 상소를 올렸는데, 이것이 빌미가 되어 혹독한 형벌을 받게 된 거야. 잠은 무려 열여덟 번이나 모진 고문을 받은 끝에 숨을 거두고 말았어. 병약한 자신을 늘 아버지처럼 돌봐 주던 형의 죽음은 그의 인생길을 바꿀 만큼 충격적이었어.

"아, 선비가 선비를 모함하고 죽이는 세상에 나가 벼슬을 한들 무슨 유익이 있겠는가! 내 다시는 벼슬이나 정치 따위는 꿈도 꾸지 않으리라."

대과를 준비하고 있던 익은 조카들을 데리고 첨성리로 돌아왔어. 그리고 조상으로부터 물려받은 그 집을 성호장星湖莊으로 이름하고 자신의 호도 성호로 굳혔어. 어릴 적 꿈을 키우던 호수가 보이는 그곳에서 학문만을 벗삼아 지내기로 결심한 거야.

익의 이러한 결심은 마지막까지 흔들리지 않았어. 어머니가 돌아가시자 그는 집안의 종과 재산을 모두 큰형에게 줘 버렸어. 자신의 몫이라고는 살고 있는 집과 얼마 되지 않는 논밭과 책이 전부였지. 그리고 벼슬에 나갈 생각을 접고 학문에만 매달려 있었으니 가난은 해가 갈수록 심해질 수밖에.

하지만 가난과는 반대로 그의 명성은 날로 높아졌어. 이미 그는 성리학의 대가가 되어 있었어. 게다가 유형원의 『반계수록』을 연구하여 실학자로서 명성을 얻었어. 그가 엮어 낸 책들이 선비들 사이에서 읽히기 시작했고, 전국에서 인재들이 찾아와 배우기를 청했어. 여러 강줄기가 큰 호수에서 모이듯이 그는 어느새 조선 학문의 커다란 호수가 되어 있었던 거야.

성호 이익

18세기 중반 조선에는 새로운 문화의 바람이 불기 시작했어. 우유부단하여 당파 싸움에 휘둘리던 숙종의 시대가 가고, 병약한 경종의 짧은 다스림도 끝나고, 영조가 조선의 문예 부흥기를 활짝 열어젖혔거든.

영조는 당쟁을 없애기 위해 탕평책을 실시하고, 당파를 가리지 않고 인재를 뽑았어. 그런 영조의 귀에 이익의 소문이 들어갔어.

"실력 있는 선비가 몸을 숨기고 살며 가난으로 어려움을 겪는다는 건 나라에서 정치를 잘 못하기 때문이다. 이익에게 벼슬을 내려 실력을 발휘하고 살 수 있도록 조처하라."

조정 대신들은 논의 끝에 이익에게 선공감가감역이라는 벼슬을 내렸어. 생각할수록 이는 한심한 조처지 뭐야. 이때 이익은 47세였고, 학자로 태산처럼 우뚝 선 그에게 종9품을 내리다니. 더구나 학사 직도 아니고 나라의 공사를 감독하는 직책이라니 학자를 놀린 것이나 다름없지 뭐야.

아마도 이는 영조의 뜻은 아니었을 거야. 여전히 권력을 쥔 노론이 남인의 후예인 이익의 등장을 꺼려 일부러 그런 직책을 내렸을 걸로 짐작돼. 물론 익은 벼슬을 사양했지. 그리고 부귀 따위에는 초연한 자세로 그저 학문을 연구하고 제자를 기르며 늙어 갔어.

　가난은 죽는 순간까지 그를 괴롭혔어. 그가 병약하니 아들도 병약했나 봐. 외아들 맹휴는 일찍이 과거에 급제하여 예조정랑 만경현감을 지냈는데, 병으로 부친보다 먼저 세상을 버렸어. 그 후 가난은 더욱 심해졌고, 칠순이 넘은 익은 몸을 움직이기조차 힘들 정도로 병마에 시달렸어. 그렇지만 어려서부터 함께해 온 성호에서 그는 위안을 받았어. 그가 지은 시에는 성호에 대한 애틋한 정이 가득해.

백발이 덧없이 찾아오니 마음은 서글프고
근심과 병이 이어지니 꿈속에도 놀라는구나
오직 강과 호수에는 둥근 달이 떠 있어
그 밝은 빛 우리 집을 비추는구나

　1763년에 영조는 익에게 첨지중추부사를 내려 도와 주려 했어. 그러나 이미 병이 깊은 그는 그해 겨울을 넘기지 못하고 숨을 거두고 말았어.

200년을 내다본 지혜 『성호사설』

성호 이익, 그의 학문은 어떤 것이었을까?

우선 익은 당시의 모든 학자들처럼 기본적으로 성리학에 몰두하였어. 그는 이황과 이이로 이어지는 성리학의 두 줄기 큰 강을 두루 익힌 거야. 그는 특히 학문적으로 이황을 매우 존경했어. 이황을 공자와 다름없다며 이자李子라 공경하여 불렀고, 이황의 어록을 『이자수어』라는 책으로 엮어 후세들이 본받게 했지. 이황의 학풍을 이은 영남학파와 남인은 이이의 학풍을 이어받은 서인과 노론을 좋아하지 않았는데, 이익은 이이의 학문에도 깊은 매력을 느꼈어.

어느 날 제자 중 하나가 물었어.

"성현과 선배 학자들이 수많은 책을 남겼습니다. 선생님께서는 그 책들 가운데 어떤 것이 역사에 길이 남을 만하다고 보십니까?"

익이 대답했어.

"백성들의 삶에 크게 도움을 주는 책이 오래 남는다. 그 첫째로는 허준의 『동의보감』을 들 만하고, 학문을 익히는 데는 율곡 선생의 『성학집요』가 둘째로 남을 만하고, 유형원의『반계수록』을 뺄 수 없다. 그리고 내가 엮은『성호사설』도 남을 만하다.”

학파에 대한 편견을 갖지 않고 실생활을 기준으로 책을 선정하는 게 역시 실학자다운 태도지. 사람의 목숨과 직접 관련이 있는『동의보감』을 첫 번째로 들었고, 학문 서적으로는『성학집요』를 추천했어. 그리고 실학의 첫 열매라 할 만한『반계수록』을 들었고, 그 뒤를 자신의『성호사설』이 이을 만하다고 했어. 익의 자부심과 학문적 계보를 짐작케 해 주는 대목이지.

성리학의 높은 곳에 이른 그는 곧장 실학으로 눈을 돌렸어. 그렇게 된 데는 자연스런 이끌림이 있었어. 그의 증조부 이상의는 일찍이 실학의 물꼬를 텄던 이수광과 매우 친해서 함께 명나라에 사신으로 다녀오기도 했거든. 유형원의 스승인 이원진도 집안 어른이었어. 그리고 이익은 자신의 딸을 이수광의 집안으로 시집을 보냈어. 실학에 대한 인연이 깊었던 셈이지. 그러니 탁상공론을 멀리하고 항상 실생활에 도움이 되는 학문을 추구하는 건 당연한 일이었어.

「방조제」라는 시는 이익의 실학적 가치관이 잘 표현되어 있어.

물길 트고 포구 옮겨 방축을 쌓으면

짠 기운 가시고 벼가 자라니 모두가 옥토라

반듯반듯 새 거리 새 마을 되면

씨 뿌리기 김매기 걱정 없다네

그 누가 이 산천을 고루 일구어

황무지로 버리지 않게 하리

바다도 뽕밭으로 쉬 바뀌나니

좋은 방법일랑 백성한테 물어 이뤄야지

참 놀라운 시야. 마치 1970년대의 새마을운동* 노래 같잖아. 벌써 2백 수십 년 전에 이익이 이런 노래를 했다니. 더욱 놀라운 것은 오늘날 위 노래처럼 서해안 간척이 이루어져 공단이 들어서고 논이 생겼다는 거야. 이익은 그때부터 우리나라 산천을 고루 잘 가꾸어 백성들의 삶을 부유하게 해야 한다고 믿었어. 좋은 방법을 백성들한테 물어야 한다는 것도 종래의 학자들에게서 찾아볼 수 없는 태도야. 종래의 학자나 정치가들은 언제나 백성을 가르치고 다스리려고 했잖아. 하지만 이익은 백성에게서 배우려고 했어. 이것이 바로 실생활에서 배움을 얻고 실생활에 적용하는 실사구시 정신이거든.

이러한 이익의 사상은 제자들을 통해 널리 퍼져 갔어. 이익의 대표적인 제자는 안정복*이야. 그는 『동사강목』이란 역사서를 써서 중국 역사의 변두리로 취급되던 우리 역사를 새롭게 살려냈지. 이것이 발단이 되어 우리 역사에 대한 관심이 커졌고, 이긍익의 『연려실기술』, 한치윤의 『해동역사』, 유득공의 『발해고』 등이 잇따라 쏟아져 나왔어.

지독한 가난 속에서도 이익은 훌륭한 아버지요 집안 어른이었어. 그의 아들 맹휴는 일

찍이 벼슬에 나아가 『예론설경』과 『춘
관지』를 지었고, 손자 구환 역시 실학
자의 길을 걸었어. 그리고 『택리지』를
쓴 이중환, 공조판서를 지낸 이가환도
큰집 자제들로 이익에게 가르침을 받
았어.

실학의 또 한 봉우리를 이룬 박제가
와 박지원를 비롯하여 영·정조시대에
문예 부흥에 앞장선 학자들이 대부분
이익의 영향을 받았어. 이익은 시골에
숨어 살면서 학문에만 몰두하였지만
그 어떤 정승 판서보다도 위대한 일을
해낸 큰 스승이었어. 그러므로 실학의

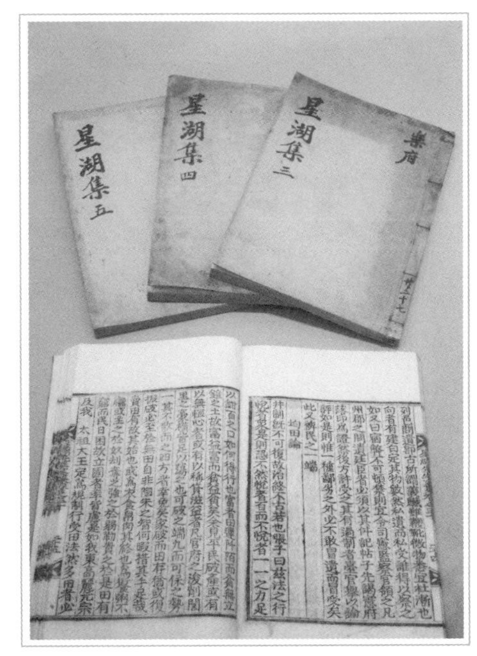

이익의 시문집인 『성호집』

완성자로 평가되는 정약용은 『여유당전서』에서 이익을 다음과 같이
우러러 칭송했어.

성호 선생의 저작은 근 100권에 가깝다. 스스로 생각해 보건대, 우리들이
천지의 넓고 큼과 해와 달의 밝음을 알 수 있게 된 것은 모두 이 선생의 힘
이었다.

그렇다면 이익이 거의 평생을 들여 엮어 낸 『성호사설』은 어떤 책일
까?

이익은 40세 무렵부터 『성호사설』을 짓기 시작했어. 이렇게 모인 원고를 그가 80세 되던 해 제자들과 후손들이 책으로 엮어 낸 거야. 여기엔 모두 3천7편의 글이 실려 있는데, 크게 다섯 항목으로 나누어 편집했어.

1. 천지문 : 천문(우주), 지리, 국토, 국가, 자연 현상에 대한 글.
2. 만물문 : 농사, 의복, 음식, 무기, 진귀한 물건과 기계 등 생활과 관련이 깊은 내용.
3. 인사문 : 정치, 경제, 학문, 인물, 사회제도, 과거제도 등.
4. 경사문 : 유교 경전과 역사책을 읽고 그에 대한 견해와 비평을 적은 글.
5. 시문문 : 중국과 한국의 시인과 시에 대한 비평.

백과사전과 다름없지만 그 깊이는 전문 연구서 수준이야. 이제 그 내용을 간략하게나마 살펴볼까.

아이가 위기에 빠지면 부모는 자식을 구하려고 어떤 일도 마다하지 않고 덤벼들 것이다. 이미 자식은 불에 타거나 물에 빠져서 구해 낼 수 없는 상황이라도 어떻게 해서든 살리려 애쓰고, 또 살아나기만 바라는 것이다. 어느 부모라도 자식이 죽기를 바라보며 기다리지는 않는 법이다.

부모가 자식을 걱정하는 마음으로 나라는 백성을 보살펴야 한다는 뜻이야. 또 학자는 그런 마음으로 학문을 하여 세상을 구해야 한다는

실학자의 가치관이 잘 드러나지. 조선 중기부터 후기를 내내 요란하게
한 당파 싸움에 대해서는 이렇게 비평해.

붕당은 싸우는 데서 생기고 싸움은 이해관계에서 비롯된다. 이해관계가
절박하면 붕당관계가 깊어지고, 이해관계가 오래되면 붕당도 굳어지는 건
자연스런 현상이다.

지금 조정의 관료를 모아서 선악을 논의하도록 하자. 각자 옳은 것은 옳
다 하고 그른 것은 그르다고 해서, 서로 관직을 양보하고 녹봉도 사양하여
채척하고 모함하는 일이 없어지게 한다. 그러면 조정도 하나가 될 것이다.

다음은 사람이 살아가면서 반드시 지켜야 하는 세 가지 허비에 관한
충고란다.

어려서 배운 것은 자라면서 잊어버리는 것이 첫 번째 허비요
임금을 섬겨 공을 세우고서 한순간에 저버리는 것이 둘째 허비요
오래 사귄 벗과 우정을 끊는 것이 세 번째 허비다.

위는 『효경』의 지은이인 증자의 말인데, 인생의 중요한 세 가지를
학문과 충절과 우정이라고 가르치는 거지.
우리나라 사람들이 가난하게 사는 이유를 이익은 다음과 같이 비판
했어.

우리나라 사람들은 다른 나라에 비해 먹는 것에 매우 매달린다. 한번은 배가 풍랑에 밀려 내가 유구(일본에서 멀리 떨어진 섬)에 갔는데, 그곳 사람들이 비웃으며 말했다.

"당신네 풍속은 항상 큰 대접과 쇠숟가락으로 밥을 많이 먹는다니 어떻게 가난하지 않을 수 있겠소?"

사실 주로 고된 농사일을 하던 우리나라 사람들의 식사량은 매우 많은 편이야. 그릇이 크고 숟가락은 쇠로 만들어 홈이 움푹하니 한 번에 많은 양을 떠먹게 되거든. 그러니 젓가락으로 밥을 먹는 다른 민족에 비해 급하게 먹고 많이 먹을 수밖에 없어. 때문에 위장이 늘어나서 더욱 많은 쌀을 소비하게 되니 자연 가난을 벗어날 수 없다는 충고야. 때문에 이익은 배부름과 과식은 교만과 허영이라고 크게 나무랐어.

실제로 성장기 때는 잘 먹어야 하지만 육신의 성장이 다하고 나면 적게 먹는 게 건강에 더 좋거든. 그런데 우리나라 사람들은 습관적으로 과식을 한다는 거야. 그게 가난을 불러온다는 거지. 이익은 가급적 적게 먹고 채소를 많이 먹을 것을 권했어. 특히 콩의 유익함을 알아 매우 다양하게 요리해 먹었대. 그런 덕분에 병약하게 태어났음에도 팔순이 넘게 살 수 있었던 게 아닌가 싶어.

경제에 관한 이익의 사상은 탁월했어. 생산의 근원인 땅에 대한 생각을 볼까.

토지에 대해 나는 오래 숙고하여 한 가지 방안을 짜냈다. 땅의 소유를 균등하게 하는 균전제均田制가 그것이다. 나라에서 땅을 알맞게 나누어 각 가정에 영원히 주어 농사를 짓게 하는 것이다. 그리하여 다른 땅은 임의로 사고팔 수 있으나 이 영업전은 매매를 못하게 해야 한다.

지금 간악한 아전과 상인이 재물을 모으면 곧바로 가난한 백성들의 땅을 사 모아 더욱 부를 쌓는다. 이런 경우 땅을 다 파는 백성은 파산을 하게 된다. 그러나 영업전만은 못 팔게 해 두면 땅을 사려는 부자도 줄어들 것이고, 가난한 백성도 파산만은 면할 수 있다.

완전히 균전제를 하면 공산주의처럼 될 것인데, 영업전만 유지되는 한도 내에서 자유로운 매매를 보장하자는 주장이야. 그러면 아주 큰 부자도 안 나오고 아주 파산하여 노비가 되는 경우도 안 생긴다는 거지. 처음 시행하기가 어렵긴 하지만 일단 시행이 되고 정착되면 매우 성공적일 거라고 했으나 안타깝게도 시행되지 않았어.

당시에 나무를 심자는 주장을 한 것도 매우 이색적이었지.

산을 엄격히 통제하고 금지령을 마련하여 잘 지키도록 해야 한다. 나는 선영 밑에다 집을 지었는데 조카가 두세 둔덕에다 열성으로 나무를 심었다. 10년이 지나고 나니 숲이 무성하게 되었다. 낙엽은 부엌 땔감으로 쓰고, 급하게 필요하면 당장 재목으로 쓸 수도 있었고, 마을 사람들에게도 혜택이 적지 않았다. 나라를 다스리면서 백성을 생각하는 사람이 나무 심기에 적극 나서면 큰 덕을 베풀 수 있다.

나무를 심으면 산사태와 홍수를 막고, 삶에 보탬이 된다는 거야. 이 역시 새마을운동과 더불어 요즘까지 시행되는 국가적인 사업이니 참으로 놀라운 선견지명이지. 이처럼 이익의 사상은 생활에 밀접했고, 수백 년 앞까지 내다본 혜안이었어.

『성호사설』은 역사와 인물에 대해서도 많은 이야기를 전해 줘. 이황, 이순신, 유성룡, 한석봉 같은 유명 인물에 대한 이야기서부터, 별로 알려지지 않은 인물이나 임꺽정, 장길산, 홍길동에 대한 이야기도 있어. 일개 병졸로서 일본의 왕과 맞서 울릉도를 지킨 안용복의 이야기는 감동적인데, 그 앞에 울릉도와 독도에 대한 주장도 실려 있어.

울릉도는 지증왕 때부터 신라에 속했다. 그때는 그대일본들이 나라를 연 지 겨우 6년밖에 안 된 때라서 그대들의 힘이 먼 울들도까지 뻗칠 수가 없는 형편이었다. 고려에 와서 지방 특산물을 바치고, 그 후 잠시 땅을 비워둔 것까지 우리 역사가들이 천년 전부터 계속하여 기록하였다. 그런데 지금 와서 왜 이런 문제를 거론하고 나서는 것인가!

울릉도가 우리나라에 속하는 것은 명백한 사실이다. 그 근방의 섬들도 울릉도에 속한 것이고, 당신네 나라와는 아주 멀리 떨어져 있다.

이런 기록을 지금 일본 사람들한테 보여 주면 좋겠지.

임진왜란 때 보이지 않는 공을 세운 홍순언 이야기는 아주 재미있고 감동적이야. 그 이야기를 들려주며 그만 『성호사설』을 덮을까 해.

통역관 홍순언이 사신을 따라 명나라에 갔을 때였어.

그곳 도성에서 가장 유명한 술집에 갔는데, 거기에 새로 온 어여쁜 기생이 있었어. 그 여인은 집안이 망해 부모 대신 집안을 돌보기 위해서 나온 참이었대. 그런 그녀를 그 술집에서 많은 돈을 주고 산 거야. 그걸 안 홍순언은 기생의 몸값을 갚아 주고 집으로 돌아가게 해 주었어.

훗날 조선에 임진왜란이 터지자 홍순언은 또 사신을 따라 명나라로 갔어. 군사를 보내 도와 달라는 부탁을 하기 위해서였지.

그런데 도착하자마자 명나라 병부상서^{국방부장관} 석성이 사신 일행을 자기 집으로 초대하여 크게 잔치를 베푸는 거야. 부탁을 하러 온 처지에 너무 과분해서 몸둘바를 몰라 하는데, 곧 상서의 아내가 나와서 홍순언에게 절을 하지 뭐야.

"오늘에야 은인을 뵙고 은혜를 갚게 되니 이제 죽어도 여한이 없습니다."

상서의 아내는 바로 홍순언이 구해 주었던 기생이었어. 홍순언 덕에 몸을 버리지 않고 고이 집으로 돌아간 그녀는 훗날 석성의 아내가 되었던 거야.

명나라는 임진왜란 정유재란에 많은 군사를 보내 조선을 도와 주었어. 이 일은 석성이 명나라 조정의 반대를 피눈물 같은 정성으로 돌이켜서 성사시킨 것이니, 곧 홍순언에 대한 보답의 의미도 컸던 셈이었지.

제13장
학문의 바다에 다다른
정약용

정치라는 것은 바르게 다스리는 것을 뜻한다.
모두 한 백성이니 국토에서 나오는 이익을 고루 나누어 넉넉하게
살 수 있도록 해야 한다. 모두 같은 백성인데,
누구만 풍족하게 땅을 차지하도록 하여 나머지 백성들이
좁은 땅에서 늘 부족하고 궁색한 걱정 속에 살아가게 할 수 있는가!

— 『목민심서』

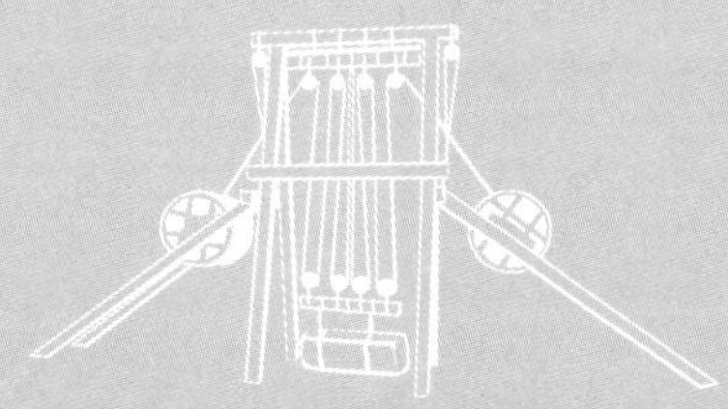

한강의 꿈꾸는 소년

한반도의 허리를 휘감고 유유히 흐르는 한강 이야기를 해 볼까. 한강이 있었기에 서울은 오래도록 나라의 도읍 자리를 유지할 수 있었어. 백제가 500년간 도읍을 했고, 조선이 또 500년 도읍을 삼았어. 대한민국도 역시 한강의 혜택을 입으며 살고 있지. 한강이 없는 서울이란 상상하기도 어렵지.

강은 풍요를 뜻해. 강물이 맑고 풍부하면 그 나라가 잘 살게 되고, 강이 마르고 좁으면 나라 살림도 어려워진대. 이런 까닭에 한국의 눈부신 경제 성장을 일컬어 '한강의 기적'이라고 하는 거야.

한강은 생김생김부터 다른 강과 달라. 한강의 근원은 크게 두 갈래야. 휴전선 너머 금강산 쪽에서 시작된 물길이 소양강을 거쳐 흘러오는 물줄기를 북한강이라고 해. 그리고 강원도 오대산 골짜기에서 시작되어 동강과 충주호를 거쳐 흘러오는 물줄기를 남한강이라고 하지. 이 두 물줄기는 팔당호에서 만나 거대한 호수가 돼. 그 팔당호 근처에 양수리라는 곳이 있는데, 바로 북한강과 남한강이 만나 하나가 되는 곳이야. 이렇게 만난 큰 물줄기가 비로소 한강이 되는 거야.

한강은 수도 서울을 감아 돌며 힘차게 흘러가다가 임진강과 만나서 강화도 앞바다에 이르지. 남한과 북한이 반드시 드넓은 통일 세계로 나가야 한다는 걸 한강이 예언하고 있는 듯하지 않니.

한강은 수많은 물줄기를 받아들여 마침내 큰 강이 되었어. 이는 여러 가지 의미로 해석할 수 있겠지만, 여기서는 어떻게 비유할 수 있을까. 마치 오랜 옛날부터 전해진 수많은 학문이 집대성하여 마침내 학문의 바다에 다다른 대학자의 모습이라면 어떨까?

이런 비유에 걸맞는 위대한 학자가 바로 다산 정약용이야. 그를 탐구하기에 앞서 한강을 들먹이는 것은 그가 태어난 곳이 바로 북한강과 남한강이 만나 하나가 되는 양수리이기 때문이야. 지금의 팔당 호수가 빤히 보이는 양주군 조안면 마재 지금의 능내가 바로 그곳이지.

정약용이 태어난 때는 영조 말기인 1762년이니, 이익이 숨을 거두기 1년 전이야. 본관이 나주인 아버지 정재원은 남인 학자였어. 그는 벼슬과 재물에는 별 욕심을 보이지 않는 전형적인 선비로 문장이 뛰어났어. 진주 목사를 지내기도 했으나 노론 벽파가 정권을 잡은 후로는 벼슬에서 물러났지.

어머니 윤씨는 본관이 해남으로 명망 있는 학자 집안의 자손이었어. 6대조가 시조의 명인 고산 윤선도*이고, 시인이자 화가로 이름을 드날린 윤두서가 할아버지였어. 윤두서는 이익의 형제들을 비롯한 실학자들과 친분이 두터웠고, 수많은 책을 가진 장서가로도 유명했어. 이 책들은 정약용 형제가 대학자로 자라는 토대 구실을 톡톡히 하게 된단다.

정약용은 4남 2녀 가운데 막둥이였어. 위에서부터 약현, 약전, 약종 세 형이 있었지. 그들 형제는 모두 문장이 뛰어났고 학문적 재능이 특출했어.

그런 형제들과 함께 공부하며 정약용은 다양한 학문을 물려받았어. 부친으로부터 주자학의 물줄기를 이어받았고, 외가 쪽에서 실학의 물줄기를 이어받았고, 형들을 통해 천주교와 서양 학문까지 접했거든. 그것들을 집대성하였으니 양수리에서 만난 두 물줄기가 한강이 되어 흐르다가 임진강을 만나 바다에 다다르는 모습과 아주 흡사하지. 이렇게 한강은 전통 유교와 실학, 불교와 민간 신앙, 그리고 마침내 서구에서 온 기독교까지 아우른 정약용의 학문 세계를 상징하는 듯해.

"나도 언젠가 저 한강처럼 바다에 다다르리라."

아마도 남한강과 북한강이 하나 되어 흐르는 광경을 바라보며 자란 소년 약용은 이런 패기만만한 꿈을 가졌을 거야. 그는 이미 일곱 살에 뛰어난 시를 지어 주위 사람을 놀라게 하고, 열 살에는 시를 지은 종이가 자기 키 높이만큼이나 되었대.

어린 약용이 학문에 더욱 몰두하게 된 건 어머니 윤씨의 죽음 이후였어. 막내인 그가 아홉 살 때 어머니가 돌아가셨고, 그 슬픔을 감당할 길 없어 학문을 파고든 거야. 그 후 약용은 큰형수 이씨의 보살핌을 받으며 자랐어.

1776년, 조선의 22대 임금 정조가 보위에 올랐어. 영조의 탕평책을 이어받은 정조는 보다 개혁적인 다스림을 펼쳤어. 노론 벽파*의 힘을 꺾고 시파*와 남인* 세력을 고루 등용했지.

이러한 새바람은 정약용의 집에도 영향을 미쳤어. 그 이듬해 약용의 아버지 정재원이 호조좌랑으로 다시 벼슬길에 나간 거야. 그 때문에 약용 가족은 마재에서 서울로 집을 옮기게 되었지.

"이제 큰 강으로 간다. 저 강을 다 지나면 바다가 있겠지."

양수리에서 형제들과 함께 배를 타고 서울로 가는 약용의 꿈도 한강처럼 커졌겠지.

천진암 강학회

서울에 온 약용은 틈만 나면 외가로 갔어. 그에게 외가는 도서관과 다름없었거든. 주자학과 실학은 물론 역사학과 언어학과 온갖 잡학 책까지 가득 쌓여 있었지. 약용은 거기서 드넓은 학문의 세계로 나갈 바탕을 닦았어. 이익을 직접 만나 볼 기회는 없었지만, 『성호사설』을 탐독했으니 그의 제자나 다름없었어. 그리고 박지원, 박제가 같은 실학자들과 사귀고 이익의 제자들에게도 다양한 학문을 배웠어. 그러면서도 근본인 유학을 토대로 하여 자신의 주체성을 키워 나갔어.

"이제 실력을 시험해 볼 차례다."

약관 스무 살이던 1781년, 약용은 과거에 도전했어. 하지만 어이없게도 초시에서 낙방의 쓴잔을 마셨지. 하지만 이듬해 다시 도전하여 초시에 합격하고 이어 생원시에도 합격하여 성균관에 들어갔어.

이 무렵 그에게 또 하나의 슬픔이 찾아들었어. 자신을 어머니처럼 보살펴 주던 큰형수 이씨가 젊은 나이에 죽은 거야. 그 아픈 이별은 정약용에게 새로운 만남을 주선해 주었어.

마재로 가서 형수 이씨의 제사를 지낸 약용 형제는 배를 타고 서울로 돌아가는 참이었어. 이때 키가 크고 우람한 선비 한 사람이 동행했는데, 바로 형수 이씨의 남동생 이벽*이었어.

이벽은 무관 집안 출신으로 풍채도 우람한 장사였어. 그런 반면 조용하고 깊이가 있어 일찍이 이익에게 배울 때 '장차 큰 그릇이 될 것'이라는 찬사를 듣기까지 한 수재였지. 성리학과 실학을 공부했던 그가 내뱉은 말은 전혀 엉뚱한 것이었어.

"정 진사, 이 세상은 그냥 돌아가는 게 아니라오. 이 세상을 창조하고 우주 운행을 주관하는 분이 계시답니다. 바로 창조주이자 세상의 주인인 하느님이지요."

이벽의 말에 호기심이 발동한 약용은 더 자세히 일러 줄 것을 청했어.

"사람은 그 영혼이 있어 이 땅에서 육신으로 산 다음에 하늘로 가서 땅에서 행한 대로 심판을 받지요."

거침없이 나오는 기독교 교리는 매우 낯설었지. 언뜻 보기에 그것은 성리학에서 해석하지 못하는 세상 이치도 환히 꿰고 있는 것 같았어. 이날의 놀라운 만남을 훗날 약용은 『여유당전서』에서 이렇게 추억했어.

갑진년1784 4월 보름날, 맏형수의 제사를 지내고 배를 타고 우리 형제와 이벽이 같은 배를 타고 내려가는데, 이벽에게 천지조화의 그 시초나 영혼이 죽고 사는 이치를 들었다. 그 말이 놀랍고 황홀하여 마치 은하수가 끝이 없는 듯하였다.

　새로운 사상에 매료된 약용 형제는 이벽에게 청했어. 특히 큰 관심을 보인 이는 셋째 형 약종이었지.

　"어찌 하면 그것을 자세히 배울 수 있소?"

　"강학회라는 모임이 있소. 거기서 함께 연구해 보지 않겠소?"

　강학회는 조선 최초의 천주교 교리 연구 모임이었어. 당시 우리나라에는 아직 천주교나 개신교의 선교사가 온 적이 없었는데, 자생적으로 성경과 교리 공부를 하고 있었던 거지. 이는 천주교 선교 역사에서 아주 특이한 일인데, 공부하기를 좋아하는 우리 민족의 열성이 잘 드러나는 대목이야. 그럼 이 참에 우리나라 천주교의 전래를 대략 한번 짚어 두는 게 좋겠어.

　이수광 편에서 말했다시피 천주교에 대한 첫 소개서는 『천주실의』야. 그 책이 들어온 이후 학자들 사이에서는 조금씩 관심을 갖기 시작했지. 그런 와중에 1645년 청나라에 볼모로 잡혀갔다 돌아온 소현세자가 천주교 서적과 성모 마리아 상을 가져와 소개하여 관심이 커졌어. 특히 정치권력에서 밀려난 남인 학자들이 새로운 사상에 주목했고, 이익과 안정복 같은 실학자들은 매우 긍정적으로 탐구했어. 실학자 홍대용*은 북경에 가서 서양인 신부를 만나 책을 얻어와 소개하기도 했지.

*홍대용(1731~1783)_ 조선 영조 때의 문신이자 실학자이다. 북학파의 대표적인 인물로, 경제정책의 개혁을 주장하였다. 천문과 율력에도 뛰어나 혼천의를 만들고 자전설을 주장하였다. 지은 책으로 『담헌집』, 『주해수용』 등이 있다.

하지만 이때까지만 해도 천주교는 새로운 학문으로서 공부의 대상에 지나지 않았어. 그래서 유학에 빗대어 서학이라고 했지. 하지만 이미 민간에서는 공부가 아닌 신앙의 대상으로 퍼져 가기 시작했어. 양반, 상민이란 신분 차이를 두지 않는 '만민평등사상'이 서민들과 중인들의 마음을 파고든 거지. 이런 때 실학자들이 적극 나서서 천주교의 교리를 연구하며 본격적으로 신앙하기 시작한 거야. 강학회는 바로 그 일을 이끄는 핵심 단체였어.

강학회 모임은 경기도 광주 퇴촌의 천진암이란 절에서 이루어졌어. 천진암도 그 의미가 예사롭지 않지. 불교 사찰인 그곳에 성리학과 실학을 공부한 유학자들이 모여서 서구 문물과 천주교를 연구했으니 말이야. 동양 사상의 핵심인 유교, 불교와 서양 사상의 핵심인 천주교(넓게는 기독교)가 만난 셈이잖아.

강학회는 이미 1779년에 시작되었는데, 이벽을 필두로 하여 이가환, 이승훈 등 이익의 제자들이 주요 인물이었어. 그들은 곧 권철신, 일신 형제에게 전도를 했고, 이어 정약용 형제까지 끌어들이게 된 거야.

강학회의 주도자는 이벽이었어. 이벽의 어머니는 천문학과 수학에 뛰어난 재주를 가진 이가환의 누이였어. 이가환은 이익의 종손으로 그의 학문을 이어받은 제자이기도 했지. 그 덕분에 이벽은 실학을 접하면서 자연스레 천주교에 발을 들이게 된 거야. 성리학과 실학에 한계를 느끼고는 서구 문물과 기독교에서 새로운 돌파구를 찾으려고 했던 거지.

중국을 통해 서구 문화와 기독교 교리에 관한 책을 손에 넣은 이벽은 맹렬히 그것을 연구하여 마침내 새로운 사상을 정립하기에 이르렀어.

"이 천지는 그냥 지어지고 돌아가는 것이 아니다. 창조주 하느님이 계시고, 그분의 아들 예수를 믿음으로 말미암아 구원에 이를 수 있다."

열띤 탐구 끝에 이벽은 학문적 차원을 뛰어 넘어 신앙의 세계로 들어갔어. 그는 서장관이 된 아버지를 따라 중국에 가게 된 이승훈*에 게 먼저 세례를 받고 오라고 했어. 그리하여 조선인 최초의 세례자가 되어 돌아온 이승훈세례명 베드로이 이벽세례명 요한에게 세례를 준 게 1784년 봄이었어. 그 즈음 정약용 형제들도 책으로만 대략 알던 천주교에 대해 탐구하게 된 거야.

강학회에 참여한 정약용은 새로운 문물과 사상을 빠르게 흡수했어. 이벽은 약용에게 천주교 교리와 서구 문물을 가르쳐 주었어. 측량법과 기하학까지 익혀 약용에게 전했지. 주자학과 실학만으로 성이 차지 않던 약용은 이벽을 학문의 동반자이자 스승으로 여겼지.

"아, 낮은 재주로 기댈 데가 없더니 이제야 언덕을 찾았습니다."

젊은 약용은 감격했어. 하지만 이벽과의 인연은 오래 가지 못했어. 1786년, 천주교인으로서 박해를 받던 이벽이 흑사병에 걸려 죽고 만 거야. 이때 약용은 「우인友人 : 벗」이란 시를 지어 조상하였는데, 이벽에 대한 애정과 존경심이 가득해.

*이승훈(1756~1801)_ 조선시대의 학자이자 가톨릭 신자로, 세례명은 베드로이다. 1783년에 베이징 남천주당에서 세례를 받고 교리를 익혔으며, 조선으로 돌아와 교회를 건립하여 전도하다가 1801년 신유박해 때에 처형되었다.

신선 나라에 살던 학이 세상에 내려오니

훤칠한 모습 풍채도 좋은데

눈처럼 하얀 날갯죽지를

못난 집오리들이 시기하고 성내네

울음소리 저 하늘에 울리고

맑은 말씀 이 세상에 뛰어났는데

가을날 홀연히 날아가니

남은 이들 애써 슬퍼해도 부질없는 일일세

성군 정조와 함께

　"성균관 유생들은 『중용』을 연구하여 의심나는 바를 강론하여 제출하라."

　1784년, 정조의 명이 떨어졌어. 성균관 유생들은 무척 당황했지. 아직 학생이나 다름없는 그들에게 사서삼경 가운데 가장 어려운 『중용』을 연구한 논문을 임금에게 보이라니 말이야. 모두들 어려워하는 가운데 정약용은 자신 있게 「중용강의」를 지어 올렸어. 이를 본 정조는 매우 흡족해하며 대신들에게 말했어.

　"성균관 선비들의 학문이 정수를 꿰지 못하고 문장은 거칠기만 한데, 홀로 정약용이 진리를 알고 정연한 문장을 지니고 있으니 장차 큰 선비가 될 만하다."

　이때부터 약용은 정조의 눈에 띄었고, 대신들의 입에도 오르내리게 된 거야. 이듬해 초에 약용은 대과에 급제하여 본격 벼슬살이를 시작하게 돼. 약용은 초계문신*이 되어 학문에만 전념할 수 있게끔

*초계문신(抄啓文臣)_ 조선 정조 때 초계(당하관 문신 가운데 인재를 뽑아 임금에게 보고하던 일)를 통하여서 뽑힌 문신으로, 규장각에 특별히 마련된 교육 및 연구과정을 밟았다.

특별대우를 받았어. 유교 경전을 연구하여 임금에게 가르치고, 또 성균관 유생들을 지도하는 직임이지.

정약용은 정조와 대면하여 서양 문물에 대한 지식도 전해 주었어. 그의 지식이 여느 선비와 달리 다양하고 실용적인 것을 안 정조는 한 가지 실험을 하고자 했어.

"내가 부모님의 묘소가 있는 화성수원에 종종 가고 싶으나 한강이 깊고 넓어 건너기가 어렵다. 그대는 다리를 만들 수 있겠는가?"

임금이 배를 타고 다니는 건 매우 위험한 일이었어. 그렇다고 강폭이 천 미터가 넘는 한강에 다리를 놓는 건 그때 기술로는 어림도 없었지. 하지만 정약용은 자신 있게 대답했어.

"그건 그다지 어려운 일이 아닙니다."

명을 받은 지 얼마 되지 않아 정약용은 한강에 다리를 만들었어. 수많은 배를 서로 잇대어 연결하여 만든 배다리였어. 많은 배를 세 줄로 징검다리처럼 늘어놓고(가로로) 두꺼운 판자와 튼튼한 동아줄로 연결한 다음, 흙을 깔아 여느 길과 다름없게 만든 거야. 게다가 난간까지 만들었으니 임금의 행차가 지나가기에 손색이 없었지.

"약용의 재주는 신기에 가깝다."

이렇게 감탄한 정조는 정약용을 더욱 믿고 아꼈어. 1791년 사간원 정언이 되는 정약용은 곧 홍문관 수찬으로 승진하여 주위의 부러움과 질시를 한몸에 받게 되었어. 이 무렵 정조는 다시 중요한 명을 내렸어. 부친 사도세자의 묘가 있는 수원에 새로운 성을 지어 보라고 한 거야.

정약용은 기꺼이 수원성의 설계를 맡았어. 문신인 그가 그런 일까지 맡은 건 그의 재주가 그만큼 다양했다는 뜻이지. 설계도가 완성되자 축성 명령이 떨어졌어. 감독은 채제공이었지만, 실무는 정약용이 맡았지.

정약용이 만든 거중기

"다시 한 번 그대의 재주를 믿어 보리라."

정조는 독일 선교가 짓고 중국에서 번역된 『기기도설』이란 책을 하사하며 말했어. 정약용은 이 책을 연구한 끝에 거중기와 활차_{도르래}를 발명해 냈어. 거중기란 도르래를 사용하여 무거운 물건을 쉽게 드는 기계야. 『기기도설』을 연구한 끝에 만들어 냈는데, 40근의 힘으로 무려 625배인 25,000근을 들어올릴 수 있었대.

본격적인 공사는 1794년 2월에 시작되었어. 돌을 높이 들어 쌓는 데는 많은 위험이 따르고 오랜 시간이 걸리는데, 거중기를 사용하자 일도 쉽고 공사의 진행도 매우 빨랐지. 그리하여 공사는 1796년 9월에 끝났어. 5천 미터가 넘는 높은 성곽과 여러 개의 성루와 대문이 2년 7개월 만에 완성되었어. 정확한 설계와 거중기의 사용으로 빠른 시간에 튼튼한 성을 지었으니, 실학과 서양 문물을 공부한 약용의 진가가 유감없이 발휘된 셈이었지.

"약용이 거중기를 발명한 덕분에 공사도 빨랐고 경비도 4만 냥이나 절약하였도다."

조선 건축술의 개가로 평가받는 수원성을 보며 정조가 한 말이야.

그 공로로 정약용은 정3품 병조참의로 승진하였다가 곧 우부승지로 정조의 오른팔 노릇을 하게 돼. 하지만 눈부신 승진은 여기까지였어. 정조가 남인을 우대하자 기회를 노리던 노론 벽파가 반격을 개시한 거야.

정약용의 발목을 잡은 건 엉뚱하게도 천주교였어. 강학회에 가입한 정약용 형제는 매우 열심히 천주교를 연구하고 신앙생활을 했어. 이승훈과 이벽에게 세례까지 받았는데, 이벽은 정약용을 아껴 자신과 같은 세례명요한을 지어 주기도 했어. 하지만 벼슬살이를 하던 정약용과 약전은 학자로서 공부한 것이지 그리 독실한 신자는 아니었던 것 같아. 신앙에는 셋째인 약종이 매우 열심이었는데 그는 장차 조선 천주교의 매우 중요한 사람으로 성장하게 돼.

기초적인 교리 연구를 끝낸 강학회는 1784년 겨울 서울 장충동 이벽의 집에서 조촐한 예배를 드림으로 신앙생활을 시작했어. 그리고 이듬해 지금의 명동성당 인근인 명례방에서 공식적인 예배를 열었는데, 역관 김범우의 집이었어. 집회는 대단히 성공적이어서 신도조직인 명도회까지 만들어 본격적인 신앙생활을 하게 되었지. 이로써 교황청이나 유럽에서 파견된 선교사도 없이 기독교 신앙이 동방의 끝 조선 땅에 뿌리내리고 자라기 시작한 거야.

하지만 이 낯설은 신앙 집회는 곧 철퇴를 맞고 말아. 1785년 봄, 집

성직자 입국
주문모 (1795년)
모방 (1836년)
김대건 (1845년)
조 선
의주
함흥
정주
평양
양덕
천주교 3대 박해
신해박해 (1791년)
신유박해 (1801년)
기해박해 (1839년)
황주
장연
해주
홍천
한성
평창
부평
원주
광주
황사영 백서 사건
(1801년)
제천
프랑스인 신부 입국
해미
아산
청주
문경
공주
보령
상주
진산
진산사건 (1791년)
전주
대구
언양
김제
기장
정약전 유배 (1801년)
고창
구례
진주
김해
동래
흑산도
강진
남해
통영
해남
정약용 유배 (1801년)
제주
성직자 입국로
천주교 전파지
초기 전파지역

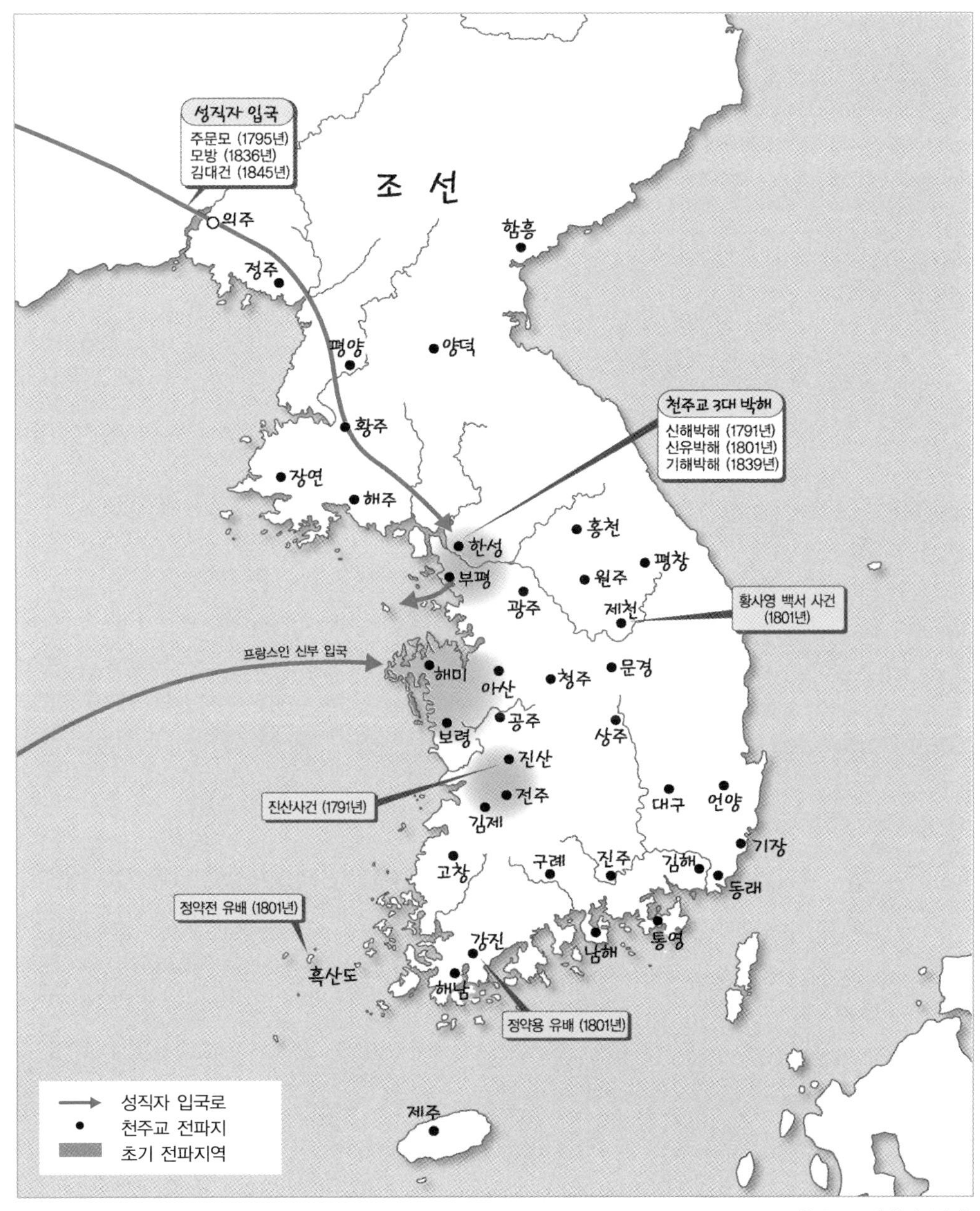

천주교 전래과 박해

회를 하는 중에 포도청에서 습격하여 신도들을 붙잡아갔거든. 하지만 이때만 하더라도 큰 문제는 일어나지 않았어. 대부분 양반 학자들이어서 훈방되었고, 김범우만 곤장을 맞고 귀양을 갔어. 그 후 김범우는 귀양지에서 죽어서 최초의 순교자가 되었지.

천주교가 보다 심각한 문제로 된 건 진산사건* 이후부터였어. 1789년에 조상의 제사가 교리에 어긋난다는 통보를 받은 신도들은 제사를 거부하기 시작했어. 조상의 제사를 지내지 않는다는 게 조선 사회에서는 받아들일 수 없었지. 그 일로 윤지충과 권상연이 처단되었고, 천주교는 엄한 감시를 받게 되었어. 만민평등을 외치는 천주교는 반상제를 위협하고 왕조 정치마저 부정할 소지가 있었거든. 거듭되는 벽파 세력의 상소에도 불구하고 정조는 천주교에 대해 그리 적대적이지 않았어.

"정도인 유학이 진흥되면 삿된 학문인 서학은 스스로 소멸될 것이다."

이러한 정조의 생각은 오랜 전통에 대한 자신감에서 나온 것이었어. 하지만 학문과 종교는 그 성격이 아주 달랐어. 학문과 서구 문물을 앞세워 들어왔으나 그 속내는 신앙의 전파였거든. 종교는 학문보다 훨씬 전파력이 강해서 알게 모르게 세력은 퍼져 갔어. 오랜 차별에 시달려 온 중인과 상민들에게 천주교는 강력한 내세의 희망이며 삶의 새 등불이 되었던 거지. 그러자 조선 천주교인들을 관리하기 위해 1894년에 중국인 신부 주문모가 몰래 조선으로 들어왔어. 이듬해 그 사실을 알아낸 노론 벽파는 천주교에 대한 탄압을 주장했어.

"서교西敎 : 서양 종교, 즉 천주교는 제 조상을 섬기지 않고 예수를 임금으로 여기니 역적이나 다름없습니다. 모두 찾아내어 엄벌해야 합니다. 이는 국기를 흔드는 역모와 같은 일입니다."

벽파 대신들이 벌떼처럼 들고 일어났어. 정조는 사태의 심각함을 깨닫고 관련자를 처단하라는 명을 내렸어. 그리하여 주문모를 숨겨 준 신도들이 죽었고, 주문모는 어디론가 숨어 버렸어. 하지만 벽파는 여기서 사건을 끝내지 않고 남인의 핵심인 정약용 형제들을 탄핵했어. 이에 하는 수 없이 정조는 정약용을 금정찰방으로 좌천시켰지.

금정찰방이 된 정약용은 천주교의 확산을 걱정했어. 학자로서 서구 문물을 배우기는 했으나 신앙으로서 그것은 옳지 않다고 보았거든. 조상에 대한 예를 거부하고 반상의 법도를 무시하는 건 왕조체제 자체를 뒤집게 될 가능성을 생각한 거지. 그래서 금정 지역의 천주교도들에게 천주교는 우리 실정에 맞지 않다고 설득했어. 그 결과 많은 천주교인들이 그의 말을 따르기도 했어.

주문모 사건이 잠잠해지자 정조는 다시 정약용을 우부승지에 제수하여 조정으로 불렀어. 하지만 그의 등장을 벽파는 늘 눈엣가시처럼 여겼어. 그는 실력도 뛰어난 데다 남인 학자들은 물론 백성들의 칭송까지 받고 있었거든. 다시 탄핵이 계속되었고, 정조는 정약용을 황해도 곡산 부사로 멀리 보냈어.

곡산 부사 시절에 정약용은 실학자로서의 면모를 유감없이 발휘했어. 백성들의 삶에 직접 뛰어들어 그들의 고충을 헤아리고 방책을 내놓기도 했지. 이때 저술한 책이 홍역을 치료하는 방책을 적은 『마과회통』이야. 자신의 아이들도 홍역으로 잃었기에 기어이 이 책을 지어낸 거였어.

너무 공부만 하니 머리가 지끈거리지. 이때 있었던 재미난 이야기 하나를 들려줄게.

황해도 황주에 한 엿장수가 있었거든. 손수 엿을 만들어서 팔았는데, 아주 고약한 단골이 하나 있었어. 늘 엿을 외상으로 먹고는 돈을 주지 않는 거야. 준다 준다 하면서 자꾸 미루기가 몇 년이나 되다 보니 엿 값이 제법 큰돈이 되었지.

"이번 설에는 기필코 받고 말리라."

명절을 앞둔 엿장수는 고약한 단골을 찾아갔어. 이번 설 대목에는 꼭 준다고 했거든. 하지만 막상 설이 닥쳐오니 또 오리발이야. 오히려 자기 집에서 나가라며 큰소리까지 치면서. 홧김에 엿장수가 그자를 밀어버렸거든.

그런데 이를 어쩌냐. 그 고약한 단골이 밀려 주저앉은 데 지게가 있었지 뭐야. 마당에 아무렇게나 던져 놓은 지게의 발에 엉덩이가 푹 찔렸는데, 지겟발이 내장까지 파고들어 그만 캑 죽고 말았네. 대단한 똥침이지.

"아, 이놈이 사람을 죽였네!"

단골 가족들이 고발을 했고, 엿장수는 그만 살인죄로 옥에 갇히고 말았지.

이 사건을 판결하려니 황주 목사가 여간 어렵지 않거든. 그래서 황해도의 고을 원님들에게 의견을 물었어. 사정이야 어찌 되었건 사람이 죽었으니 살인죄를 줘야 한다는 게 대다수의 의견이었지. 그때 곡산 부사 정약용만이 다른 내용의 답을 보내왔어.

끝이 뾰쪽한 지게의 뿔이 몸속에 숨겨진 항문과 만나기는 지극히 어려운 일입니다. 그러니 이는 참으로 공교롭게 일어난 사건입니다. 따라서 엿장수가 비록 떠민 사실은 있으나 죽일 마음은 전혀 없었다고 볼 수 있습니다.

이에 황주 목사가 판결을 내렸어.
"지극히 뾰쪽한 뿔이 지극히 작은 구멍을 만났으니, 이는 하늘 아래 다시 없는 지극한 우연일 따름이니라."
결국 엿장수는 가벼운 처벌만 받게 되었대.

유배지에서 꽃피운 학문

    1798년 4월, 외지로 나갔던 정약용은 병조참지로 입궐하라는 명을 받았어. 그리고 황해도에서 서울로 가는 도중에 동부승지로 제수되어 다시 정조 곁에 서게 되었지. 그리고 곧 형조참의까지 제수받았어.

    정약용의 등장을 곧 남인 세력의 강화로 본 벽파는 다시 탄핵을 시작했어. 그러자 정조는 정약용에게 정말 천주교도가 아닌지 물었고, 소명서를 제출하라고 했어. 정약용은 담담히 자신은 천주교도가 아니라는 소명서를 제출했어.『조선왕조실록』에 전하는 소명서를 볼까.

    신이 이 책을 얻어다 본 것은 대체로 약관의 초기였습니다. 이때에는 원래 일종의 풍기風氣가 있었는데, 천문天文·역상曆象 분야, 농정農政·수리水利에 관한 기구, 측량하고 실험하는 방법 등에 대하여 잘 말하는 자가 있었으며, 유속流俗에서 서로 전하면서 해박하다고 했으므로 신이 어린 나이에 마음속으로 이를 사모하였습니다.

그 글 가운데 제사를 지내지 않는다는 설은 신이 옛날에 보았던 책에서는 못 본 것이니, 이는 제사를 지내지 않았던 갈백葛伯이 다시 태어난 것으로 조상을 알아차리는 승냥이와 수달도 놀랍게 여길 것인데 진실로 사람으로서의 도리가 약간이라도 있는 자라면 어찌 마음이 무너지고 뼛골이 떨려 그 어지러운 싹을 끊어 버리지 않을 수 있겠습니까.

그런데 위로는 군부君父에게 의심을 받고 아래로는 당세에 나무람을 당하여 입신한 것이 한 번 무너짐에 모든 일이 기왓장처럼 깨졌으니, 살아서 무엇을 하겠으며 죽어서는 장차 어디로 돌아가겠습니까. 신의 직임을 체임하시고 이어서 내쫓으소서.

처음엔 서구의 문물이 신기하여 널리 공부하려는 마음에 관계를 맺고 공부하였는데, 조상 제사를 지내지 않는다는 걸 알고부터는 오히려 적대시하였다는 말이야. 그러한 진심을 시비하여 자꾸만 탄핵을 받으니 이제 그만 벼슬살이를 하고 싶지 않다고 아뢰었지.

"착한 싹이 봄바람에 만물이 싹트듯 하고 종이에 가득 열거한 말은 듣는 사람을 감동시키기에 충분하다. 사직하지 말라."

이렇게 정조가 감싸 주었으나, 얼마 후 정약용은 기어이 벼슬을 내놓고 물러났어. 벽파의 칼끝이 끊임없이 자신을 겨누고 있었거든.

1800년 봄, 39세의 아직 젊은 정약용은 처자식을 거느리고 고향 마재로 돌아갔어. 그런 지 몇 달 되지 않아 정약용은 어버이의 죽음 못지않은 큰 상을 당했어. 그해 6월 정조가 숨을 거둔 거야. 한창 일할 49

세의 나이에 참으로 돌연한 일이었지.

조선 후기의 문예부흥을 이끌었던 학자 임금 정조의 죽음은 조선에 짙은 죽음의 그림자를 드리운 것과 같았어. 조선의 운명 자체가 기울기 시작하는 배와 같은 꼴이 된 거지. 그리고 그 어둠은 정약용 형제까지 끝없는 어둠 속으로 밀어넣게 된단다.

정조의 뒤는 둘째 아들 공이 이어받으니 곧 순조야. 순조는 겨우 11세 어린아이였거든. 이제 막 공부를 시작할 나이니 정치를 제대로 할 수가 없지. 따라서 영조의 계비이자 대왕대비인 정순왕후*가 수렴청정*을 하게 된 거야.

정순왕후는 정조 재위 시에는 별로 힘을 못 쓰던 벽파의 후원자였거든. 벽파의 실세인 심환지가 영의정이 되었고, 정순왕후의 동생 김관주는 이조참판이 되어 인사권을 거머쥐었어. 그 둘은 든든한 뒷배를 믿고 남인 세력을 조정에서 밀어내고 실권을 차지했지. 이런 차에 그들에게 남인을 몰아내기에 좋은 빌미가 생겼는데 이번에도 천주교가 문제가 되었어.

1800년 즈음, 천주교는 신자가 무려 1만여 명을 헤아릴 정도로 성장했어. 정약용의 셋째 형 정약종은 우리말로 된 교리서인 『주교요지』를 펴냈고, 교세는 날로 확장되는 참이었지. 정조의 정책에 불만이 컸던 정순왕후는 척사사악한 것을 몰아냄라는 명분을 내세워 천주교를 압박했어.

“서학은 사악한 것이니 절대로 엄금한다. 모든 천주교인은 양반, 상
민을 가리지 말고 잡아들여라!”

포도청은 천주교인을 잡기 위해 밤낮없이 뛰었어. 남인 학자와 천주
교도들은 된서리를 맞은 풀잎처럼 스러졌어. 최초의 영세자 이승훈과
교리 연구의 일인자 정약종이 처형되었고, 이가환과 권철신은 감옥에
서 죽었어. 물론 정약용과 정약전도 체포되어 유배길에 올랐어.

사태가 이렇게 되자 숨어 지내던 주문모 신부가 자수를 했어. 자신
만 자수하면 박해가 풀릴 줄 알았던 거지. 하지만 그를 숨겨 준 신도들
과 함께 그는 곧바로 참수되었어. 천주교도들은 뿔뿔이 흩어져 산속으
로 숨어 버렸지. 1801년에 일어난 이 사건을 신유박해라고 하는데, 무
려 100여 명이 처형되었고 400여 명이 투옥되거나 유배에 올랐어.

“이럴 수가! 이는 천주교를 빌미로 정적을 제거하는 야비한 정치 놀
음이다.”

황사영은 중국으로 공문을 보내 이 문제를 해결하려 했어. 하지만
그도 곧 체포되어 처형되었어. 이것이 ‘황사영 백서 사건*’인데, 이때
벽파는 이미 귀양처에 가 있는 정약용 형제에게도 공모죄를 덮어씌워
죽이려 했어. 하지만 그들 형제의 뛰어난 학문이 아까워 차마 죽이지
는 못하고 전라도로 유배를 옮기는 걸로 처리했어.

정약전은 남해의 먼 섬 흑산도에 갇혔어.
거기서 약전은 섬 아이들을 가르치며 바다 생
물을 연구했지. 그리하여 남긴 책이 바로 『자

*황사영 백서 사건_ 1801년(순조 1년)에, 황사
영이 신유박해의 내용을 중국 베이징에 있는
주교 구베아에게 알리려고 비단에 적어 보낸
사건이다.

산어보』인데, 결국 그는 귀양지에서 나오지 못하고 숨을 거두었단다.

정약용이 유배된 곳은 전라도 강진이었어. 일몰이 아름다운 바다가 가까운 그곳은 그에게 유배지가 아니라 공부방인 셈이었어. 복잡한 정치를 떠나니 오히려 학문에 전념할 수 있었거든. 거기서 그는 혜장선사란 스님을 만나 불교까지 공부하게 되니 더욱 학문이 깊어지게 되었지.

1808년, 정약용은 윤박이란 선비한테 귀한 선물을 받았어.

"제게 다산이란 산골에 조그만 별장이 있는데 선생님께서 거처하시며 학문을 연구하신다면 더없는 영광이겠습니다."

다산의 별장은 책이 수천 권이나 쌓여 있는 도서관과 같았어. 그 전까지 그는 주막이나 절간을 떠돌며 지냈는데 너무나 기쁜 나머지 자신의 호를 '다산'으로 정하고 그 집을 '다산초당'이라 불렀어.

다산에서 정약용은 비로소 하고 싶던 일을 마음껏 할 수 있었어. 어린 시절부터 익힌 공부와 암행어사와 지방관을 하며 겪은 일들이 학문으로 정리되어 되살아났지. 『목민심서』, 『경세유표』 같은 걸작들이 쏟아져 나왔어.

그렇다고 정약용이 모든 걸 팽개치고 학문만 파고든 건 아니었어. 그는 유배지에서도 늘 가정의 소식을 묻고 편지로 자식들을 교육시키는 데 마음을 쏟았어. 그가 보낸 편지를 들춰 볼까.

내가 벼슬하여 너희에게 물려줄 밭뙈기 정도도 장만하지 못했으니 오직 정신적인 부적 두 글자를 마음에 지녀 잘 살고 가난에서 벗어날 수 있도록

정약용이 약 10년간 유배생활을 한 전라도 강진의 다산초당

이제 너희들에게 물려주리라.

　한 글자는 근勤이고 또 한 글자는 검儉이란다. 이 두 글자는 좋은 밭이나 기름진 땅보다도 나은 것이니 일생 동안 써도 다 닳지 않을 것이니라.

　부지런함이란 곧 이렇다.

　오늘 할 일을 내일로 미루지 말며, 아침에 할 일을 저녁으로 미루지 말며, 맑은 날 할 일을 비오는 날로 끌지 말고, 비 오는 날 할 일을 맑은 날까지 끌지 말라.

　검이란 곧 이러하니라.

　의복은 몸을 가리기만 하면 되고, 음식은 목숨을 이어갈 정도면 되느니라.

　인간이 이 세상에서 귀하다고 하는 것은 정성 때문이니 전혀 속임이 있어 학문 연구와 집필에 몰두하던 정약용이 유배에서 풀려난 건 1818년이었어. 정순왕후가 죽고 학문을 좋아하던 순조가 친정을 하면서 그를 풀어 준 거야. 18년 만에 양수리가 보이는 마재의 집으로 돌아온 정약용은 다산에서 그랬던 것처럼 말없이 학문에만 전념했어.

노년의 정약용은 지금껏 펴낸 책을 정리하면서 『흠흠신서』, 『상서고훈』 같은 고전에 관한 책을 펴냈어. 그리하여 총 500권에 달하는 책을 엮어 냈는데, 이를 통틀어 『여유당전서』라고 해.

이렇게 학문과 평생을 함께한 정약용은 일찌감치 자신의 무덤 자리를 정해 놓고, 1836년에 숨을 거두니 향년 75세였단다.

학문의 바다에서 만난 단군

『여유당전서』 500권, 참으로 대단한 책이지. 우리 역사상 이렇게 많은 책을 지은 학자는 없었어. 책의 권수만 많은 게 아니라, 그 내용이 정밀하고 체계적이어서 그가 아니면 누구도 흉내 내지 못할 대저작이야. 그럼 이제 찬찬히 다산학으로 명명된 그의 학문에 대해 알아봐야겠지.

그에 앞서 마지막으로 정리하는 의미에서 실학의 흐름을 다시 살펴보자꾸나.

실학의 사상적 배경을 닦은 학자는 율곡 이이를 들 수 있어. 그는 학문적 세계로만 파고들던 성리학을 실질적인 백성들의 삶 속에 실현하려 했지. 이 같은 사상에 영향을 받아 처음으로 실학의 모습을 드러낸 이는 이수광이야. 그리고 뒤를 이어 유형원, 박세당, 한백겸, 김육 같은 학자들이 실학을 『지봉유설』보다 한 차원 높였어.

그러나 이때까지만 해도 실학은 학문의 갈래로 제대로 인정받지 못했어. 성호 이익이 나온 다음에야 비로소 실학이 성리학을 압도하는 학문의 갈래로 자리잡았는데, 그 후 실학은 크게 세 갈래로 나뉘어 발전해 왔단다.

첫째가 경세치용학파라 할 수 있어. 이들은 이익의 학설을 가장 잘 이어받은 파로 농업 위주의 경제를 주로 연구했어. 토지제도와 사회제도의 개혁을 주요 정책으로 내걸었던 박제가*가 중심인물이었지.

그 뒤는 바로 정약용이 이었는데, 『경세유표』라는 책에서 여전제를 주장하여 그 바탕을 마련했어. 여전제란 곧 농사를 짓는 사람에게 토지를 주어야 한다는 주장이야. 이는 소수의 부자와 양반들이 거의 모든 땅을 소유하고 나머지 백성은 그들의 종노릇이나 하는 현실을 바꾸자는 혁명적인 발상이었지. 물론 권력을 쥔 부자와 양반들이 순순히 들어주지 않을 정책이었지만, 오늘날에는 복지 국가의 바탕이 되는 일로 높은 평가를 받는 부분이야.

두 번째 학파는 이용후생학파야. 이들은 농업보다는 상공업을 중시하였어. 무작정 생산만 할 게 아니라 새로운 기술을 개발하고 장사를 잘하여 경제 순환을 활기차게 해야 한다는 주장이지. 주로 북학파로 불린 박지원, 홍대용, 유수원, 이덕무 등이 비슷한 견해를 보였어. 이는 오늘날의 근대 상업 경제체제의 뿌리라 할 수 있겠지.

정약용은 이들의 주장 역시 옳다고 보았어. 그래서 서양의 학문과 기술을 과감하게 받아들였고, 실제로 거중기를 만들어 증명해 보이기도 했지. 그리고 광산을 개발하여 기술과 공업을 발전시키고, 신분제도는 철폐해야 한다고 주장했어. 자본주의와 평등 시민 사회를 외친 셈이지. 『흠흠신서』, 『목민심서』 같은 책에 그 정신이 잘 드러나 있어. 그는 『목민심서』 「기예론」에서 '인간은 기술과 재주로 약한 점을 보완할 수 있다.'고 주장하기도 했어.

셋째로는 실사구시학파를 들 수 있어. 이는 사서삼경과 주자대전 같은 책만 연구할 게 아니라, 실제로 유물과 유적을 통해 역사와 학문의 진실을 탐구해야 한다는 주의였어. 이들은 특히 주체성을 강조하였고, 외국 학문보다는 자기 나라의 학문을 중시해야 한다는 주장을 폈어. 『택리지』를 쓴 이중환을 선두로 안정복, 신경준, 이긍익, 유득공, 김정희 같은 학자들을 이 동아리에 넣을 수 있지.

청나라의 고증학을 중시한 이들의 학문 태도에 정약용은 동의했어. 그 역시 항상 이론보다는 실체를 중시하였고, 언제나 사실을 발견하기 위해 애를 썼거든. 함부로 상상하거나 추리하지 않았고, 언제나 기록이나 유물의 근거를 가지고 주장을 폈어. 이런 입장에서 지은 책이 바로 우리말을 연구한 『아언각비』와 우리 국토를 연구한 『아방강역고』 등이야.

정약용은 이 모든 사상을 받아들여 새로운 개혁책을 구상했어. 그의 사상은 평등과 나눔이었어. 선비나 양반도 농사든 장사든 종사해야 하고, 사농공상이란 신분적 위계질서도 없애야 한다고 주장했지. 물론 양반과 상민을 아주 없애 버리자는 주장까지는 못한 한계는 있어. 그렇지만 당시로서는 획기적인 생각이었고, 그의 사상은 장차 박규수*, 김옥균*을 비롯한 개화 사상

*박규수(1807~1876)_ 조선 고종 때의 문신으로 박지원의 손자이다. 1866년(고종 3)에 평안도 관찰사로 있을 때 대동강에 들어와 소란을 피우던 미국 상선 셔먼호를 불살랐다. 일본과의 친밀한 외교를 주장하여 강화도 조약을 맺게 하였다. 지은 책으로 『환재집』이 있다.

*김옥균(1851~1894)_ 조선 고종 때의 정치가이다. 급진 개화파의 지도자로 갑신정변을 주도하였으며, 우리나라 개화사상의 형성에 크게 기여하였다. 지은 책으로 『기화근사』, 『치도약론』, 『갑신일록』 등이 있다.

가들에게 영향을 주어 근대사상으로 발전하게 된단다.

정약용은 실학의 모든 분야를 받아들이고 연구하여 자기 논리대로 책을 펴냈어. 이런 까닭에 정약용을 실학의 집대성자 혹은 완성자라고 해. 500권이 넘는 그의 저서 『여유당전서』를 생각하면 이 말은 결코 과장되거나 억지가 아니야. 그야말로 모든 학문을 통합하고 정리한 대학자로 불리기에 조금도 부족함이 없다고 봐. 깊이의 문제는 저마다 다를 수 있지만 분야와 분량에 있어서도 적어도 우리 역사상 그를 따를 만한 학자는 없어.

이러한 정약용 학문의 중심은 언제나 백성이었어. 실학의 선구자 이수광처럼 그도 백성이 하늘이라고 보았어.

정치라는 것은 바르게 다스리는 것을 뜻한다. 모두 한 백성이니 국토에서 나오는 이익을 고루 나누어 넉넉하게 살 수 있도록 해야 한다. 모두 같은 백성인데, 누구만 풍족하게 땅을 차지하도록 하여 나머지 백성들이 좁은 땅에서 늘 부족하고 궁색한 걱정 속에 살아가게 할 수 있는가!

반면에 백성을 못살게 구는 못된 관리들은 도적놈이라고 혹독하게 비판했지. 다음 글이 누구를 가리켜 비판한 건지 알아맞혀 볼래.

성 하나를 독차지하고 채찍과 형틀을 벌여 놓고 날마다 피곤과 배고픔에 떠는 백성들을 매질하며 그 피와 기름을 짜 마시는 자가 도적인가?

아니다. 그는 작은 도적이고, 여기 더 큰 도적이 있다.

큰 깃발 세우고, 큰 양산 받치고, 큰 북을 울리고, 큰 태평소를 불게 하고, 쌍두마차를 타고, 옥관자를 쓰고 간다. 그 뒤에는 부사 네 명, 서리 네 명, 하인배는 수백 명이고, 여러 현마다 안부를 묻기 위해 마중 나온 관리와 서리가 수백 명이며, 사람이 탄 말이 백 필, 짐 실은 말이 백 필이다.

이들이 포악무도한 짓을 해도 감히 누구냐고 나서는 사람이 없고, 소유한 땅이 끝이 없이 이어져 있어 평생 놀고먹어도 감히 누가 나무라지 못한다. 이것이 큰 도적이다.

그래서 군자는 '큰 도적이 없어지지 않으면 백성이 다 죽는다.'고 한 것이다.

위는 『목민심서』 「감사론」의 한 대목이야. 앞의 작은 도적은 고을의 사또이고, 뒤의 큰 도적은 바로 사또들의 우두머리 감사지금의 도지사라는 거지. 당시의 부패한 관리를 야유하는 글인데, 세도정치가 한창이던 당시 얼마나 백성들의 삶이 고달팠는지 잘 알려 주지.

또 한 가지 알아야 할 점은 정약용의 학문은 매우 주체적이라는 거야. 신라가 통일 전쟁을 수행하여 민족의 중심이 된 이후 중화사상과 사대주의는 뿌리 깊은 병폐가 되었어. 정약용은 그런 점을 한탄하며 북경으로 사신을 떠난다며 자랑하는 벗 한치응에게 말해 주었어.

중국이란 대체 무엇인가?

요·순·우·탕 같은 성왕이 정치를 잘했기에 중국이라 했고, 공자·안자·

자사자·맹자 같은 성인의 학문이 있어 중국이라 했다. 그러나 오늘날 중국이라 해야 할 이유가 무엇인가?

정약용은 자신이 선 자리가 곧 중국이라며 자신이 우주의 중심이라는 주장을 폈어. 예전에 그들에게 도가 있었으나 지금은 잡스런 기술뿐 도는 오히려 우리에게 있다고 생각하지. 그런 한편 예로부터 동이는 군자의 나라로서 인정이 많고 온후한 성품을 가졌다고 주장해. 「동호론」에 이렇게 나와.

『사기』에 '동이는 어질고 착한 데가 있다'고 하였으니 근거 있는 말이다. 조선은 정 동쪽에 위치해 있으므로 그 습속은 예禮를 좋아하고 무武를 천시해서 좀 약한 구석은 있지만 모진 데가 없으니 군자의 나라다.

그는 중국의 유학을 공부하였지만, 지나치게 공자를 섬기는 것을 혹독하게 비판했어. 공자와 주자만 으뜸으로 치는 학문적 풍토를 남의 것을 본뜨는 행위이며 바보 숭배라고까지 야유했단다. 이미 서경덕에서부터 중국 학문을 추월하기 시작했으며, 이황과 이이에 와서는 유학의 종주국이나 다름없게 되었잖아. 이런 제 나라 역사와 문화도 모르면서 중국 역사를 달달 외는 선비들도 사정없이 나무랐어.

우리나라 사람들은 걸핏하면 중국의 고사를 인용하곤 하니 이 또한 비루한 품격이다. 모름지기 『삼국사기』, 『고려사』, 『국조보감』, 『여지승람』, 『징

비록』,『연려실기술』 및 그 밖의 우리나라 글에서 사실을 채록하고, 지방을 살펴보아 시에 넣은 뒤라야 바야흐로 세상에 이름나고 후세에 전할 수가 있다.

그리하여 시를 써도 당나라, 송나라 문체를 본받지 말고, 그들의 고사를 인용하지도 말고 조선의 역사와 문화가 깃든 조선시를 써야 한다고 주장했어. 이것이 학문의 바다에 다다른 정약용의 사상이었어.

이 지나치다 싶은 자부심은 어디서 나온 것일까?

그의 학문은 동서고금의 모든 것을 통합한 학문이야. 사서삼경을 세세히 풀이한 책을 지었고, 불교와 천주교 교리까지 공부하여 나름의 체계를 세웠어. 이렇게 하여 얻은 깨달음이 중국 중심의 세계관을 깨뜨리고 우리 것을 되찾고자 한 것이었어. 다음 시는 그러한 사상을 잘 보여 준단다.

슬프다 우리 민족이여!
자루 속에 갇힌 듯 너무 외진 곳에 있구나
삼면은 바다로 둘러싸였고
북쪽은 첩첩 높은 산이 가로막았네
팔 다리가 있다 해도 늘 구부러져 있어
뜻이 있다 한들 무엇으로 채울까
성현께서는 만 리 밖 먼 곳에 계시니
누가 이 어둠을 열어 주려나

고개 들어 인간 세상 바라보아도
밝은 마음 가진 사람 드물고
남의 것 본뜨기에만 정신없으니
정성으로 자기를 갈고 닦을 틈이 없구나
모두 어리석어 바보 하나를 떠받들고
야단스레 함께 숭배하니
질박하고 고풍스럽던 단군시대보다 못하도다

경기도 남양주시 다산 유적지에 있는 정약용 동상

바로 이것이었어. 정약용이 마침내 학문의 바다에 도달하여 발견한 것은 단군의 사상이었던 거야. 알고 보니 단군시대가 중국이 자랑하는 요순시대보다 더 아름답더란 거지.

여기서 다시 한 번 한강의 장엄한 모습을 떠올려 보자.

아득한 산골짜기에서 각각 흘러온 남한강과 북한강이 양수리에서 만나 거대한 한강을 이루고, 그것이 흘러 다시 임진강과 만나 바다에 다다르는 광경을 생각해 보렴. 정약용의 학문도 이와 같잖아. 아득한 조상 때부터 전해진 학문들이 그에게 이르러 하나로 녹아 마침내 학문의 바다에 다다랐어. 아, 그랬더니 그 바다에서 깨달은 바가 바로 겨레 고유의 것이라니!

정약용은 선비가 공부하는 것은 자기를 수양하는 것이 절반이요, 백성에게 덕을 베푸는 것이 절반이라고 했어. 또한 모든 백성은 하늘 아래 평등하니 똑같이 잘 살아야 한다고 외쳤지. 이러한 논리와 주장은 바로 단군시대의 홍익인간과 경천애인 사상을 실현하려는 것과 다름 없거든.

여기서 정약용은 비로소 우리 겨레에게 위대한 정신적 유산이 있다는 사실을 깨달았어. 지나치게 현실 정치에 관심하는 유교나 사후 세계에 관심하는 불교를 넘어서서 사람이 정신과 육체의 완성을 이루는 데까지 나아갈 것을 주장했지.

이러한 주장은 어디서 본 것 같지 않니?

신과 인간의 합일 사상, 바로 최치원이 깨달은 바 현묘지도잖아!

최치원 역시 세상의 학문을 두루 익힌 다음에 그 뿌리가 우리의 현묘지도에 있다고 했는데, 정약용의 깨달음도 그와 같았어. 그것은 바로 신선 사상과도 통하며, 곧 화랑과 국선의 사상과 이어진다고 보는 학자도 있어. 이것이 오늘날 우리가 반드시 찾아야 할 겨레 고유의 학문이며 사상이야. 정약용은 그것을 발견한 거지. 그래서 정약용을 한국학의 새로운 이정표를 세웠다고 평가하기도 한단다.

그러므로 오늘날 공부를 다산의 사상을 기반으로 시작한다면 길을 잃고 헤매는 일은 없을 거야. 이것이 모든 것을 통합하여 새로운 것을 창조해 내는 진정한 공부가 아닐까. 그리 하면 모든 종교와 학문의 선입견을 털어 버린 진리의 참모습을 발견할 수 있지 않을까?

한강은 흐르고, 오늘도 정약용은 마재 무덤에서 양수리 쪽을 바라보고 있어. 그의 영혼은 아직도 강물을 따라 더 넓은 바다로 가고 싶은가

봐. 아니, 천하 문명의 뿌리이며 중심이던 환웅, 단군의 나라가 오늘날
재현되기를 꿈꾸는지도 모르지.

우리도 그런 꿈 한번 꾸어 보는 게 어때?

참고 도서

한국정신문화연구원, 『**한국민족대백과**』, 1997

북한사회과학원, 『**조선왕조실록**』

북한사회과학원, 『**고려사**』

일연·최호, 『**삼국유사**』, 홍신문화사, 1997

김부식·최호, 『**삼국사기**』, 홍신문화사, 1997

성낙훈, 『**한국 인물 탐사기**』, 오늘, 1996

이민수, 『**한국의 역사 사상**』, 삼성출판, 1985

박영규, 『**한권으로 읽는 조선왕조실록**』, 웅진, 2004

박영규, 『**한권으로 읽는 고려왕조실록**』, 웅진, 2004

박영규, 『**한권으로 읽는 신라왕조실록**』, 웅진, 2004

박영규, 『**한권으로 읽는 고구려왕조실록**』, 웅진, 2004

박영규, 『**한권으로 읽는 백제왕조실록**』, 웅진, 2004

김아리, 『**실학산책**』, 서해문집, 1994

정민, 『**다산선생 지식 경영법**』, 김영사, 2007

주희·여조겸·정영호, 『**근사록**』, 자유문고, 1997

전영진, 『**동문선**』, 홍신문화사, 1995

율곡학회, 『**시대를 앞서 간 여인 신사임당**』, 원영출판사, 2004

김택영·김승룡, 『**송도인물지**』, 현대실학사, 2000

손종섭, 『**옛 시정을 더듬어**』, 정신세계사, 1992

이월영·시귀선, 『**청구야담**』, 한국문화사, 1995

이익·정해렴, 『**성호사설**』, 현대실학사, 1998

이이·이민수, 『**격몽요결**』, 을유문화사, 2005

강효석, 『**조선왕조 오백년의 선비정신**』, 화산문화, 1996

강만길 외, 『**한국의 실학사상**』, 삼성출판사, 1985

이민수·남만성, 『**한국의 역사사상**』, 삼성출판사, 1985

이병도·이상은, 『**한국의 유학사상**』, 삼성출판사, 1985

한일문화친협회, 『**학성 왕인 박사**』, 홍익재, 2001

사진 제공 및 자료 출처